当代研究生学术诚信保障体系研究

DANGDAI YANJIUSHENG XUESHU CHENGXIN BAOZHANG TIXI YANJIU

主　编◎朱小平　邬丽莎

副主编◎康慕云　唐　雁　王海容

编　委◎宋钰劼　曾　理　徐迎利
　　　　陈利莎　冯淑丹　郑小莉

西南交通大学出版社

·成都·

图书在版编目（CIP）数据

当代研究生学术诚信保障体系研究 / 朱小平，邬丽莎主编. —成都：西南交通大学出版社，2015.10
ISBN 978-7-5643-4334-7

Ⅰ. ①当… Ⅱ. ①朱… ②邬… Ⅲ. ①研究生教育 – 学风建设 – 研究 – 中国 Ⅳ. ①G643

中国版本图书馆 CIP 数据核字（2015）第 239637 号

当代研究生学术诚信保障体系研究
主编　朱小平　邬丽莎

责 任 编 辑	罗爱林
封 面 设 计	墨创文化
出 版 发 行	西南交通大学出版社 （四川省成都市金牛区交大路 146 号）
发行部电话	028-87600564　028-87600533
邮 政 编 码	610031
网　　　址	http://www.xnjdcbs.com
印　　　刷	四川煤田地质制图印刷厂
成 品 尺 寸	170 mm × 230 mm
印　　　张	14.5
字　　　数	254 千
版　　　次	2015 年 10 月第 1 版
印　　　次	2015 年 10 月第 1 次
书　　　号	ISBN 978-7-5643-4334-7
定　　　价	58.00 元

图书如有印装质量问题　本社负责退换
版权所有　盗版必究　举报电话：028-87600562

目 录

第一章　学术诚信概论 …………………………………………………… 1
　第一节　学术诚信的概念解析 …………………………………………… 1
　第二节　学术诚信研究的相关理论基础 ………………………………… 21
　第三节　学术诚信的研究现状 …………………………………………… 28

第二章　我国当代研究生学术诚信现状解析 …………………………… 33
　第一节　我国研究生学术诚信现状研究概述 …………………………… 34
　第二节　研究生学术失信的危害 ………………………………………… 37
　第三节　研究生学术诚信失信的原因探析 ……………………………… 44

第三章　当前我国研究生学术诚信保障体系概况 ……………………… 52
　第一节　研究生学术诚信保障体系相关概念解析 ……………………… 53
　第二节　研究生学术诚信保障体系建设的必要性 ……………………… 55
　第三节　研究生学术诚信保障体系建设的现状 ………………………… 60

第四章　国外研究生学术诚信保障体系的经验借鉴 …………………… 69
　第一节　国外研究生学术诚信保障体系构建背景 ……………………… 69
　第二节　国外研究生学术诚信保障体系构建措施 ……………………… 74

第三节　国外研究生学术保障体系的启示与借鉴 ………………… 90

第五章　当代研究生学术诚信保障体系构建概述 ………………… 93
第一节　研究生学术诚信保障体系构建的指导思想 ……………… 93
第二节　研究生学术诚信保障体系构建的基本原则 ……………… 95
第三节　研究生学术诚信保障体系构建的主要内容 ……………… 99

第六章　当代研究生学术诚信宏观保障体系的构建 ……………… 106
第一节　改善社会不良风气 ………………………………………… 106
第二节　加强我国研究生学术诚信的法治建设 …………………… 116
第三节　加强学术道德制度建设 …………………………………… 127
第四节　加大学术期刊防控学术不端的力度 ……………………… 136

第七章　当代研究生学术诚信微观保障体系构建
　　　　——基于诚信教育的视角 ………………………………… 143
第一节　加强高校学术诚信教育体系建设 ………………………… 143
第二节　树立导师的模范榜样作用 ………………………………… 166
第三节　加强研究生的自律意识 …………………………………… 174

第八章　当代研究生学术诚信保障体系构建的实践探索 ………… 179
第一节　医学研究生学术诚信保障体系构建背景 ………………… 179
第二节　四川大学研究生学术诚信保障体系构建措施 …………… 187
第三节　四川医科大学研究生诚信保障体系构建措施 …………… 190
第四节　完善医学研究生学术诚信保障体系建设的措施 ………… 212

参考文献 ……………………………………………………………… 217
后　记 ………………………………………………………………… 227

第一章 学术诚信概论

第一节 学术诚信的概念解析

一、学术诚信的界定

科研活动一直是促进科技发展的重要途径，科研人员通过学术交流进行思想的碰撞进而促进科技创新和推动学科发展。但是自20世纪70年代末以来，随着科学技术与社会关系的日益密切，科研活动已经不再是单纯的对知识和真理的追求和探索，对很多从事科学研究的人来说，它更像是一种谋生的职业。这种日益浓厚的功利因素使科学研究遭受到前所未有的诚信危机，学术诚信问题也日益成为人们关注的焦点。

（一）学术诚信的内涵

我国对学术诚信问题的研究，最早始于20世纪八九十年代的《中国学术规范化讨论》。学术诚信作为一个复合词，可以说是诚信概念在科研领域中的延伸，要了解它的内涵，首先要把握"诚信"与"学术"两个概念。

1. 诚信

作为中华民族的传统美德，诚信是中国传统道德体系中重要的道德规范，在中国漫长的历史发展过程中有着极其丰富的内涵和规定。诚信一词最早见于《商君书·靳令》，但从语源上则是来自"诚"和"信"两个单字。

中国历代哲人对于"诚"的认识是不断深化的，"诚"从萌芽、产生直到发展成熟，经过了漫长的过程。在这一过程中，"诚"的内涵逐渐丰富。"诚"的概念出现在中国最早的历史文献《尚书》中，这时的"诚"主要指笃信鬼神的虔诚。在《周易》中，"诚"已逐步具有了日常规范的意义，开始摆脱纯粹的宗教色彩。孔子、孟子、荀子都有关于"诚"的论述，认为

"诚"是重要的道德概念。到了汉代，儒学受到冲击，"诚"也逐步丧失了地位。但至宋明时期，伴随着理学的复兴，"诚"重新被理学家们所重视，他们把"诚"作为维护"天理"的精神原点加以阐释。宋明以后，由于"天理"的外在规约性，使"诚"的含义在某种程度上又被神化了。但总的看来，儒家认为"诚"在修身、与他人交往和做事中有重要的作用，属于道德根本层面的东西。在宋以后，有一些思想家，如明末清初的王夫之试图赋予"诚"以唯物主义的阐释，要求人们要按照客观事物的真实面目去认识它。

综观中国古代关于"诚"的阐释，可以看到，"诚"的基本含义是指诚实、真实，不欺骗他人，也不自欺。"诚"是一个人道德修养所应具备的内在品格，是基本而比较重要的道德规范。①

"信"最基本的内涵是讲信用，无欺骗，之后也有诚实守信、相互信赖的含义。"信"要求我们不仅要在自己的行为规范上坚持信用的品行，同时也要对某样事物、理念坚定信念，以维护人与人之间、人与物之间相互信赖、相互依托的关系。"信"也是中国古代道德规范的一个重要范畴。《左传·僖公二十五年》中记载："信，国之宝也，民之所庇也。"这就是说，信用是统治者治国的根本，也是人民赖以生存的基础。老子曰："言，善信。"这是说我们说话办事要遵守信用。孔子曰："人无忠信，不可立于世。""人而无信，不知其可也。"把"信"作为做人立事的基础，并且通过"言必信，行必果""敬事而信"等要求规范弟子的言行。《论语》更是多次提到"信"，并在后来被人们推为五常，作为日常遵守的行为准则。②

从以上的解释中可以看出，在中国传统文化中，"诚"主要指道德主体的一种诚实不欺的内在品质、一种信念，是道德主体主观精神状态的一种反映；"信"是指道德主体在道德行为实践中诚实不欺、践约守诺的基本道德原则，是一种行为规范，是"诚"的外在表现形式。所以诚信就是：内诚于心，外化于人，言必信，行必果。诚信不仅是一种道德范畴，体现了一种人品修养和做人的根本准则；也是一种行为规范，用于调节人与人、人与社会之间的现实关系，并以此形成一种特定的道德实践活动，其核心内容是诚实守诺、真实不欺、不妄不伪、言行相符，同时也蕴涵着尊重、公正、诚直和责任等价值观念。③

---

① 刘辉. 科研诚信问题研究 [D]. 长春：吉林大学，2011.
② 宁佳. 研究生学术诚信教育体系研究 [D]. 成都：西南石油大学，2012.
③ 刘培蕾. 大学生学术诚信缺失的原因及其教育对策研究 [D]. 重庆：西南大学，2007.

在现代汉语中,"诚信"一词已经被人们广泛使用,而且与古汉语中人们使用诚信一词时的侧重点明显不同。现代人对"诚信"的使用多数不再取其古代汉语的超越层面的虔诚信奉意义,而是在规范层面取其"诚实守信"的基本意义。从诚信的现代社会意义上来看,有人认为诚信的完整内涵有三个方面:首先,诚信是一种规范。它是人们行为的一种范式,是协调人际关系的一种基本要求。其次,诚信是一种制度。所谓制度,就是社会所要求的人们的行为模式。制度是一种规范形式,但在现实生活中,并不是所有的规范都以制度的形式存在。诚信作为人们的行为范式和人际关系模式,需要制度化才能持久,才有力量。最后,诚信是人品。诚信从根本说是一种人品、修养,是做人的根本准则。①

诚信不仅在中国是制约人们日常行为的道德标准,而且也是西方国家一直研究和实践的传统。西方的诚信观念来自于经济基础的商业文明中。西方的诚信理论是平等地建立在市场经济和契约关系基础之上的。诚信观念在西方起源于罗马,是在罗马帝国简单的商品经济贸易基础上发展而成的。因此,西方的诚信观念大部分体现在经济伦理上,作为一种对经济关系的反应,主要作用是调节经济和社会生活中人与人之间的利益关系。而后诚信观念在《圣经》中也有提及,被认为是基督教伦理的最高原则,是至高无上的道德范畴。随着资本主义社会的发展,诚信逐渐成为"忠于事实或者在这样的基础上加上遵守公平交易的合理商业标准"。西方资本主义国家把诚信道德作为一种契约诚信,人们在相互交往的过程中自觉地形成承诺和契约,逐步形成了诚信的道德观念和原则。由此可见,诚信这种伦理范畴,在中西方的内容和含义都是相近的,即要求尊重事实、信守承诺,诚实无欺。②

2. 学术

学术也是一个较难界定的概念。20世纪初,我国的许多学者还是把"学"与"术"二字分开来解释,认为学有理、知之意;术有用、行之意。蔡元培先生也认为:"学与术可分为两个词,学为学理,术为应用。"各国大学中所有的科目,如工商、法律、医学,非但研究学理,并且讲究应用,都是术;纯粹的科学与哲学就是学;学必借术以应用,术必以学为基本,两者并进始可。20世纪90年代以前,"学术"这个概念很少在我国高等教育研究文献中出现,自90年代中期,随着"学术管理"成为我国高等教育管理研究的主题之一,对"学术"这个词汇的应用也就越来

---

① 刘辉. 科研诚信问题研究 [D]. 长春:吉林大学,2011.
② 宁佳. 研究生学术诚信教育体系研究 [D]. 成都:西南石油大学,2012.

多。据《辞海》(1999年版)、《现代汉语词典》(2002年修改本)中的解释:"学术"是指"有系统的、较专门的学问"。在英语里,学术(academic)一词本源于柏拉图创建的高等教育学校阿卡德米(academy),有"学校的、学者的、与学问有关的纯粹理论的或推理的"等多种解释,包含的意思并不仅限为"较为专门、有系统的学问"。在欧洲的传统中,学术是指"由受过专业训练的人在具备专业条件的环境中进行非实用性的探索"。按此理解,学术应该包括两个主要要素,一是与学院有关,二是非实用性,那么实用性的研究和技术就不是所谓的学术。但是,随着知识经济和学术事业自身的发展,目前人们对学术内涵的理解也更加宽泛和丰富。学术已经不只是纯理论和研究的代名词,非理论型的应用研究及学术训练等都可以被囊括在学术的范围之内。就学术主体来看,从事学术活动也已经不再是由少数学者独享的权力,学术的主体包括各学科领域内的探索者和接受学术训练的初学者,除了学者和教师之外,学生也被视为学术共同体的重要组成部分,这已经逐渐成为全球大学的一个重要理念。

综合以上国内外对于学术概念的理解,学术应该包含两层含义:作为一种知识形态,学术是指学问、道理、真理,是认识的对象和目标;作为一个过程,学术是指获得学问、道理、真理的活动和方式。由于学术作为一种知识形态的时候本身并不蕴涵着价值判断,也就无所谓诚信,因此只有当学术作为一个活动过程,人们参与其中并进行价值选择时,才会出现学术是否诚信的问题。这里所指的学术,除了包含纯科学外,还应包含对学科的研究和富有启发性的教学活动。而学术的主体,除了接受学术学习的人外还包括进行学术领域研究的人,主要是学者、教师和学生。

因此,基于以上对学术和诚信概念的理解,参照前人的研究基础,对学术诚信的概念做以下解释,所谓学术诚信就是诚信教育在学术上的表现,是指人们在进行学术活动的过程中,以严谨的态度对待科学研究,坚持诚信的道德规范和行为,对待学问、真理等认识目标的追求过程无欺诈;同时探索学术、真理的活动的方式方法也遵循公平、诚信的品质。①

(二) 学术诚信的相关概念

1. 学术不端

学术不端在世界各国都有发生。科研不端、学术失范、学术腐败等都是对学术研究中违背学术道德行为的说法。各概念之间既有联系,又有区别。

---

① 刘培蕾. 大学生学术诚信缺失的原因及其教育对策研究 [D]. 重庆:西南大学,2007.

我国学术界尚未对学术不端行为的定义得出统一的定论。此研究领域中较为著名的是被称为学术道德卫士的生物化学家邹承鲁，其在20世纪80年代提出在科研工作中搞精神文明建设的倡议，对科学界存在的学术不端行为嫉恶如仇。邹承鲁未明确提出学术不端行为的定义，但他认为除了抄袭、篡改和剽窃外，我国学术上的不端行为还应包括伪造学历和工作经历、贬低前人成果、自我夸张宣传、一稿多投、在自己并无贡献的论文上署名、为商业广告作不符合实际的宣传等。国际上对这一问题也有不同的名称和定义，如 academic misconduct, academic misbehavior, academic dishonesty 等。

政府部门出于自身职责的考虑，对于学术不端行为的定义相比于学界学者存在一定的差异。政府部门开始关注并研究学术不端行为，最早是在1989年的美国。美国公共卫生署在其法规中定义了学术不端行为："不端行为或科研不端行为，即伪造、篡改、剽窃，或其他严重违背科学共同体关于计划、管理或报告科学研究的普遍公认的惯例之行为。这不包括诚实的限于个人能力所产生的错误或数据解释和判断中的诚实差异。"1991年美国国家科学基金会在前者基础上进一步定义了学术不端行为，定义是："不端行为指伪造、篡改、剽窃，或其他在计划提出、项目执行和研究结果报告等美国国家科学基金会资助研究活动中严重背离公认惯例的行为。"尽管两者的定义存在着差异，如是否包括诚实的错误，是否限于该基金会资助的项目，是否包括对可疑行为的报复等，但是这些差异无关乎对其本质的认识，归根结底，他们都把学术不端行为定义为伪造、篡改、剽窃和其他严重背离公认惯例的行为。1992年，美国国家科学院对上述两机构的定义做了回应，把科研不端行为定义为："计划提出、项目执行和研究结果报告中的伪造、篡改或剽窃，并特意指出不端行为不包括判断错误、数据解释的观点差异或与研究过程不相关的不端行为。"英国维康基金会对于学术不端行为的定义与德国马普学会给出的大致相同。德国马普学会于1997年通过的《关于处理涉嫌学术不端行为的规定》，指出："如果在重大的科学研究领域内因有意或大意做出了错误的陈述、致使损害了他人的著作权或者以其他方式妨碍他人研究活动的行为，即可认定为学术不端。"这个定义把行为人疏忽大意的因素都列了进去。①

在中国，2007年中国科学院发表的《关于加强科研行为规范建设的

---

① 孔艳，张铁明. 学术不端研究综述及建立遏制学术不端的"第三类法庭"[J]. 编辑学报，2013, 25(5): 422-426.

意见》认为,科学不端行为是指研究和学术领域内的各种编造、作假、剽窃和其他违背科学共同体公认道德的行为,以及滥用和骗取科研资源等科研活动过程中违背社会道德的行为,并列举了7条认定标准,如虚假陈述、损害他人著作权、研究成果发表或出版中的科学不端行为等。该概念和标准为多数人所认同。此外,《关于严肃处理高等学校学术不端行为的通知》(教育部,2009)、《国家科技计划实施中科研不端行为处理办法(试行)》(科技部,2006)也列举了学术不端行为的表现形式,但是这些表现形式显然包含所有的类型。

综上所述,关于学术不端的界定,虽然国内外学者和政府提出了自己的观点,但都有一定的局限性。实际上,认定学术不端行为,必须根据学术不端行为的构成予以判断。学术不端行为由主体、客体、主观方面及客观方面等要素构成。主体方面即指学术不端行为的实施者,从广义上讲,所有从事科研活动的专家、学者、教授及高校从事科学研究、学术创作的学生都可能成为学术不端行为的主体。学术不端行为的主观方面表现为故意,因为抄袭、篡改和剽窃等行为是需要行为人发挥主观能动性,特意为之的结果。例如抄袭他人作品中,主要观点、论据或大篇幅语句时,是科研人员为完成自己研究项目之目的而进行的不正当的学术行为。例如一稿多投,是同一作者将自己的一个作品或者题目不同而内容相似的作品同时投给两家或以上的刊物发表,先不论其目的与动机,此种行为也是有违学术道德的学术不端行为。再例如篡改,当自己的研究结果、实验数据没有达到预期,或者与期望不符时,研究者为得到满意结果而随意篡改数据或研究结论,这也有违科学精神。这些例子中的主体都是明知而故意为之,所以,出现学术不端行为其主体在主观上一定是故意的。如果是无意识的,或者是行为者意料之外的,那便不应归为学术不端行为,如诚实的研究做错,对实验结果或数据诚实的判断差异,由于行为人主观上不存在故意心态而不应归为学术不端行为。学术不端行为的客观方面是行为人客观实施了有违学术道德和科学精神的行为。从狭义上讲,不同形式的学术不端行为侵犯的客体不同,如抄袭剽窃类侵犯的是他人的著作权、优先权等权利;从广义上讲,学术不端行为侵犯了公正、公平的科学精神,违反了高尚的学术道德,扰乱了整个学术界的风气,也影响了社会秩序,让社会对学术界的科研诚信产生了怀疑。因此凡是满足这四个构成要件的行为即可认定为学术不端行为。①

---

① 霍建菲. 高校学术不端行为治理研究[D]. 济南:山东大学,2013.

2. 学术道德

对于学术道德的定义，学术界虽然一致认为它是学术活动中的行为规范，但是各学者的侧重点有所不同，归纳可见，以往各学者的侧重点主要有调节领域、规范对象和调节方式等方面。例如，有学者侧重于强调学术道德是调节学术活动中学术人员之间关系的行为准则，认为"学术道德是学术共同体内形成的从事学术活动所应遵循的道德规范和准则，是人们在学术活动中产生出来用以调节学术活动人员之间相互关系的一种行为规范，这需要通过社会舆论、制度规范和学者自我行为约束来实现社会控制目的"；有的着眼于学术人员在学术活动中处理各种关系的准则与规范，如江新华认为学术道德不仅仅是学术活动主体人的道德，它是指从事学术性研究活动的主体，在进行创造性研究活动的整个过程中，处理个人与他人、个人与社会、个人与自然之间关系时所应遵循的原则和规范的总和。胡超认为，学术道德就是指从事学术活动的主体在进行学术研究活动、学术评价活动、学术奖励活动的整个过程及结果中处理个人与他人、个人与社会等方面关系时所应遵循的行为准则和规范的总和。学者仵文全在总结前人研究的基础上，将学术道德界定为学术共同体内形成的从事学术活动所应遵循的道德规范和准则，通过社会舆论、制度规范和学者自我行为约束来维系并发挥作用，用以调节学术活动人员之间相互关系和规范他们的学术活动的行为准则与规范的总和[①]。本书也采用此种解释。

3. 科研道德规范

道德规范是一定社会为了调整人们之间以及个人与社会之间的关系，要求人们遵循的行为准则。科研道德规范是一定社会或阶级对科研人员道德行为基本要求的概括，是在科学活动中形成的科研人员之间、科研人员和社会、科研人员和自然之间的道德关系的普遍规律的反映，是科研人员应该普遍遵循的判断与评价善恶的依据，是科研人员开展科学活动的准绳，为科研人员提供具体的行为指导。

4. 学术道德失范

失范是社会学研究领域的概念，法国学者马里·居友（Jean M. Guyana）最早使用了这一概念，社会学家涂尔干（Emile Durkheim）最早将其引入社会学研究领域，并将失范定义为"一种社会规范缺乏、含混或者社会规范变化多端，以致不能为社会成员提供指导的社会情境"。而美国社

---

① 仵文全. 当代研究生学术道德观研究 [D]. 南京：南京林业大学，2013.

会学家墨顿进一步解释了失范的内涵,他将文化目标和制度化手段作为失范概念的两个重要因素。当个人以正当手段去实现正统目标时,个人行为是符合社会要求的。当目标与手段不一致时,失范行为随即出现。本书也倾向于墨顿的解释,即认为学术道德失范是指学术主体在学术活动的整个过程中违反学术活动所要遵守的基本道德观念、行为原则和规范,以获得相应利益的行为。

5. 学术腐败

由于学术腐败本质上属于腐败的范畴,是腐败现象在学术领域的反映,因此可以将学术腐败定义为在学术活动领域中,拥有学术权力与行政权力的个人或集体违反学术道德、滥用学术权力谋取个人私利或集团利益的行为。从这个意义来理解的话,剽窃、抄袭、作假等一些违反通常的学术规范,违反一般的道德准则的行为就不应该被称为学术腐败。

(三) 相关概念的辨析

1. 学术不端与科研诚信

最初,学术界对日益突出的违背科学精神和学术道德的行为统称为科研诚信的缺失,也将这些问题作为科研诚信问题加以研究和讨论,对科研诚信也未提出明确且具有权威性的概念界定。笔者在中国教育与计算机网站上看到这样一段描述:科研诚信指科技人员在科技活动中弘扬以追求真理、实事求是、崇尚创新、开放协作为核心的科学精神,遵守相关法律法规,恪守科学道德准则,遵循科学共同体公认的行为规范。科研诚信是科技创新的基石。这只是一个宏观的描述,缺乏实际指导意义,虽然此定义不具有权威性,但也能反映出科研诚信的缺失不足以阐述学术界存在的种种不端行为,以此为指导思想,恐怕不能达到弘扬科学精神、净化学术气氛的目的,难以维护科学领域的健康发展。通过比较我们得出,科研诚信是积极正面的词汇,诚信是美好的道德追求,但没有诚信也不违法、不违规。但是学术不端不同,学术不端行为已经违反了学术规范,是应该予以纠正的行为,换句话说,这是不被允许的行为。所以,科研诚信的概念太过笼统和宏观,无法对学术界的不端行为给予正确的阐述与界定,亦不能表明问题的严重性,学术不端行为是刻不容缓、亟待解决的学术学风问题,所以学术不端行为的表述更加合乎现实需求。

2. 学术不端与学术错误

学术错误就是学术研究过程中出现的学术错误,主要包括两种情况:

其一是客观错误,指由于客观条件所不能及的而造成的错误。这类错误属于不可抗力的因素,很难避免。所以笔者认为此种情况下研究者不应该受到谴责,而且随着科技的进步,这类错误慢慢也会得到纠正。其二是主观错误,这类错误可能是由于研究者研究方法应用的错误,或个人研究能力有限而造成的。此类错误行为者没有故意而是无心造成的,属于"诚实的失误",笔者认为是可以原谅的,而不属于学术不端行为。通过以上对学术不端构成要件的分析,学术不端行为者在主观上存在故意,而且客观上实施了有违学术规范、学术道德的行为,因而属于不可原谅的错误,应该对其进行整治。

3. 学术失范、学术不端与学术腐败

学术界存在对"学术腐败"一词使用是否恰当的争论,有的认为"学术腐败"一词的使用是合理的,有的认为使用"学术腐败"一词过于严重,主张使用"学术不良行为""学术不端""学术失范"等,也有的认为"学术腐败"与"学术不端""学术失范"可以混用。从汉语上分析,这三个概念所指相似,但强度不一,"学术不端"重于"学术失范","学术腐败"又重于"学术不端"。对于一般的技术性过失,用"学术腐败"来指称,过于严重;对于学术权力场中的种种以权谋私的丑闻,用"学术失范"来形容,又过轻。因此,有必要根据"学术腐败"一词的定义对"学术腐败"与这两个词汇进行明确的区分。

学术失范与学术规范是相对的,所谓学术规范是指学术共同体成员必须遵循的准则,它从学术活动中约定俗成地产生,成为相对独立的规范系统,如北京大学社会学系张静教授所说的学术规范是"一套'做活'的规矩",是"通过专业认可的'入场券'"。学术规范应包括三个层面:学术道德规范、学术写作规范和学术研究方法规范。学术道德规范是学术规范在道德方面的要求,属于伦理范畴,它是约定俗成并得到学术界共同认可和遵守的道德观念和价值取向;学术写作技术规范是有明确规定的、并可操作的技术要求,尤其强调引文规范,包括撰写学术论文、著作时要交代学术缘起、要具备注释和文献目录等;学术研究方法规范是指学科研究的方法、理论框架和概念范畴体系合乎学科要求,每个学科的研究路径不同,所以在这方面也有所不同。而学术失范主要指学者违背学术规范所犯下的技术性过失,如行文失范(如学术论文缺乏必要构件,行文中含有太多的口语而不是书面语言,过渡引用等)、引注失范(引而不注、少引注或引注格式不合规范,因疏忽造成伪注等)、演讲失范(不遵守规则、延长演讲时间)、会议失范(学术会议不组织论文报告、不组织论文评议、不允许发表不同意见等）、批评失范（歪曲对方的观点，进行人身攻击等）、论文发表失范（非恶意的一稿多投）等。

学术不端主要指学术事务与学术活动中学术人员或学术管理组织违反科学规范、学术制度和背离科学精神的行为。曹树基认为，学术不端主要涉及学者抄袭、剽窃等不良行为，也指学者恶意的一稿多投行为。抄袭主要指抄袭者将被抄袭者的文字，不加修改地移入自己的论著，并当作自己的成果发表；剽窃主要指剽窃者将被剽窃者的文字或学术观点，经过改造移入自己的论著，并当作自己的成果发表。抄袭是公开的，剽窃是偷偷的、暗地的。国际上也惯常使用学术不端这种说法，在1992年由美国国家科学院、国家工程学院和国家医学研究院的22位高级科学家组成的一个小组写出的报告中，将学术不端（misconduct in science）定义为"在申请课题、实施研究或报告结果的过程中出现的捏造数据、篡改数据或剽窃行为"。而国际上之所以惯常使用学术不端这个说法，是因为国外学术界存在的问题主要集中在学术研究中个体的抄袭、剽窃、捏造、篡改行为，并且仅仅是个别现象，学术管理、学术权力的腐败更是少之又少，没有普遍的"权学交易""钱学交易""学术贿赂"等。

学术失范与学术不端行为的最大区别在于：前者是因知识缺乏或学术不严谨而引起的失误；后者则是明知故犯，企图不劳而获，或少劳多获，使自己利益最大化，最重要的是，后者侵占他人的知识产权，触犯了《中华人民共和国著作权法》。而学术腐败与学术不端的最大区别在于：前者完全是权力运作的产物，是利用手中的行政或学术权力获取私利；而后者不涉及任何权力关系。

从汉语语义上分析，学术失范、学术不端、学术腐败这三个概念相类似，但过错程度却存在差异，三者呈逐渐递增的趋势。学术失范强调技术性过失，如过度引用、引注不规范等行为。学术不端主要侧重抄袭、剽窃等不良行为。两者区别在于：前者是由于学识有限或学术态度不严谨而造成的；后者则是明知如此而故意为之，为谋取个人利益而不惜侵犯他人及社会的利益。学术腐败主要指学术界与政治权利相关联的不恰当的谋利行为。如前所述，在学术成果评价和科研项目申请等方面利用政治权力谋取私利，是学术运作中实施的涉及行政权力而有损学术的纯洁性的行为，学术不端与学术腐败最大的区别也在于此。

4. 教育腐败与学术腐败

"教育腐败"是近年来我国新闻媒体中频频出现的一个名词，由于学术腐败和教育腐败都出现在教育领域中，因此有必要对两者进行区分。

所谓教育腐败指教育机构违背教育宗旨和教育公平原则，破坏规则和法纪，利用权力和金钱与教育机会、学术资格进行交换，牟取个人和小集团、部门利益的违法、违纪和犯罪行为。在广义上，教育腐败也包括教师的学术腐败、学校乱收费等严重损害社会公共利益的行为（杨东平，2003）。其最显著的特征就是利用职权维护和谋取私利。教育腐败和社会其他领域中的腐败现象一样，本质上都是一种权力腐败。教育腐败行为的发生，都是以教育权力的占有和行使为基础的。

教育腐败可分为显性和隐性两种。显性的教育腐败包括：①考试舞弊，包括统一高考、成人高考、各类专业资格考试以及学校课程考试的舞弊等；②招生中的黑幕，主要指各种"后门生""关系生""条子生""缴费生"，凭借社会关系、权力和金钱，逾越规则获得紧缺的教育资源的行为；③学校乱收费，各级学校巧立名目乱收费，"择校费"成为数额较大的一类；④基建工程"暗箱"操作及设备采购中的乱吃回扣；⑤学校中少数领导干部和职工贪污、受贿的经济犯罪行为等。

隐形的教育腐败包括在职称评定、论著发表、成果鉴定中的腐败等，此点类同学术腐败。

教育腐败与学术腐败作为腐败现象在教育与学术领域的反映，两者均是拥有一定权力的个人或集体为了牟取私利，滥用权力进而损害公共利益的行为，其本质均是滥用权力谋取私利；两者的区别在于教育腐败存在于整个教育领域，包含学术腐败，不仅涉及拥有学术权力的人，而且涉及拥有行政权力的人，而学术腐败仅涉及拥有学术权力的人在学术领域的腐败行为。

5. 科研不端行为与学术不端行为

所谓"科研不端行为"，在词源学上来自于英文的"Research Misconduct"或者"Misconduct in Research"抑或"Misconduct in Scientific Research"。而在汉语里面，也可将其译成"研究不端行为"。本质上，科研不端行为是指科研工作者或科研组织为了获取个人或集体名利，在科学研究整个过程中采取不公平与不正当手段，做出的违背科研伦理道德甚至违反法律，侵害社会公共名誉利益、国家名誉利益、集体名誉利益以及他人名誉利益的行为。而"学术不端行为"则译自英文"Academic Misconduct"。其本质上指的是，学术工作者或学术团体为了获取个人或集体名利，在学术研究的整个过程中，采取不公平或不正当手段所做出的违背学术伦理道德甚至少数违反法律、侵害他人名誉或利益的行为。通过两者的比较我们不难看出，科研不端与学术不端相比，前者涉及的范围更为广泛，其不端行为的影响也更恶劣与深远；后者则更强调纯学术行为。同时，在危害性差异上，前者不仅影响科研工作者的名誉和利益，并且深入、延伸到产业经济、政治、教育等社会领域，危害性更为广泛，因此科研不端行为也需承担学术伦理与社会伦理的双重责任。

6. 科研不端与科研伦理

作为一个研究领域，科研伦理主要侧重于研究科学研究活动所涉及的伦理问题。其问题主体可以是科学研究本身，同时也可以是科学工作者。在这个意义上，有关科研活动的伦理问题即"科研伦理"问题应包括：科研手段与方式及研究结果应用过程中的伦理问题，即"科技伦理"领域涉及的安全、权利与尊严等问题；科研主体自身的学术品德方面的伦理问题，即"学术伦理"所讨论的对于研究成果与数据的捏造、伪造与篡改行为等问题。因此，笔者认为，科研不端是科研伦理研究领域中的一个方向，主要涉及与科研主体相关的不端行为，因而科研伦理的含义更为宽广。

同时，广义上的科研不端行为还可以理解为违背科研伦理行为准则的一种行为。科研伦理是科研活动中主体自由、自主、自发进行科学研究的保障。正确的科研手段与诚信的科研态度可以让科研主体在科学活动中得到最大的自由；相反，科研活动中的不端行为看似达到了其所谓的科研目的、得到了预想的名誉与利益，从而看似达到了其欲望中的"自由"，而实则却切断了科学回归自由本性的伦理之路。

二、学术诚信的特点

学术诚信具有自觉性、全程性的特点。首先，学术诚信具有自觉性的特点。学术诚信是学术行为主体在学术活动过程中自觉意识到的，是个体的有意识的学术道德行为，因而也是学术行为主体自愿将外在的学术道德规范内化为自我意识，并形成学术诚信信念、培养学术诚信情感、养成学术诚信行为习惯的过程。其次，学术诚信具有全程性的特点，体现在外在学术道德要求一旦内化为自身的信仰，就会形成特殊的精神气质，这种精神气质会在学术活动之前、学术活动之中、学术活动之后各个阶段上，以肯定或否定的形式提醒学术行为主体的动机、监督学术行为主体的行为，使其主动约束自己、限制自己，做该做的事情。①

---

① 周金花. 研究生学术诚信教育研究［D］. 长沙：中南大学，2008.

三、学术诚信的基本要求

（一）尊重客观事实，保持严谨求实的治学风格

学术研究是对真理的探索和研究，是按照事物发展规律揭露事物之间相互联系和探索事物本质的重要过程；同时也是一个对知识不断积累的过程。进行研究生学术诚信教育，就是要让研究生将学术诚信转化成一种内在品质。这就要求我们，在进行学术研究的过程中，不仅要坚持遵循客观事实和客观规律，按照事物的本来面貌进行分析和研究，防止主观臆断，保持严谨的治学作风，更要尊重他人的研究成果，在合理借鉴的基础上进行的创新要加以说明，对自己的行为负责。同时，还要坚持用科学的方法公正、正确地评价他人的学术成就，不带偏见。这就要求我们作为一名研究生，要坚持科学的精神，用实事求是的态度去对待他人的科研成果，公正地对其成果进行评判；同时在进行科研探索的过程中，要以诚实的态度去探究真知，忠于真理，自觉地遵守道德规范，对自己的行为、知识负责。总的来说，就是要做到用科学严谨的治学作风来严格要求自己，做到端正学术态度，诚信为人。

（二）尊重他人成果，合理使用他人作品的内容

进行学术研究是一个长期而艰苦的过程，在这个过程中最重要的是对知识的积累和提升，不仅要使自身知识得到积累和提升，更要在他人劳动成果的基础上进行积累和提升。这就注定学术研究不能仅仅成为个人劳动的过程，而要成为全社会共同劳动的过程，是在前人不断劳动的基础上进行推进和创新的过程。没有他人的基础作为奠定与配合，学术研究将一事无成。这就要求我们，在进行学术研究的过程中，要尊重他人的研究成果，在合理借鉴的基础上进行说明和运用，要讲究诚信，不能在不进行说明和注释的情况下盗用别人的科研成果。这是一个学术研究人员最基本的道德底线，也是进行学术研究的基本准则。只有对他人劳动成果采取尊重的态度，在进行科研的过程中合理地借鉴，在需要对其言论负责的时候明确、公开地承认事实，这样才能得到其他科研人员的支持与认可，才能够更好地站在别人的肩上获得最新、最前沿的知识。

（三）坚守学术公正，正确评价他人的学术成果

进行学术研究要讲求诚信，对待他人的学术成果同样也要讲究公正客

观。公平客观的评价自己或者他人的学术成果，不仅是对自己的尊重，也是对他人的尊重，同样这也是为人的基本道德。在进行学术评价时，应该坚持客观的、科学的精神，实事求是地对待他人的学术成果。在发表学术评价意见时，同样也要坚持从实际出发，尊重客观实际，以文本为中心，对学术成果的内容、思想、创新、学术做出公正的评判，客观地发表自己的意见和见解。做到不偏不倚，不夸大成果的价值，也不缩小成果的意义，更不能歪曲其本意。不考虑与学术无关的内容，不畏惧强威，只有这样才能体现作品的真正价值，才能为学术增添新的内容。

四、学术失信的分类及主要表现

（一）学术失信的表现形式

高校中出现频率较高、引起学校及社会广泛关注的以及政府部门联合学校重点治理的学术失信表现如下：

抄袭是在谈及学术不端行为时首先会提到的词，抄袭一词字义浅显，人们大多谈及的是抄袭的表现，以及在学术不端的定义中，达到何种程度才算作抄袭。笔者想对抄袭与剽窃做一下概念区分，抄袭一词在现代汉语词典中有三层解释：绕道袭击敌人；窃取别人所作文字以为己作；不顾客观情况，照搬或沿用别人的思想、方法、经验等。取第二、第三层意思来看，出现上述行为确实可以归为学术不端行为。许多文件上的表述，通常都会把抄袭和剽窃并列列出，现代汉语词典中对剽窃的解释为：抄袭、窃取他人的文字、文学艺术以及科研、设计等学术方面的成果。可见，剽窃是抄袭行为的一种，窃取他人作品为己所用应都归为抄袭。抄袭根据抄袭种类和抄袭篇幅的不同，也有多种表现形式，抄袭种类的不同表现为抄袭他人文章中的论点、论据、表格、数据等资料，抄袭篇幅的不同表现为抄袭他人作品中的语句、段落、章节甚至是全篇抄袭。抄袭是学术不端行为中最明显也是最常见的问题，其危害也是极其严重的，但是此种行为比较直观，很易发现，若是采取积极手段能够得到有效治理。

篡改是指科研人员在取得研究结果或试验数据后，发现与自己的期望值不符，为达到自己的原始预期，是任意的取舍或者改变结果或数据，以符合自己的研究结论。它有两种表现形式，一是任意的取舍原来的结果或数据，二是随意修改原始的结果或数据。这种行为在高校中普遍存在，一些科研工作者通过长期的实验，却没有得到理想的研究结果，迫于得到成果的急切心情或荣誉、利益的驱使，往往会选择"捷径"，做出不端的行为。这是一种不严谨、不负责任的学术态度，是对科学的不尊重，其危害也是极其深远的。篡改行为较之抄袭，不易被发现，更赖于学者严谨的治学态度和严格的成果审核程序来抵制其发生。

伪造也是高校学术不端行为中的重要表现形式。2009年年底，井岗山大学的两名讲师涉嫌伪造数据的新闻引起了国内的热议。刘涛和钟华在国际学术期刊《晶体学报》上的70多篇论文，涉嫌伪造数据被一次性撤销。伪造是指不以实际观察或实验中取得的真实数据为依据，伪造虚假的观察或实验结果，其推理过程和研究方法是明显不合理的，伪造的手段也多种多样，如伪造论据、伪造试验样品等。伪造行为的实质是一种欺骗行为，与篡改行为有重合之处，但又不完全相同。

杜撰参考文献，伪造注释。其实质也是伪造行为，单独列出是因为此种行为在高校中广泛存在，不及时加以制止会愈演愈烈。此种现象多表现在高校本科生和研究生的毕业论文中，一般学校都有基本的论文规范要求，规范参考文献的数目和类别，比如要求中英文参考文献达到一定的数目，还要求参考文献的种类有著作、期刊外文文献等。但是学生学术阅读范围有限，于是就不得不杜撰一些参考文献，或者列上一些没有作为参考的文献资料。对于此种学术不端行为，学校采取严格的审核机制是很容易发现并加以治理的。此类问题应该引起高校的关注。

一稿多投现象在高校学术活动中也非常常见，一稿多投表现为同一作者将自己同一篇文章同时发给两家或两家以上的学术刊物，两篇文章同时发表或者先后发表。高校中的科研人员为了增加学术成果，将自己的同一篇学术文章在几个刊物上发表的情况并不少见。与之相似的还有将自己的一个学术成果分为多篇论文加以发表。其影响也相当恶劣，不仅浪费了刊物编辑审阅文章的时间和精力，浪费了刊物版面，还有可能造成刊物之间的纠纷。

不正当署名在高校这个大集体中似乎也见怪不怪了，学生发文章带上导师的名字，下级发文章带上上级的名字，学生发文章带上同学的名字，甚至有时为了文章能顺利发表，在未经他人同意的前提下署上知名学者的名字，这些现象都十分常见，但常见并不代表着它是正当的，我国《著作权法》规定署名权是作者经智力活动创作后，在所形成的作品（含复印件）上标示姓名的权利。著作权是一种人身权利，只有真正的作者才享有，以上不正当的署名现象是为法律所禁止的，也是有违学术规范的学术不端行为。

我国高校中存在的学术不端行为还有很多表现形式,如代写论文、泄密、打击报复、滥用学术信誉、学术履历造假等。

(二) 学术不端行为的类型

从学术不端行为在科研活动中发生的阶段和侵害对象和权益的不同进行分析,将上述的学术不端行为划分为以下几类:

1. 名不符实的学术创作

名不符实的学术创作是指在科研活动中,作者没有进行学术研究而是侵占他人研究成果,或者没有得到研究结果或数据而进行伪造、篡改等行为发表学术成果。笔者将抄袭、剽窃、伪造、篡改、侵吞他人成果等归为此类,该类型的特征是,作者未实施切实的学术研究过程,而获得学术成果,表现为侵占他人学术成果或者伪造、篡改自己的学术成果。同样,上文提到的高校学生在论文中杜撰参考文献、伪造注释的行为也是没有对文献进行研究分析,为达要求就随意杜撰的名不符实的学术创作。这里侵占的他人学术成果包括抄袭剽窃他人已经发表的学术成果,或者他人已经通过研究或实验得出而未发表的成果。伪造篡改自己的学术成果表现为,将自己的研究结果或数据进行满足自己预期的篡改,使其达到科研创新的要求,进而发表。其实质是一种伪造成果的欺诈行为,名不符实。抄袭虽然根据抄袭内容的不同和篇幅的大小有所区分,但这并不影响占有他人成果为己所用的事实。

2. 重复利用的成果转化

重复利用的学术创作主要表现为一稿多投、一稿多用或一书多版等行为。此类行为的特征是通过对自己学术成果的多次利用,而使学术成果在数量上增加。此处的重复利用的学术成果是指自己已经发表的学术成果或已经得出研究结果但未发表的成果两种形式。此处有一个前提,即该学术成果具有合法性,是依据正常的科研程序而得出的研究结果,应该受到保护,作者对这样的成果进行一稿多投、一稿多用或一书多版,其增加学术成果的手段是违法行为,此类行为的特点就是成果的合法性和增加方法的违法性。在此,我们还应区分两组概念,首先是一稿多投和一书多版。学术不端行为不仅表现在发表文章的学术期刊上,还表现为发表科研成果的书籍中,那么一书多版则类似于一稿多投,只是媒介不同。其次就是一稿多投和一稿多用。一稿多投指同一稿件多次投递给学术期刊,一稿多用则是一篇文章多次在学术期刊上发表。笔者认为,两者的概念有一定的区别，有一个是否发表的中间环节，一稿多用是一稿多投的结果，一稿多投不一定出现一稿多用，但其本质都是学术成果的重复利用。

3. 恶意增值或贬值的作品评价

恶意增值或贬值的作品评价是指在课题研究之前的科研立项和课题研究之后的成果发表过程中，通过学术不端行为的实施，使学术成果的价值被升高或者降低的情况。这一类型主要包括显失公平的同行评议，伪造学术履历、滥用学术信誉、打击报复、泄密等。学术成果价值被升高的情况有伪造学术履历获得科研项目，滥用学术信誉提高科研项目的价值，同行评议的专家不执行回避制度或者挑选对项目有利的评议专家等。学术成果价值被降低的情况有歪曲、诋毁他人学术成果，泄露评审客体的研究思想和实质性内容等。此类学术不端行为中，行为者的主观方面一定是故意的，如果是非主观过失则不能称为学术不端行为，具体实施的行为违背了科研活动的一般性规则，损害了他人的科研利益。

五、学术诚信的价值与意义

（一）学术诚信的价值

1. 科学价值

学术诚信是学术事业繁荣和发展的基本保障。学术活动的本质决定了学术诚信必然促进学术积累和学术创新。首先，学术研究是"求真"的过程。"求真"是学术的生命，"真"规定了学术活动的根本目的和最高标准。学术研究的第一特征就是它的真实性和严谨性，在学术活动中，必须诚实严谨，尊重事实，绝不允许有半点弄虚作假，这是学术研究的内在要求，也是学术诚信的本质特征。如果学术失去了"真"，那无疑就是等于"学术自杀"，不仅玷污了学术的神圣，也会断送学术的发展。其次，学术研究是一个厚积薄发和循序渐进的过程，需要多年的积累。任何学术活动都必须在原有的基础上进行，以人类已有认识的终点为起点，这就注定了在学术研究中没有什么捷径可走，只有反复尝试，不断积累，才可能有所突破。因此，从事学术活动，需要学者有足够的知识储备，需要有"坐冷板凳"的韧劲，需要有长期的刻苦钻研甚至耗费毕生的精力，投机取巧甚至不劳而获的思想与行为都是不可取的。最后，学术研究是创造性的活动，学术的价值在于知识的增值。创新是学术进步的永久核心，学术要进步，要发展，就必须不断推陈出新。但是创新不是无中生有，也不是把别人的思想和观点据为己有，而是在继承前人的过程中经过不断地思考取得的。综上三点不难得出学术诚信是学术事业繁荣和发展的基本保障。

2．主体价值

学术诚信有利于学术主体人格和品行的陶冶。一名社会主义的新型学术人才，既应具备良好的学术能力，更要具备高度的社会责任感和使命感。学术诚信既能够提升人们的科学素养，又有助于坚定人们为学术奋斗的理想，同时对于培养人们热爱科学的情感、促使人们养成良好的学术品德和作风均具有重要意义。从这个意义上讲，学术诚信是促进学术主体人格和品行自我完善的必要条件。

3．经济价值

学术是探索自然、社会等客观存在的基础性工作，也是实现学科交叉、渗透、融合、分化，促进学科发展的根本途径和基本动力，是基础研究和创新的思想源头。在以经济建设为中心的发展阶段，学术是高新技术发展的催化剂，是高新技术产业化的助推器。学术与经济建设不是割裂的，学术为经济建设服务虽是隐性、间接、潜在的，但它对于科技、经济和社会的影响却具有战略性。同时，学术自身的发展也为治学和培养人才提供了科学依据，促进了教育事业的发展。如果我们不清楚这一点，忽视学术，或者是在学术繁荣的盛名下，学风不正，急于求成，弄虚作假，那么毁坏的将不仅仅是学术自身的地位，而是会动摇科技进步和教育发展的根基，使经济社会的持续发展失去基础，"科教兴国"战略的实施也会受到阻碍。正如中国科技大学校长朱清时院士所言："这种现象之于学术，就像癌症之于人体，危害巨大。"如果任其泛滥，将使我国科学技术无法创新、丧失活力，直至危及整个经济和社会的发展。

4．精神价值

学术诚信能够有力地促进社会主义精神文明建设。"学术乃天下之公器，是人类先进文化的载体和推动社会进步的力量。"高等学校、科研机构是先进文化的动力站，是传播社会主义精神文明、践行社会主义核心价值体系的重要阵地。高等学校、科研机构作为学术研究的主要阵地，自从其诞生之日起，就一直充当着社会精神、道德和文化的领袖，成为影响全社会文明建设的重要窗口与风向标。学术诚信强调的理想高尚、积极进取、无私无畏、谦虚谨慎、求真尚实等美德是克服追名逐利、因循守旧、虚伪浮夸、嫉贤妒能等不良社会风气的强大精神武器。随着科学技术的逐步发展，科学对人类社会生活的影响和作用也必将日益凸显，学术诚信也必将在更深的层次上对人们的愿望、志趣、情感、传统和习惯产生巨大和深刻的影响。

（二）学术诚信的意义

1. 学术诚信是做学问的基石

诚信，可解释为：诚实、诚恳、信用、信任。它包含了两层含义：一是要用信用取信于人；二是对他人要给予信任。只有忠诚、诚恳地对待他人，才会取得他人的信任。因此一个人、一个民族或国家只有讲信用，才会有信誉。别人才会信任你，从而相信你所获得的科研成果，个人的劳动成果才能得到确立与传播。所以，先贤墨子曰："言不信者，行不果。"即说话不讲信用的人，做事不会有结果。学问之道在于追求真理，展现客观世界的本来面目，因此做科研的人的根本目的在于反映事物的真相。而要使自己的科研成果被他人和世界接受，首先自身要获得他人的信任与尊重，即古人所说的取信于民。如果一个人连诚信都做不到，即使其科研成果是正确的、真实的，但由于个人的诚信度太低无法取得他人的信任，人们仍然会怀疑他的观点或研究成果。爱因斯坦说："大多数人说，是才智造就了伟大的科学家，他们错了，是人格。"

2. 学术诚信是一个社会存在与发展的价值观保证

提高研究生培养质量关系到人才强国、科教兴国战略的实施，关系到创新型国家的建设。君子曰："人无信则不立。"一个社会的存在是建立在诚信的基础之上的，古有商鞅"立木赏金"取信于民，才有了秦国的强大，为秦统一六国打下了坚实的基础。新中国成立初期，吸引了海外学子纷纷回国，报效国家，才有了新中国的发展与强大。"曾子杀猪"为了教育孩子，也为了让孩子相信人与人之间是可相信的，让孩子从小就树立正确的价值观，整个社会也就会形成讲诚信的价值体系。因此，诚信教育应从小抓起，学术诚信的形成也要通过学校教育来实现。

3. 学术诚信是培养创新型人才的本质需求

自大学诞生以来，高等学校培养人才的根本任务就是培养创新型人才，这一目标在当今世界经济竞争加剧的浪潮下，显得尤为突出、迫切。人才培养主要靠"知识学习体系"和"人格培养体系"来实施。[①] 田建国

---

① 田建国. 创新型人才培养的思考 [N]. 光明日报，2007-10-24.

提到两者各有侧重，互为依存，互为促进，共同构成创新人才培养体系。心理学研究者对世界 100 名成功者和不成功者的研究也证明，决定一个人成功、有创造力的不是其智商而是人格，在成功人士身上更多地体现出的是对事物的好奇心、积极、坚强的意志品质，对工作的热忱与忘我精神，具有明确的目的性、果断性、自制力和独立性。创新活动是一种探索性工作，要经常面对失败和挫折。学术研究就是创新，因此也就意味着在学术研究的这条道路上，我们随时会遭遇挫折与失败。这就要求我们培养的学生——未来的研究者具备不怕挫折、勇于面对失败的心理承受能力，同时要淡泊名利，解除急功近利的心态。对于科研工作中的瓶颈、失败能坦然面对而并不是修改数据、伪造数据，抄袭、剽窃他人的观点。俗话说"板凳要坐十年冷，文章不写半句空"，就是告诫做学术的人要耐得住寂寞，不追求名利，文章要实事求是，不能写半句空话、假话。牛顿经过 20 多年的漫长思考，经过细心地观察与精确地计算，终于发现了万有引力定律，可见科学上的任何伟大发现，都离不开疑心，更离不开苦心和恒心。如果科学只靠修改、编撰数据，那么人类将永远无法进步，而一个民族、一个国家的学者没有诚实守信的品质，这个民族也会停滞直至灭亡。中国近代发展的血泪史早已向我们证明：夜郎自大，固步自封，只能导致民族的灭亡、国家的屈辱。因此，培养学术诚信精神是当前培养创新型人才的本质需求。

托马斯·赫胥黎说："在事实面前要像小孩子那样老老实实地坐下来，准备放弃一切先入之见，谦卑地追随大自然引向的任何地方和任何深渊，否则，你什么也学不到。"这是我们今天的研究者和研究生依然要秉持的一种做学问的态度，缺了这种态度，我们培养的"人才"难以承担起促进人类社会发展、促进国家发展的重担。美国的富兰克林从未上过学，南北美战争时，因作战勇敢，屡建奇功，被提升为费城市市长。他热爱科学，从 40 岁开始自学文化，尤其爱做电学实验。他冒着生命危险，经过多次实验，终于发明了避雷针。富兰克林从一个目不识丁的文盲，到成为一名电学发明家。说明一个人只要目标远大，热爱学习，热爱自己所从事的工作，并孜孜不倦地追求，坚持求真务实的态度，才有可能成功。靠一时的投机取巧得到的荣誉与利益，总有败露的一天，一个人、一个社会的发展必然是建立在客观、求实的基础之上，我国的历史发展早已向我们证明了这一点。

第二节 学术诚信研究的相关理论基础

一、博弈论

博弈论又称对策论,或者赛局论,是研究具有斗争或竞争性质现象的理论和方法,是运筹学的一个重要学科。博弈论认为人是理性的,人在进行策略选择时会趋利避害,尽可能地使自己的利益最大化。所以,博弈论研究的是博弈行为中各方是否存在着最合理的行为方案,以及找到这个合理行为方案的理论和方法。一个完整的博弈活动包括局中人、策略和得失三个基本要素。①局中人,是指参与博弈的直接当事人,参与研究生学术诚信博弈的局中人包括研究生、学校、用人单位、学术期刊,其目的是通过选择策略使利益水平最大化。②策略,是局中人在给定的有关信息下采取的行动规则,它规定局中人在什么情况下选择什么行动,或者它选择参与者如何对其他参与者的行为做出反应。③得失。博弈结束时所取得的结果称为得失。运用博弈论来探讨研究生的学术诚信行为,其立足点在于研究生学术诚信是一场研究生与社会、学校、用人单位、学术期刊、研究生之间的博弈。根据博弈论的思想,研究生学术诚信问题不是哪一个局中人造成,而是几个局中人相互博弈的结果。在他们的对决中,为追求各自利益的最大化,彼此都会有一套行动规则和方案,各自分别都在追求不同的得失,具体表现为:研究生能否顺利毕业,高校能否增加学术成果,用人单位能否招聘到满意的人才,学术期刊能否获得利润。基于博弈"损失厌恶"观点,人们总是规避风险,追求自身效用的最大化。人们在求"得"避"失"的过程中,难免发生失信和败德行为。①

二、现代契约理论

现代契约理论认为,在通常情况下,履约双方往往具有不对称的信息,如果把拥有较多私人信息的参与人称为代理人,不拥有私人信息的参与人称为委托人,那么双方合作时,委托人的利益要取决于代理人的行动和道德自觉,如若代理人缺乏履约的诚信,委托人利益的实现就可能面临

---

① 朱小平,彭博文,唐雁. 博弈论视角下研究生学术诚信问题探究[J]. 南方医学教育,2013(1):3-5.

道德风险。所以,学术活动基本上包含学术研究和学术评价两个环节,两个环节都涉及科研工作和科研管理双方的互信与制衡。如果将学术研究和学术评价过程中的科研工作者与科研管理者视为履约(合作)双方,那么可以发现,学术研究和学术评价作为两个不同的合约环节,参与其中的双方履约人不过是角色互换而已。在学术研究阶段,承担代理人角色的往往是拥有较多私人信息、接受并有能力完成科研任务的科研工作者,承担委托人角色的则是不拥有私人信息的科研管理者。这个过程中,科研管理者委托具有相应研究能力的科研工作者完成相关的科研课题、项目等各类研究,委托人(科研管理者)就有可能面临代理人(科研工作者)的失信风险。而到了学术评价阶段,情况则恰恰相反,承担代理人角色的往往是拥有较多私人信息、执掌科研评价权力的科研管理者,承担委托人角色的则是不拥有私人信息的科研工作者。当科研工作者委托科研管理者对其学术成果进行考量、评价和鉴定的时候,委托人(科研工作者)亦有可能面临代理人(科研管理者)的失信风险。这样的风险并非契约理论的假想,它在学术活动中是真实存在的。①

三、广义资本理论②

在学术领域,关于"资本"的概念的内涵和外延,经历了一个从规范狭窄地使用到宽泛界定的使用过程,即从物质资本到非物质资本再到社会资本的过程。经典的人力资本理论区分了物质资本和人力资本。人力资本理论认为,在经济增长中,人力资本的作用大于物质资本的作用。着重考察人的知识、技术和健康对经济增长的作用,这无疑是正确的,因为这些因素与经济增长存在直接的关联,可以说是强相关。但是,人力资本理论却忽视了人的精神因素和他们的社会联系对经济增长的作用,而将精神因素和社会关系纳入人力资本,这是时代变化对管理实践和理论研究提出的新要求。人的体质与人的精神不可分割,人的知识和技能的获取及应用更是离不开"精神支柱",取决于一定的精神状态。而人的社会交往和联系实际上是他的主观属性的延伸,这种延伸的属性反过来又会增强他的某种属性,比如使他视野开阔、见识增长、动力增加,这些都有利于知识和技

---

① 李杭春.基于现代契约理论的学术诚信与道德风险问题初探[N].浙江交通职业技术学报,2012,13(2):67-71.
② 王文寅.基于广义人力资本理论的学术诚信问题研究[J].人力资源管理,212-214.

能的提高。可以说，这种个体与他人共事的能力，不仅在经济生活上极为重要，而且在社会生存的每一个层面都举足轻重。因此，精神资本和社会资本最终被纳入人力资本的范畴，使人力资本的内涵更加丰富和全面。

学术诚信是从事学术研究的人遵守学术共同体（包括自然科学和社会科学）共同规范、履行相关承诺和义务的能力和表现。学术诚信也是一种人力资本，是学术型人力资本的构成部分，对学术人知识和技能的运用起着重要作用。

一方面，作为精神资本，学术诚信体现为科学精神。科学精神是在长期的科学实践活动中形成并贯穿于科学活动之中的共同信念、价值标准和行为规范的总称，具体表现为求真求实的精神、创新精神、诚实严谨的精神等。另一方面，作为一种社会资本，学术诚信首先体现为一种社会网络。学术诚信内部关系是指科技工作者的范围较小而比较稳定的科研人际关系，典型的例子就是课题组内的课题负责人与成员、成员之间的人际关系。不仅如此，通过课题负责人与成员的亲友关系和对外交往关系，这个课题组还可以拥有范围和存量都更大的社会资源。学术诚信外部关系主要包括科技工作者与科技管理部门的纵向关系、科技工作者与授信方（企业）的横向关系、科技工作者与评价评审专家的关系等。学术诚信社会关系是指上述所有关系在全社会范围内集合、交叉、叠加所形成的关系网络，这一网络构成一种社会性科研平台，其支持系统包括专业期刊、电子媒体、学术会议等。相当一部分科研成果能借助于这一平台向社会公开，而特定领域的研究者就可以比较便捷地从中获取相关信息，从而节约信息搜集成本，避免重复研究。

另外，学术诚信首先体现为一种信任关系。学术诚信及其产生的学术信誉既是个人资源也是社会资源。一方面，学术信誉是信誉主体可信任度的表征，它可以通过科研奖励乃至口碑这些媒介，被相关受众广为知晓，既节约了信誉主体进入新课题的成本，也节约了交易与合作意愿者的信息搜寻、谈判签约、合约履行等成本。如果双方都有信誉，交易与合作就变得更容易。另一方面，信任的社会网络在科学积累与新思想传播中也发挥着重要作用。科学知识的积累是在研究者之间基于信任的非正式网络中进行的，这种非正式联系或网络被西方学者称为"无形学院"，它实质上就是科学共同体中的社会资本存量，为研究者之间的交流合作与科技创新提供了条件。

因此，不断积累和正确运用学术诚信这一人力资本对于科技事业乃至整个经济社会的发展都具有重要意义。第一，学术诚信作为社会信用的重要组成部分,对全社会良好信用风气的形成起着重要作用。第二,学术诚信对于保持科技工作者的科学探索和创造活力,维护良好的科研秩序,推动科技事业健康向前发展,都具有重要意义。第三,学术诚信是市场经济条件下不断完善科技管理的文化基础。

四、社会交换理论

社会交换理论是在广泛地吸收古典政治经济学、人类学和行为心理学等其他学科思想的基础上形成的。美国的乔治·霍曼斯是现代社会交换理论的奠基人,其理论主要着眼于个人层次上对个人行为的解释,被称之为行为主义交换论,共包含行动、互动、情感、刺激、报酬、成本、投资、利润八个基本概念和多个命题。学术诚信问题的探讨主要基于以下三个命题:①

(一)成功命题

在所进行的行动中,如果一个人曾经成功地获得一种报酬(或避免惩罚),他就倾向于重复这种行动。从一个优秀研究生正常的学术活动看,如果他经过查阅文献—确定论文选题—调研或实验操作—撰写论文等环节发表出一篇优秀论文,得到肯定和赞许,按照成功命题,他会获得再次重复此类活动的动力。同样道理,一个有学术不端行为的研究生,在其从事学术活动过程中,如果第一次失范行为没有被发现,或是发现后没有得到应有的惩罚,依据成功命题,他可能还会再次重复此类的行为。

(二)价值命题

对于一个行动者来说,他的行动结果对他越有价值,他就越可能去执行这个行动。该命题强调一个人在若干能带来报酬或逃避惩罚的行动结果中,总是选择价值最大的行动。学术失范是典型的学术不道德行为,但对行为的实施者来说是有利可图的。对研究生群体来说,一篇优秀的学术论文和毕业论文是他们获得学位的必要条件。拥有更高的学历和荣誉对他们步入社会、寻找就业机会是非常有帮助的,因此,就会有人愿意铤而走险。

---

① 李亚非,成华威. 社会交换理论下的研究生学术失范成因及对策[J]. 理论探索, 2012, 10 (344): 109-111.

(三) 理性命题

它是对成功命题、价值命题的概括。这一命题力图指出,人是一个会合理计算的功利主义者,在行动之前除了要考虑行动结果的价值,还要考虑获得报酬的可能性。用公式表示为:行动(可能性)=(报酬)价值×(获得此报酬)概率。以此理论为依据来分析研究生学术失范行为,可以说是研究生理性选择的结果。按照这一命题,如果研究生学术失范成功的概率比较小,或者成本足够大的话,就不会有诸多的失范行为发生。但当前由于研究生学术道德监管体系还不够完善,主要靠研究生的自律,真正采用学位撤销、追究导师责任等处理方式的还较少,这就使研究生的学术失范行为有机可乘。

五、理性选择理论

理性选择理论是经济学、社会学和政治学等学科交叉影响的结果,其杰出代表为美国的詹姆斯·科尔曼。理性选择理论分为行为层面和系统层面:一个行动发生的可能性是行动者所期望从多种可能结果中获得功利函数,行动者在追求价值或利益的最大,其行动原则可以表述为最大限度地获取效益,此为行为层面;如果双方秉承自愿且没有外在影响的资源,在没有一方受到伤害的前提下双方都获得最大利益,便达到一种最佳状态,这就是社会优化,即系统层面。[①]

学术失范行为是理性人以合理性行动追求效益量最大化的结果。研究者在日常学术活动时会进行收益与成本比较。一般而言,研究生学术失范行为的收益表现为,在付出极少成本的情况下就可以发表论文、获得学术荣誉、晋升职称等。其付出的成本主要包括三个方面:首先是直接成本,即实施学术失范行为的经济费用、心理压力等;其次是间接成本,即实施学术失范行为所花费的时间等;最后是实施学术失范行为带来的惩罚成本,如受到公开批评及因此带来的不良影响等。由于直接成本和间接成本都是定量的,因此惩罚成本是决定学术失范行为实施的关键因素。

从我国现行的学术制度环境看,学术失范行为投入的成本仅为经济成本或道德成本,几乎没有制度惩罚成本。缺乏像美国及欧洲国家那样完整的学术失范惩罚机制,使学术在付出较少惩罚成本的基础上,可以获得较

---

① 李亚非,成华威. 社会学视域下研究生学术失范的成因及控制策略 [J]. 教育与职业,2014 (8):167-169.

大的收益。尽管教育部社科司在2009年3月颁布《教育部关于严肃处理高等学校学术不端行为的通知》，要求"高等学校要建立健全处理学术不端行为的工作机构，充分发挥专家的作用……"，但一些高校为了维护学校的形象和教育主管部门的声誉，即便发现了学术失范现象也只是大事化小、小事化无，从制度层面降低了学术失范行为的惩罚成本。学术失范行为即使被发现，其惩罚成本也远远低于实际成本，因此同辈群体中纷纷效仿，导致学术失范行为逐渐蔓延。

六、社会控制理论

社会控制理论应用于多个领域，最早应用在工程设计领域，后来在哲学和社会学领域被广泛应用，最具代表性的是美国社会学家罗斯在1901年出版的《社会控制》一书中提出此社会学术语。罗斯认为，社会控制是一种有意识、有目的的社会统治，包括对意志层面的控制、情感层面的控制、判断层面的控制。在赫希的社会控制理论中，社会联系是其核心概念。社会联系是指个人与传统社会之间的联系，通常通过一定的社会机构来表现和维系这种联系。社会联系通过依恋、奉献、参与和信念四个方面的社会控制力来达到控制的目的。个人只有对家庭、学校和社会存在着紧密的社会联系，即较高程度的依恋、奉献、参与和信仰，他才会积极投入到正当的、健康的传统活动中去，并形成正确的、为社会所推崇的世界观、人生观和价值观，内化传统的社会规范和准则，从而抵制不良诱惑，远离越轨行为。根据这一思想理论，可以分别从宏观和微观两个层面来探讨构建学术诚信体系。①

社会控制又有广义和狭义之分，社会学研究的是广义的社会控制。从社会控制的本质看，具有普遍性与阶段性；从社会控制的方式看，具有统一性与强制性；从作用看，具有多重性与闭环性。它包括决策、实施、监控、反馈四个环节。学术失范是规范主体对研究者学术制约程度不够，控制手段单一，闭环性差造成的结果。当前，各高校基本采取强制性的控制手段，即纪律处罚手段，来制止学术失范行为，制定了学术不端行为处理办法，但缺少非强制性手段进行价值观和正式行为方式的引导，没有发挥动态运作过程，没有形成完整的学术失范行为控制网络。②

---

① 张培运. 社会转型期学术诚信体系构建研究——基于社会学理论视角 [N]. 济宁学院学报, 2014, 35 (4): 125-129.

② 李亚非，成华威. 社会学视域下研究生学术失范的成因及控制策略 [J]. 教育与职业, 2014 (8): 167-169.

七、社会支持网络理论

社会支持网络理论认为,每个人都需要他人的支持,每个人都拥有个人的支持网络。支持的获取是个体与外在环境双向互动的过程,个体并不是被动接受外在支持的,而需要主动调适并形成自我支持。社会支持从"社会"的角度,可以分为三个子系统,即国家支持子系统、群体支持子系统和个体支持子系统。国家支持子系统的主体是政府机构,群体子系统是一个由初级群体支持和次级群体支持组成的结构系统。初级群体主要有家庭、邻里、游戏伙伴等;次级群体主要有学校、职业群体、社团等。个体支持子系统是以初级社会关系和人生价值取向为基础的个体。① 学术诚信体系的建构可以从两个方面入手:一是个人适应社会支持网络,二是社会网络支持个人。社会支持网络与个人之间应该是双向互动的关系,一方面社会支持网络为个人提供资源,另一方面个人也需要主动适应并参与到网络的建立与维系中去。

八、心理学相关理论②

(一)需要—动机理论

"需要和动机是构成行为动力的两个最基本因素,其中需要是一切行为的源泉,但需要作为一种内驱力,只有在诱因或目标的引导下才能变成行为动机,发挥其动力功能。"因此,需要—动机理论应该成为行为的起始点。

需要理论的依据是马克思主义的需要层次理论与马斯洛的需要层次理论。马克思与恩格斯把人的需要归为生存需要、享受需要和发展需要三个层次。人的三个层次的需要水平由低到高但同时并存。动机是基于需要而产生的,但需要只是人的意识中所产生的缺乏感,只有在诱因的激活时,这种潜在的需要才会转化成动机,继而成为人之行为的驱动力,从而满足主体的需要,实现主体的目标。所以说"动机是需要的动态表现"。研究生学业评价是保障高校人才培养质量的需要,也是研究生成功走向社会的需要。研究生为了满足学校及社会对自身能力的认可,进而实现社会化的需要,就有可能产生学术诚信失范的动机。

---

① 张培运. 社会转型期学术诚信体系构建研究——基于社会学理论视角 [N]. 2014, 35 (4): 125 - 129.
② 杜娟. 高校研究生学术诚信研究 [D]. 太原:中北大学, 2012.

（二）期望—价值理论

人的行为动机还受到期望和价值的驱动，期望—价值理论可以用来解释高校研究生学术诚信失范行为。高校研究生在读期间要求自己的学习成绩优秀，为的是取得学校及社会对自己能力的认可，因此在学习过程中研究生为了实现自己的价值目标，有可能采取非正当的途径，如抄袭学位论文等，尤其是非正当手段得到宽容和默认时，更容易产生非正当行为。

（三）自我效能感理论

所谓自我效能感是指个体在执行某一行为操作之前对自己能够以什么水平完成该行为活动所具有的信念、判断或主体自我把握与感受。影响自我效能感形成的因素主要有：个体的直接经验、替代性经验、评价规劝言语、生理和情绪状态等。具体而言，研究生自身的成功与失败经验直接影响自我效能感，在研究生学术研究过程中成功的亲身体验会增强个体的自我效能感；反之，个体自我效能感会降低。在高校中，身边的同学能给自己树立好榜样，因此榜样人物的行为效果一样会影响自我效能感。尤其是看到与自己能力相仿的人能够成功行事时，自我效能感便会随之提升；反之，榜样行为的失败则会降低自身的自我效能感。他人对自身的积极评价无疑会提高自我效能感——特别是周围学者以自己的直接经验劝导鼓励时，积极乐观的情绪反应会提高自我效能感；相反悲观、焦虑、消沉等情绪会降低自我效能感。

对研究生而言，学术自我效能感直接影响研究生在学术评价中的行为，自我效能感低则有可能引起研究生学术诚信失范行为。

第三节 学术诚信的研究现状

一、国外学术诚信问题的研究现状

对学术诚信问题的研究开始于早期科学社会学的默顿学派。科学社会学创立的初期，创始人默顿就意识到了科学活动中可能存在背离诚信科研活动准则的研究行为，并称之为"欺骗行为"。但是默顿学派认为，科学共同体具有十分有效的自我控制与治理功能，科学事业自身的纯洁性可以通过科学共同体的自我纠正机制来实现。因此在早期的科学社会学研究中，科研不端行为并没有引起人们的普遍关注。"在科学的编年史中，欺骗行为实际上是很罕见的，这与其他活动领域的记载相比似乎是个例外，这种情况有时被归因于科学家的个人品质。言外之意，科学家是从那些具有不寻常的完美道德的人中招募的。然而事实上，没有令人满意的证据来证明情况就是如此；从科学自身的某些与众不同的特性中却可以找到一个更似合理的解释。科学研究包括其成果的可证实性，实际上都要受到同行专家的严格审查。对无私利性的要求在科学的公众性和可检验性中有坚实的基础，可以说，这种环境有助于科学家的正直。"① 但是，默顿的研究结果与科研活动的实际运行情况并不相符。"默顿学派"的另一学者加斯顿也较早就注意到科研不端行为，并且认识到"尽管科学界的诈骗行为或其他严重越轨行为被揭发出来就会恶名远扬，但作为一个研究课题则很少有人注意，对科学家的越轨行为也没有人进行过概括性的研究"。而在加斯顿后期的研究中，他并没有进一步地对科研不端行为进行深入研究，人们从他那里只是认识到科研不端行为是科学社会运行中的一种不良现象而已。

真正科学社会学意义上的有关科研诚信问题的研究开始于20世纪80年代。20世纪以来，从科学技术自身发展的特点来说，科研活动已经从以个人的兴趣为中心、强调探索自由和学界自治的业余活动，发展为强调职业化的一种普遍职业，其中存在着很强的引发科研不端行为的职业与社会诱因。随着科研从业人员的不断增多，科研人员对科研资源的竞争日益加剧，对学术荣誉及与之密切相关的各种利益的追求也日益激烈。这自然而然地引发了科研从业人员的价值冲突，导致了科研不端行为的发生。特别是进入20世纪80年代以后，科研不端行为作为一个社会问题开始受到国际社会的普遍重视。如1981年，在美国国会议员戈尔的主持下，召开了关于科学研究中的舞弊行为的听证会，令人震惊的是有两起科研舞弊事件竟然发生在哈佛大学和耶鲁大学。"国际科学界对科学不端行为的重视最直接地来自于科学的社会化进程和科学发展模式的变迁引发的种种道德问题，或者说，80年代以来学界的一些'丑闻'的披露，直接地激发了国际科技界的道德反思。1988年，美国政府发布《联邦登记手册》，第一次对科研不端行为作出权威界定，指出：'所谓"科研不端行为"是指那些"编造、伪造、剽窃或其他在申请课题、实施研究、报告结果中违背科学共同体惯例的行为"，即那些科学活动中违背诚实原则的违规行为。"

---

① 刘辉. 科研诚信问题研究［D］. 长春：吉林大学，2011.

总体来看,国外学者对科研诚信问题的研究起步较早,而且在理论上取得了较大的成果,实践中也涌现出一批有影响的学者,如[美]尼古拉·斯丹尼克、[美]布罗德和韦德、[日]山崎茂明和[澳]布里奇斯托克等。其中代表性的著作有:①[美]尼古拉·斯丹尼克著,曹南燕等译的《科研伦理入门:ORI介绍负责任研究行为》(清华大学出版社,2005年10月版);②美国医学科学院、美国科学三院国家科研委员会撰,苗德岁译的《科研道德:倡导负责行为》(北京大学出版社,2007年1月版);③[日]山崎茂明著,杨舰、程远远、严凌纳译的《科学家的不端行为——捏造·篡改·剽窃》(清华大学出版社,2005年5月第1版);④[美]查尔斯·李普森著,郜元宝、李小杰译的《诚实做学问——从大一到教授》(华东师范大学出版社,2006年7月第1版)等。代表性的论文有:[美]尼古拉·斯丹尼克的《促进研究诚信:定义、当前的认识和未来方向》等。

归纳起来,这些国外学者关注的问题主要涉及三个方面:一是对科研诚信基本理论的研究,如科研诚信的内涵、科学精神、科研人员的责任与伦理道德等。二是对背离科研诚信的行为进行的研究,即对科研不端行为的界定、科学共同体运行机制弊端的剖析以及伪造、剽窃他人成果的科研不端行为的表现成因等进行了探讨。三是根据本国国情,对实现科研诚信的具体措施进行的研究,如探讨如何在科研规范教育、完善法律法规、加强社会监督等层面上预防、惩治科研不端行为。

二、 国内科研诚信问题的研究现状

我国关于科研诚信问题的研究是与国际科学界同步进行的。中国科技界关于科研诚信问题的关注与讨论也开始于20世纪80年代,"1981年,邹成鲁等4位中国科学院学部委员(1993年改称'中国科学院院士')致函《科学报》(《科学时报》前身),建议开展'科研工作中的精神文明'的讨论。这次讨论成为1949年以来中国科技界第一次自发地探讨科研学术道德问题的活动。1992年,国家自然科学基金委员会第一次资助开展对科研不端行为的课题研究。1993年,邹承鲁等14位中国科学院院士联名撰文《科学报》,呼吁尽快制定'科学道德法规'。这一行动引发我国科技界对科研学术道德问题的广泛关注。这一时期被披露、并且在中国科技界颇具影响的案件包括:美国科学界的'巴尔的摩案'和'盖洛事件',中国矿业大学讲师李富斌在国外学术刊物上的严重抄袭作伪事件等。1992年,中国自然科学基金委员会受理对李富斌事件的调查,并且将调查结果刊于《中国科学基金》。这是中国科技界第一个被公开披露的作伪事件。"①

在我国，科研诚信问题也得到了相关部门的重视。1999年国家自然科学基金委就设立了监督委员会；2006年科技部成立科研诚信建设办公室；2007年科技部联合教育部、中国科学院、中国工程院、国家自然科学基金委、中国科学技术协会，建立科研诚信建设联席会议制度。法制配套方面，2004年教育部发布《高等学校哲学社会科学研究学术规范（试行）》，这无疑是一个里程碑的举措；2006年11月，《国家科技计划项目实施中科研不端行为处理办法》的试行，以及《科技进步法》中关于科研诚信建设内容的修订，也大大推进了我国科研诚信法制化建设的步伐。

特别是近年来，科研诚信问题愈来愈成为整个中国学术界的一个焦点话题，它突出地表现在：社会各界有关科研道德、学术规范问题的讨论大量出现于报纸杂志；科研诚信问题不仅成为全国人大、全国政协会议上来自学界的委员和代表们谈论的一个焦点话题，而且成为媒体上公开讨论的公共话题。这些现象从一个侧面反映了我国社会各界对科研诚信问题的重视和此问题的严重性。因为科学的精神价值或道德标准一般隐晦地存在于科学家日常工作的实践之中，只有当某种危机出现时，科学家才会通过自我反思或一定程度的道德反应，强调那些已经被公认的道德标准或约定俗成的社会规范。

因此，总的来看，虽然国内的理论工作者对科研诚信问题的研究起步较晚，但也取得了一定的成绩。概括起来主要是围绕以下几个方面进行的：

一是介绍分析国外的科研诚信体系建设。代表性的成果有北京大学朱燕的博士学位论文《美国大学生学术不端的防治研究》、华中师范大学李彩霞的硕士学位论文《美国研究型大学学术诚信体系研究》；学术论文有李奇的《美国大学学术诚信问题研究报告》、董建龙的《各国加强学术诚信管理的举措及其启示》，王艳的《美国的科研诚信：联邦政府的作用》，蒯强的《法国倡导科研诚信和反对学术不端行为的举措》等。

二是研究科研（或学术）不端行为的表现、原因及对策。其中比较有代表性的有复旦大学潘晴燕的博士学位论文《论科研不端行为及其防范路径探究》，华中师范大学李明的硕士学位论文《科学不端行为的成因及对策》，上海交通大学石玮的论文《试析我国的科研不端行为》；著作类有杨圣玉的《学术规范与学术批评》（河南大学出版社，2005年版），方舟

---

① 刘辉. 科研诚信问题研究 [D]. 长春：吉林大学，2011.

子的《溃疡——直面中国学术腐败》(海南出版社，2001年版)，江新华的《学术何以失范——大学学术道德失范的制度分析》(社会科学文献出版社，2005年版)；学术论文有王平的《同行评议中的制度性越轨行为》，夏劲、冯斌的《学术腐败的原因分析及其对策研究》和樊洪业的《科研作伪行为及其辨别与防范》等。

三是从科研道德和科研责任方面来研究科研诚信。代表性的著作有张华夏的《现代科学与伦理世界》(湖南教育出版社，1999年版)，傅静的《科技伦理学》(西南财经大学出版社，2002年版)；学位论文有成都理工大学黄晓燕的硕士学位论文《论中国当代科学家的道德责任》；代表性论文有李醒民的《科学家的品德和秉性》等。

通过上述对国内外研究成果的梳理，笔者认为，对科研诚信问题的研究存在以下几个问题：

第一，从研究立足点来看，国外学者在科研诚信的理论基础、应对策略等方面的研究往往带有地域性和本民族的特点（对此我们应当有清醒的认识），同时国外学者研究中国科研诚信问题的并不多见。

第二，从研究内容层面看，国内学者从自然科学和人文社会科学方面概括地谈学术规范、学术腐败，阐述科研不端行为问题及对策建议的较多；而专门以自然科学领域为研究对象，研究科研诚信基本理论和实现机制问题的相对来说较少。同时，国内学者分析介绍国外科研诚信举措的多，而从我国文化传统与国情出发来探讨科研诚信问题具体应对措施的文献少之又少。此外，国内外学界直接以科研诚信实现机制为研究对象、从制度建设层面进行的对策性研究，还有待深入和系统化。

第三，从研究方法上看，有关国内科研诚信实现机制的实证研究严重缺乏，而且综合分析和理论提升都不够，更缺乏理论上的宏观把握。

第四，从研究角度来看，虽然国内学界有关科研诚信问题的研究涉及伦理学、心理学、社会学、管理学和法学等众多领域，但对科研诚信问题的研究还有待进一步深入和系统化；同时，从科研求真求实本性的研究视角出发，根据我国文化传统与国情来探讨科研诚信具体应对措施的文献更是少之又少。

因此，从这些问题来看，国内有关科研诚信的研究还处于初期阶段，在理论创新和实证研究上都存在较大的空间。当前的研究现状表明，学术界有关科研诚信的基础理论与实现机制问题的系统研究，无论在深度、广度、研究方法等方面都存在不足，特别是关于中国科研诚信问题的研究还存在较大的研究空间。

第二章　我国当代研究生学术诚信现状解析

高等院校是一个国家人才培养、知识传播和科技创新的重要基地，也应是社会文明的指标与民族道德素质的旗帜。学风是高等院校的精神与灵魂，高等院校学风浮躁、追名逐利不仅直接阻碍科教事业的健康发展，而且会影响正在成长的青年学子，极大地影响了民族道德素质的形成与提高。因此倡导并推进诚实守信、遵循学术道德的良好氛围形成，对于国家、高校、个人都具有极其重要的意义。一直以来，大多数学生都能够坚守学术诚信，在学术实践中取得良好的成绩，但是，诚信丧失、学术造假、成果篡改、剽窃、一稿多投等现象也时有发生，在某些方面还表现得相当严重，甚至出现了普遍化和公开化的趋势。

阅读下面这些案例：西北农林科技大学农业推广专业的硕士研究生丁某和经济管理学院的博士研究生余某，在毕业生学位论文中，被发现有严重的抄袭行为"余某的论文有的部分竟然连续抄袭别人论文中的多页内容"。太原理工大学电气与动力工程学院电机与电器专业的博士研究生王某，其2006年11月发表在《微电机》杂志上的学术论文部分抄袭了同校某研究生的学位论文。原南开大学历史研究所2000届世界史专业博士毕业生张爱民的博士学位论文《美国黑人民权运动的缘起——论美国黑人民权运动产生的原因和历史条件》有60页内容属于抄袭。如此多的事件的发生，引起了我们对于研究生这个特殊群体的学术诚信行为的担忧。以下将近年来国内不同专业、领域和机构对于研究生尤其是硕士研究生的学术诚信现状进行梳理，以期从这千头万绪中理清思路，发现问题，为今后的学术诚信建设与改革提供方向与思路，从而促进中国学术规范制度的完善与发展。

第一节　我国研究生学术诚信现状研究概述

一、学术诚信研究现状

研究生学术诚信机制的建立是一项复杂的系统工程，内部需从学生个人自我约束与管理入手，外部需从高校和社会宏观环境两个方面入手，双管齐下，树立个人坚定的信念，形成正确的诚信观，并在整个社会形成一种重诚信的社会风气，从而促进学术风气的净化。同时，学术诚信氛围的形成也能够为其他领域树立榜样，带动整个社会诚信风气的形成。

当前国内对于研究生诚信或学术道德（学术不端、学术失信）的研究主要从伦理学、教育学、社会学、心理学、传播学等几个领域进行了广泛的探索，并从管理层面、个人心理层面、教育层面、社会环境及媒体传播层面提出了各方面的建议与对策。其中以思想道德、管理学和教育学角度的研究最多，其次是心理学、社会学的角度。思想道德、社会学的研究视角主要从宏观社会环境、学校教育和研究生自身的道德角度出发，探讨学术失信行为的根源和预防、管理制度、措施。心理学则从外部社会环境、学校环境和导致失信行为的心理原因探讨如何降低或消除研究生的学术失信行为。也有从媒体传播层面进行探讨，如樊泽恒[①]、刘云、范艳芹[②]、王晓晔[③]、张涵[④]等。

从研究方法来看，学术诚信研究主要从质的分析和量的分析两个角度进行探讨。且目前的研究从早期的重质性分析到最近十年朝着更重量化的方向发展，视角更加具体，而不再是笼统、宽泛的论述。如一些从我国经济、社会发展到网络技术、科技进步对道德的影响角度探讨环境与技术所带来的失信行为的研究增多。一些研究从教育发展过程及管理制度层面探讨失信行为的原因及解决方法；一些研究从个人内部寻找原因，如研究生个人的学习兴趣、学习动机、学习态度对失信行为的影响，探寻研究生学术失信行为产生的心理机制与应对方法。

---

① 樊泽恒，司秀民. 环境润育制度他律主体自律——研究生学术诚信与学术道德养成机制及对策分析 [J]. 学位与研究生教育，2006（12）.
② 刘云，范艳芹. 高校学报推动学术道德建设的机制研究 [J]. 四川理工学院学报（社会科学版），2013（6）.
③ 王晓晔. 基于新媒体环境下的大学生诚信教育模式创新研究 [J]. 中国市场，2012（4）.
④ 张涵. 新媒体视阈下研究生学术诚信建设机制研究——以浙江省高校为例 [D]. 杭州：浙江理工大学，2014.

从现有研究来看，我国研究生学术总体道德状况不容乐观。这些现状已引起国家管理部门及社会各界的关注，并积极探寻问题产生的根源及有效的解决途径。

二、当代研究生学术诚信行为的特征

（一）研究生学术失信行为多样，学术失信现象较为严重

学术失信行为包括：伪造或修改调查、实验数据，论文写作中引用他人作品的资料而有意不注明来源，编造参考文献，论文一稿多投，考试作弊，雇枪手等行为。

学术不端行为的表现形式呈现多样化，中国学位与研究生教育学会关于"研究生教育的学风与学术诚信保障体系建设研究"课题组对5 205份问卷统计的结果显示[①]，过半数的研究生经常或有时存在考试作弊现象，超过40%的研究生存在引用他人研究成果而未加标注、将他人论文拼凑改造成自己的论文的现象，超过30%的研究生存在伪造或篡改实验、调研、统计数据和一稿多投现象，其他学术不端行为发生的比例也都在20%以上。学术不端行为发生频率较高，学术诚信现状不容乐观，且学术不端行为的表现形式呈现多样化。

滕建华[②]等人对回收的770份有效问卷的分析显示，20%以上的学生都出现过学术不端行为。

（二）研究生对学术不端行为呈现较宽容的态度，且存在学科专业差异

态度决定行为，所以研究生对学术诚信行为的态度被许多研究者作为了解研究生学术诚信状况的重要观测指标。如王霁霞[③]等对全国24所高校的5 450名研究生的调查结果显示，对于"引用他人作品中资料而未注明来源"的行为，反对的仅有62.3%，有高达33.7%的研究生认为是可以

---

① 武晓峰，王磊等. 我国研究生学风和学术道德现状的调查与分析 [J]. 学位与研究生教育，2012（3）：18-23.

② 滕建华，郭雪娜，丁璐. 研究生学术诚信现状的调查与分析 [J]. 黑龙江高教研究，2014（3）：109-112.

③ 王霁霞，张颖，王磊. 我国研究生学术诚信现状及对策研 [J]. 研究生教育研究，2012，12（6）：19-23.

理解的；对于"伪造或篡改实验、调研、统计数据等"严重违反学术道德的行为，反对比例也仅有76.7%，仍有将近20%的研究生表示理解；而在"一稿多投，但没有一稿多发"现象上，全体反对比例只有38.1%，硕士研究生反对的达37.5%。在各种学术不端行为上，研究生都呈现出较为宽容的态度，其中学术性硕士体现出比博士更低的反对率，而应用型硕士比学术型硕士的反对率又偏低（除在自己未参与的论文中署名外），反对比例整体较低。

另外，不同专业对学术不端行为的态度也存在较大差异。王霁霞等的研究显示：军事类专业的各种学术不端行为发生的频率在研究生中最少，理工农医类次之，人文社科类最为严重，半数以上的人文社科的受调查研究生表示"考试作弊""引用他人研究成果而未加标注""将他人论文拼凑改造成自己的论文"这三种学术不端行为经常或时有发生。

（三）我国硕士研究生学习动机缺乏，学习态度敷衍

动机是影响行为的一个主要因素。调查显示，目前硕士研究生读研的主要动机源自更好的就业机会，真正对学习和研究感兴趣的不到10%。① 2000年上海大学"人才高地"政策反响研究课题组对沪宁杭三地毕业研究生的择业倾向进行抽样调查发现，沪宁杭三地毕业研究生中54.5%已对读书、做研究失去了浓厚的甚至是基本的兴趣，所谓读研读博只是无奈之余采取的权宜之计，满意的工作才是他们奋斗的终极目标。

陈冲②等对浙江省16所高校的研究生发放的754份有效问卷调查中，有508名研究生承认自己曾经有过拼凑作业的行为，占调查人数的67.4%。只有246名研究生表示作业都是自己认真完成的，其中在职攻读的研究生认真完成作业的比例低于全日制的研究生近20%，博士研究生自己认真完成作业的比例则相对较高。可见，当前研究生的学习态度是影响其学习行为的主要原因。

（四）对学术失信行为缺乏必要的认识和判断能力

一稿多投是指研究生将自己在读期间完成的论文同时投到多个杂志

---

① 王碧云，陈国平等. 硕士研究生教育质量调查分析［J］. 教育与现代化，2010（1）：78-82.

② 陈冲，郭琛晖. 研究生学术诚信状况调查及对策分析［J］. 浙江青年专修学院学报，2010（2）：1-11.

社,但是在规定时间内杂志社并未发回用稿通知时,就把论文改寄到其他杂志社的行为。一稿多投可能引发一稿多发,一稿多投在当前研究生看来并不是不道德的行为,而是迫于读书期间必须发表论文的客观规定,如果一味等待,怕毕业时也发不了文章,于是"广泛撒网,重点捞鱼"。这是学术认知的缺失,同时也说明高校学术诚信教育与学术规范道德教育的不到位,使学生没有认识到问题的严重性,而且国内流行多人借名、挂名署名,以增加发表论文的篇数,提高文章发表档次的路径,研究生认为这是一种互助行为。还有研究生在导师或他人不知情的情况下随意挂名,却并不认为这也是一种学术诚信失范问题。部分研究生在实验中并未参与研究过程,但在学术论文中标注自己的姓名,违背了学术诚信道德,这种现象也十分严重。这其中也不乏导师要求学生如此做,或学生为提高论文的发表率而借助导师或他人的名声与权威等因素。这些都体现了我们教育的不到位和教育的错误导引。当我们把相互包庇、相互作弊当作是一种团结、互助,那么我们的学术能靠这种互助发展、与人竞争吗?答案是否定的。我国著名教育家陶行知说:"千教万教,教人求真,千学万学,学做真人。"如果教育教给学生的是弄虚作假,那么这种教育是失败的,一个民族也就失去了发展的希望。

因此,加强高校学生学术道德教育是我们的当务之急。只有明辨是非,才会有正确的道德行为与道德情感。只有从每个人,到整个社会都具备了明辨是非的能力,失信行为才能广受舆论与制度的约束而不再出现。

第二节 研究生学术失信的危害

21世纪初的中国研究生教育规模不断扩大,使研究生的教育质量问题成为一个十分突出的问题,不仅引起了社会各界和研究生培养单位的高度关注,也引起了党和政府的高度重视。研究生培养单位为提高人才培养质量做了大量的努力,取得了一些成效。但社会各界对研究生教育质量仍然十分担忧:迅速扩张的规模、责任的缺失、政策和评估手段的偏离、相关保障条件不力、导师队伍建设滞后等问题持续地阻碍着研究生培养质量的提高。针对研究生扩招后出现的新情况、新问题,教育部门、社会采取了一系列措施,以确保研究生培养质量。但现状依然不容乐观,近年来各大媒体从中央电视台到省市电视台、报纸都曝光了论文买卖产业的"蓬勃"

发展。据《中国青年报》2009年2月4日报道：2007年我国买卖论文"产业"规模约为1.8亿元，到2009年销售额近10亿元，规模膨胀了5.5倍。用反剽窃软件查询，2007年样本数据中，72%的论文全文抄袭，仅4%不抄袭，研究生学位论文抄袭占有相当的比例。① 在论文买卖产业繁荣的背后是学术界道德失衡的现状，其结果令人担忧。数据显示，我国是全世界出产论文量最多的国家。但在体现论文质量的内容引用率方面，排名却十分靠后。调查显示，87%的学者认为论文的创新率不够；84%的学者认为论文选题重复；83%的学者认为论文重论断、轻论证、缺少细致的研究；81%的学者认为，学术论文对当下社会发展没有实质意义。② 相反，论文发表，却成了滋生各类黑色交易的温床。综前所述，目前我国学术研究中的种种学术不良行为，可以想象这些行为在今后给我们的国家、社会及个人带来的危害必将日益显露且难以挽回，具体表现在如下方面：

一、 研究生学术失信不利于良好社会风气的建设，影响国家的声誉及社会的发展

研究生是一个国家未来科研和创新工作的主要承担者、主力军，也是中坚力量。当代社会提倡科学创新，只有高素质的人才才能有所创新。我国国家最高科学技术奖获得者、"两院"院士师昌绪在首都高校科学道德与学风建设宣讲活动启动仪式上的讲话中说："做学问要实事求是才能学出真本事……中国当前正提倡创新型国家，却很少有真正的创新，所生产的产品，往往不能领先于世界，只能跟着别人的后面爬行。真正有影响的创新，来源于扎扎实实的基础研究。在这种'浮躁，急于求成'的社会环境里，很少有人心甘情愿地潜心从事基础研究工作，因而我们很难在科学技术上有原创性的突破。所以，我们现在多的是'中国制造'而不是中国创造，即使'中国制造'如今也成为假冒伪劣产品的代名词。而这一风气也侵入了我们的学术界，当有一天我们的科研成果也被嗤为'山寨''中国发明'，那中国再也无法在国际上立足，没有人愿意与一个没有诚信的民族交往、合作，那时整个民族与社会都会为我们今天的失信付出惨重的代价。它影响着我们国家和民族的声誉，影响着社会发展的速度与质量。"

---

① 沈阳：论文买卖产业规模2年膨胀5.5倍，销售额近10亿[EB/OL]．http://news.xinhuanet.com/society/2010-02/04/content_ 12926815.htm.

② http://yd.sina.cn/article/detail-icesifvy0194609.d.html?vt=4&mid=.

二、 研究生学术失信会导致社会的精神危机

研究生是一个民族和国家的未来和希望,"是处于实习阶段的学者和研究者"①,他们承载着一个民族的精神信仰与寄托,就像儒家思想对中国人的影响一样,今天的研究生是这个社会未来的中坚力量,是一个民族展现给世界各国各民族的形象。那么学术失信行为将危及整个民族的信誉,国人的精神信仰倒塌,意味着民族精神的泯灭,这个国家将无法立足于当今世界。"君子无信则不立"如果今天的研究生在起步阶段就频繁出现各种学术失信行为,考试作弊、学业论文拼凑、抄袭、剽窃,论文一稿多投,那么今后的中国科研工作和科研成果就很难取信于世界其他各国,就像"中国游客"是不文明行为的代名词一样,中国的科研工作者、学者也会成为"学术不诚信""学术不端行为"的代名词。

一个好的声誉、形象要靠长久的积累与经营,但一个坏形象只需一瞬间,就会使一个国家、一个民族、一个社会名誉扫地。自解放初经历几代人的努力付出塑造了中华民族的独立、自强的形象。当年苏联放弃对中国的支持时,他们预言中国靠自己将什么也研发不出来。但我们就是靠着顽强、求真务实的精神成功研发出原子弹、氢弹,并使第一颗人造卫星上天。杨振宁曾询问中国两弹元勋邓稼先,原子弹是中国自己研制出来的吗?因为他在美国听说,中国没有能力独自完成这项工作。邓稼先在征得周恩来同志的同意后回信给杨振宁,骄傲地告诉他确实是中国人自己独立完成的,没有外援的帮助。就是靠着这股精神与力量,我们的航天事业今天也一直走在世界前列,如果没有科研人员的求真、务实、努力钻研,只靠抄袭他人成果,胡乱拼凑,我们的人造卫星无法每次都能成功地发射,只会造成国家财力、人力的巨大浪费。2013年6月26日在一次重大的发射任务前夕,太原卫星发射中心的一名火箭兵张枫在检查火箭发动机的核心部件之一的一枚火药盒时,发觉该火药盒有点轻,最终发现该盒少装了4.5克火药。幸亏他及时发现使国家避免了几十亿元的损失。可见,高科技需要严谨务实的态度,学术工作者与之相似,虽然是很小的一个细节,如引用了别人的观点、借鉴了别人的研究成果,我们都应该坦诚注明,这是对别人劳动成果的一种尊重,也是自我道德的一种体现。抄袭、借鉴别人的思想、观点而不注明来源,就像拿了别人家的东西放在自己家,而不说明是借用的或是别人送的,据为己有,那就成了小偷、强盗。因为学术

---

① 李文凯. 美国高校学术诚信教育及启示 [N]. 中国教育报,2003-12-20.

成果往往是精神形态的东西，所以很多人忽视了对其所有权的归属，从而缺乏对自身行为的规范。

三、研究生学术失信影响大学功能的正常、健康发展

一般来说，大学主要有三大功能，即人才培养、科学研究、服务社会。文化传承创新的功能是胡锦涛同志在2011年4月庆祝清华大学100周年讲话时提出来的。这四者之间相互联系，密不可分。人才培养是大学的核心工作，而科学研究是培养人才的重要途径与载体，技术创新与科学研究是大学的重要功能，但这一功能不能脱离人才培养而独立存在。文化传承创新，为社会提供方向与生活方式，科技创新为社会提供驱动动力，而服务社会是人才培养和科学研究功能的延伸。胡锦涛同志说："高等教育是优秀文化传承的重要载体和思想文化创新的重要源泉。"没有新思想就没有新文化。文化是一所大学的厚度，而思想是一所大学的高度。大学靠思想去引领社会，靠思想去推动文化走向社会。

研究生培养是大学体现其四大功能的重要途径，因为研究生是推动未来社会发展的主流人才，他们具有较高的知识、文化素养和一定的创新能力，会走向各种工作岗位或从事科研工作。而且，很多研究生在攻读期间已经在跟随导师做科研，而一些科研成果是可以用之于社会、服务于民的。因此他体现了大学人才培养、科学研究和服务社会的功能。同时，研究生大部分是年轻的一代，他们是同龄人中接受高等教育、有着一定知识文化的一个群体，他们的思想与时俱进，代表着一个时代的主流思想，因此具有一定的生命力，他们的思想能为科研、学术研究工作注入新的源泉，给予大学和社会以新鲜的血液，促进新思想的产生与形成。所以研究生是连接社会与大学的纽带，他们既避免了长期与社会隔离、思想僵化的可能，又能使大学与社会发展相联系，将大学的研究与社会需要更好地结合，发挥大学服务社会的功能。但如果研究生这一群体成为"学术失信"的代名词时，也就意味着大学教育的彻底失败，因为人才培养的目标首先是一个有道德的人。"十年树木，百年树人"，培养一个有知识的人容易，但要培养一个既有知识又有道德的人则需要教育的精心呵护。《礼记·大学》开篇即说"大学之道，在明明德，在亲民，在止于至善"，意思是说：大学的根本目标在于弘扬光明正大的品德，在于使人弃旧图新，在于使人达到最完善的境界。这三点也是今天培养人才的标准要求，我们要培养的是有道德、善于思考、善于批判，能锐意创新的人才，这样的人才才

是很完美的。

相反,如果我们的大学里,抄袭成风,弄虚作假,追逐名利,而缺乏锐意创新的精神,没有善于突破传统,弃旧图新的勇气,将没有新思想的产生,大学将不能称之为大学,大学的功能也将荡然无存,象牙塔上的光辉将不复存在。我们的民族文化也将失去传承的方向与路径。

四、研究生学术失信妨碍学风建设,影响我国学术领域的健康发展

在学术研究中,诚信最主要的就是体现在对学术道德规范的严格遵守上。研究生的主要任务是进行学术研究,而良好的学术道德、严谨的学术规范,是营造研究生良好学风及浓厚的学术研究氛围的重要保证,也是保证研究生的培养质量、引导研究生走上正确的科研道路的重要前提。

作为研究生尤其是学术性研究生的主要任务是学术研究,其中大部分人在未来也将进入高校或各种研究机构从事科研工作,因此,提高研究生学术道德水平,培养严谨、优良的学习、科研氛围就显得格外重要。一方面,对于个人来说,学术道德是衡量一个研究者自身道德水平高低的重要标准,反应了研究者的科研与学术态度。对学术道德的轻视,将使研究者的学术之路步入歧途,无法产生优异的研究成果,甚至断送个人的前途,从此止步于学术之路,而无法取信于人。因为美国等许多国家对于出现学术失信人的处罚非常严厉,一旦发现学术失信行为,研究生将直接被开除学籍,科研人员则其学术生涯至此终结,以后不能从事科研、学术等活动。我国最近十几年加强了学术规范、制度的建设,开始借鉴美国等一些国家的制度与做法。因此,随着我国学术制度与法律规范的逐渐完善也会加大对学术失信行为的处罚,因此做好预防,加强教育,强化学生学术道德规范的理念,有助于预防和扼杀学术失信行为。而学风建设是关键,如果学术道德不能深入人心、行之于日常学习与学术活动中,敷衍课程作业、抄袭、剽窃他人思想与观点、拼凑论文、考试作弊等行为还会不断发生,严谨、诚实、求真的优良学风将无法形成。学术失信行为可能愈演愈烈,大学的形象也会在人们心中轰然倒塌。另一方面,对于一个国家来说,研究者的科研工作直接代表着一个国家的科研水平,只有重视学术道德规范,才能保证高素质的科研工作。研究生是国家未来科研工作的继承者与接班人,只有从在校时期起、从本科生开始便注重学术道德的培养与提高,才能保证个人学术道德的正确与规范,也才能促进国家科研工作的

发展、良好学术氛围的形成。

五、 研究生学术失信影响研究生的培养质量

研究生学术诚信缺失，便容易滋生出浮躁、功利、缺乏责任感的学习风气与学术氛围，导致学生研究能力不足、学习风气下降、思考能力缺乏、问题意识差等不良问题的出现。长此以往，必然会影响我国研究生教育的培养质量。

当今世界是一个竞争激烈的社会，是一个追求变革和创新的世界，世界各国综合实力的竞争最终取决于国民综合素质和创新能力，谁拥有一大批综合素质好和创新能力强的人才，谁就能够在激烈的国际竞争中立于不败之地。提高自身的综合素质和创新能力是时代发展的要求，是时代赋予年轻一代的使命和责任，也是研究生自我发展、自我实现的内在需要。江泽民同志早就说过："创新是一个民族发展的源泉。"当今世界各国的竞争就是创造力的竞争。研究生是未来社会发展的中坚力量与领军队伍，研究生的培养质量关系到国家未来的发展前途，与国家的发展息息相关。因此，提高研究生的素质，培养高素质人才是大学教育的当务之急。而学术道德是创新思想、创新能力产生的前提保障。只有具有高尚的学术道德，追求求真、务实、严谨的科学态度才会有创新思想、创新能力的形成，如果只是追求名利、对待科研敷衍了事，拼凑、剽窃，那么就不会有苦心钻研、甘坐冷板凳的毅力，也就不会有行动。那么创新人才、创新思想也只是空谈。

研究生的培养质量既是一个学校人才培养质量的标志，也是学校科学研究水平和创新能力的标志。在大力发展研究生教育的今天，保证研究生培养质量是高等学校对国家、社会和研究生应尽的责任。

六、 研究生学术失信影响整个社会的道德价值体系

科学家、学者、专家在社会公众中拥有崇高的威望，是许多人崇拜、学习的榜样，许多中国人在孩提时代都曾有一个当科学家的理想。因此，科研工作者的科研工作不仅是整个社会科技、生产发展的动力，他们的一言一行都对社会思想道德建设产生着重要的影响，肩负着促进社会主义精神文明建设的重要责任。纵观古今，许多科学家都以他们高尚的人格魅

力，及对真理的追求，成为全社会道德风尚的典范，成为人们崇拜和学习的榜样，在人类历史长河中留下光辉的一页。我国获得"两弹一星功勋奖章"的钱学森和邓稼先他们爱国、甘当无名英雄、默默无闻的为国献身的品质在新中国建立初至今，都成为民族精神的一种骄傲。他们的人格与品质成为整个民族的象征，鼓舞着一代代中国人投身于国家建设的浪潮中。邓稼先在实验失败时，为避免别人受到核辐射，自己亲身前往现场捡摔碎的原子弹碎片，还借口说别人去了也找不到问题和原因。这种无私奉献，为科学献身的品质成为20世纪六七十年代人们的精神动力和信仰，使我国在艰难的时期里也能迎难而上，促进国家发展。

而今天，随着社会经济的发展，各种名利的诱惑增多，学术氛围也开始变得浮躁，各种学术失信行为频繁见诸报端、网络和媒体，出现学术失信行为的上至大学教授、学者，下至研究生、本科生。当前媒体的广泛宣传也引起了公众的注意，人们对学术界、科研工作者投出了质疑的目光。民间也流行着"专家"就是"砖家"的说法。学者、科研工作者的光环不复存在，他们的形象走下了神坛。人们开始怀疑一切，当出现一些问题专家进行澄清时，人们总会用怀疑的口气反问，专家说的是真的吗？2011年日本"3·11"地震引起核电站泄漏，导致中国民众的大幅恐慌，由于听信碘盐可以防核辐射的谣言，中国许多地区包括香港、澳门和台湾都出现了抢购食盐的局面。虽然国家发改委、各地政府和盐业局紧急辟谣并同时保证货源充足，专家也澄清吃盐防辐射并不科学，但不少百姓仍继续抢购。致使全国都出现了排队抢购盐的现象，许多超市的盐货架被抢购一空。此次抢盐事件最先从靠海的浙江、江苏、福建、上海、广东等省份传开，之后蔓延到其他地区，甚至连距离日本福岛第一核电站有3 200公里的重庆以及成都也闹起了盐荒。商家也趁此抬高盐价，出现了5元一包盐的现象，一些抢不到盐的人转而抢购泡菜盐以及酱油、紫菜和海带等含碘食品。整个事件中不分年龄、不分地区，大多数中国人都卷入到这场抢购风波中。究其原因，是人们对于外界的各种不信任，认为有备无患，专家的解释不一定可信。可见，专家在人们心目中的地位与影响。这些现象意味着整个社会道德体系的改变，某些人缺乏、找不到道德信仰，价值体系出现了混乱。所以，当前中国急需建立起新的道德体系，找回民众的信任，树立人们坚固的道德价值观。而这首先要从代表着这个社会未来发展方向、承担着中国未来发展的中坚力量的研究生群体和学术界群体来完成。他们诚信的回归是重新建立人们精神信仰的基石，是重新找回中华民族精神信仰的保证。因为文人、学者在任何时代都是人们精神信念的来源，无论是从孔孟时代的仁义礼智信开始，还是到20世纪初五四文化运动的开启，唤醒民众、激发民众的思想与力量都来自于学者、文人和科研工作者，他们是人们信仰与精神力量的源泉与指引者。

第三节 研究生学术诚信失信的原因探析

我国目前对研究生学术不端行为的原因从教育、管理制度、评价制度、社会环境个人品德、媒体等各个方面进行了探讨。2006年刘志波等人对10所大学的420名研究生进行了关于研究生学术诚信危机问题的问卷调查，结果显示[①]：35.11%的研究生认为研究生学术道德素质不高是研究生学术诚信危机的重要原因；58.11%的研究生认为研究生科学素质不高是研究生学术诚信危机的重要原因；76.15%的研究生认为教师学术失信和师生关系不佳是研究生学术诚信危机的重要原因；50%的研究生认为缺少学术诚信教育课程是研究生学术诚信危机的重要原因；60.18%的研究生认为学术奖惩制度不健全是研究生学术诚信危机的重要原因；44.11%的研究生认为研究生学术考核过于量化是研究生学术诚信危机的重要原因；64.13%的研究生认为学术出版市场不够规范影响了学术诚信，是造成研究生学术诚信危机的重要原因。

事实上，造成研究生出现学术诚信问题的原因是多方面的，既有外部环境造成的因素，也有内在因素。综合现有研究我们归纳为以下几个方面：

一、外部原因

（一）社会风气较浮躁

我国正处于社会转型时期，整个社会在制度、经济、价值观体系等各方面受到来自国内外各方面的冲击，一部分人的思想价值观念出现混乱，在向外界学习、模仿的过程中，有的人迷失了方向，变得浮躁、追逐名利，急功近利的行为与思想盛行。调查显示，中国人阅读量明显低于很多

---

① 刘志波，孔垂谦. 研究生学术诚信危机影响因素的灰色关联分析［J］. 中国高教研究，2008（2）：33-35.

国家,由中国新闻出版研究院组织实施的第十一次全国国民阅读调查显示,2013年我国国民人均纸质图书的阅读量为4.77本,人均阅读电子书2.48本。[①] 其中,还有一部分人多半是为了考试、评职称等。在这种浮躁的社会氛围中,一部分研究生再也无法做到"一心只读圣贤书",快餐文化促使了这部分研究生学术不端行为的产生。为了在短时间内写出一篇论文,部分研究生不会认真地去阅读一本专业经典书籍,更多的是借助数字阅读,将许多人关于某一问题的研究拼凑、修剪、粘贴成一篇文章。没有对原著的品读,没有去思考其深意,只是咀嚼着别人嚼过的东西,这种毫无营养的论文还会为了尽快发表,同时投向很多不同的期刊。这些论文对社会、对学术的发展产生了不良影响。

浮躁的心理也使研究生们无法静心在实验室里认真等待每一个精确的实验数据,以致当实验数据与预期的数据不一致时,不再去探究原因,不愿再修改实验重新做一次实验并等待真正的结果,而是篡改数据,使数据符合期望的目标。

(二) 科技的进步使获取资源的路径更方便、快捷,从而也淡化了研究生的产权意识

网络的便利也大大降低了研究生学术不诚信行为实施的成本。从获取资源与信息的途径来说,由于电子信息产业化的发展,研究生有了更广泛和多样的渠道获取所需资源,而有些资源导师不一定都看过或记住了,因此当抄袭、剽窃行为出现时,导师也不一定能及时发现,这也淡化了研究生的自我监督意识和产权意识,甚至导致各种投机心理和行为出现。许多事实也证明这些行为者都抱有侥幸心理。

(三) 科研考评体系不尽合理

当前许多高校为提高学校排名,明文规定读研期间需发表几篇论文,否则不予毕业。这种只注重数量,而不注重质量的科研考评体系,是导致学术不端行为原因之一。关注的重点在于发表了多少篇什么级别的文章,出版了多少部专著。重量不重质的考评体系必然使包括研究生在内的科研工作者,为了追求文章与著作的量,出现抄袭等学术不端行为。尤其研究生本身的学术功底还不够,对于科研规范还在学习阶段,而为了毕业,为

[①] 赵亮. 年均读书4.77本,你落后了吗. 解放军日报 [N]. 2014-04-22 (7).

了在短时间内出成果,只能东拼西凑。剪刀加糨糊,一篇冠冕堂皇的文章就出来了。中国社科院法学研究所的田禾教授说:"通过我们调查,其实不管是学生还是青年学者,甚至于教授这个级别都存在有论文买卖的行为。"只重级别不重内容、只重数量不重质量的学术评价标准直接导致了学术论文垃圾率的居高不下。调查显示①,87%的学者认为论文的创新率不够;84%的学者认为论文选题重复;83%的学者认为论文重论断、轻论证、缺少细致的研究,81%的学者认为,学术论文对当下社会发展没有实质意义。相反,论文发表,却成了滋生各类黑色交易的温床。

(四) 导师超量带学生

研究生扩招以前,一个导师只带一两名研究生,对研究生的指导时间较多,如果学生出现学术失范现象,导师一般也能及时发现。而随着我国21世纪初开始的研究生扩招,每个导师指导的研究生是以前的四五倍。研究生数量的增多,导师自身的科研工作、教学工作及其他工作对精力的分散,使一个研究生一年获得导师指导的机会屈指可数,即使研究生出现学术不端行为导师也很难发现和指正。由于扩招,在某种程度上使导师在研究生学术诚信中的规范和引导作用降低了。

另外,有些导师自身也存在学术不端行为,因此对于学生的此类问题也采取睁一只眼闭一只眼的方式,纵容了学生的不良行为。而且使学生具有更多的侥幸心理,认为导师没发现别人可能也不会发现。导师自身学术不端行为及对不良学术行为的纵容使学术不端行为进一步扩大化。

(五) 学校教育与监督、管理制度不严

"独立思想是美国学界的最高价值"被写在《哈佛学习生活指南》最显眼的位置,这是每个进入哈佛大学学习的学生从进校的第一天就必读的读物。美国高校禁止把他人的观点化为己有(即便是课堂讨论、课外作业和课程论文,只要涉及他人观点或成果,都必须详尽标明哪些观点是直接引用的,哪些观点是从别人的成果中借鉴而来的),否则,当事人将受到严厉惩罚,直至被驱逐出学校。在美国,学生所受到的最严厉的惩罚,通常是因为抄袭、剽窃等学术失范行为,而不是因为夜不归宿甚至打架斗殴。这种严格的监督管理制度,促使学生时刻要注意自己的言行,避免不

---

① http://yd.sina.cn/article/detail-icesifvy0194609.d.html?vt=4&mid=.

道德行为产生从而避免受到严厉的惩罚。

在我国,可以借鉴美国的做法,加强学术道德和学风建设,遏制学术不端行为,必须防治并重,双管齐下、标本兼治,自律与他律相结合。自律就是要通过各种途径与方法的教育与引导,形成个体正确的道德认知,激发合理的道德情感,锤炼积极的道德意志。只有在正确道德认知的指引下,才会产生积极、健康的道德情感,使学生对于不良学术行为产生合理的道德情感,从而鄙视、抵制不良学术行为,而不是当前的这种不合理的宽容、体谅及无所谓、麻木的态度。究其原因是我们对于学生关于学术诚信教育不足,使他们没有形成坚固、可信的学术道德,因此对于学术不端行为的严重性未形成正确的判断与评价。如认为一稿多投、买卖论文是因为环境所迫,引用观点未注明也不会伤害他人。如此种种都说明我们的认知还不明确,需进一步加强对学生学术道德规范的教育与引导。

近年来,研究生诚信教育已引起社会各个部门的重视,从国家科技部、教育部、管理部门到媒体、高校本身都采取了一系列的措施加强研究生诚信教育。如2015年1月份教育部公布了《关于改进和加强研究生课程建设的意见》。意见要求,着力培养研究生的知识获取能力、学术鉴别能力、独立研究能力和解决实际问题能力。结合课程教学加强学术规范和学术诚信教育。但我国目前对于大学生学术诚信教育还处于学习、模仿阶段,未形成一套全面、合理有效的教育方法。从媒体等方面可以看到,浙江大学等一些大学采取研究生入学进行学术道德考试的方法,也有一些学校请专家学者作报告,强调学术道德的重要性。甚至有的学校还开设学术规范及学术诚信方面的课程并进行考试,如北京大学、四川大学等。但很多人也质疑,一个人的道德能靠一场考试就解决吗?考试通过了,这个人的诚信就没问题了吗?

借鉴国外教育经验,可知我们的诚信教育起步较晚。国外很多大学的学术诚信教育从本科生开始,从进入高校的那天开始,学校通过课程、课外活动等各种途径开展一系列活动,使学生认识学术诚信的意义与重要性及其危害,而我国对于本科生这方面的教育较少。

二、 内部原因

受社会浮躁风气的影响,一些研究生也存在急功近利的思想,在短期内想积累大量量化成果,必然会出现学术不端行为。另外是个人轻信能够避免惩罚。很多研究生也知道抄袭是学术不端行为,也深知一旦被惩罚会导致延期毕业甚至学位证无法获得等后果，但轻信能够避免处罚。内部原因主要有以下几个方面：

（一）自身道德素质

道德素质是一个人从小不断地在自觉或不自觉的状态下形成的个人素养。我国教育目前存在的一个突出问题就是重视学习成绩而忽视其他方面，道德教育虽然在中小学至大学都从未间断，但实际教育效果并不显著。因此，研究生的道德素质本身存在不足，所以有时明知抄袭、作弊、伪造和修改实验数据不对，但为了学位证、前途或所谓的名誉，一些学生将这些规范抛之脑后，认为那么多抄袭、作弊的人，不一定能抓到我，抱着这种侥幸心理一次次采用不合科学规范的要求来博取个人利益。

（二）个人急功近利的思想导致学术失信行为的产生

目前国内高校及许多部门为了评价的科学化，往往都使用量化的指标。而这些指标成为我们整个社会的一种潮流，经济发展追求经济指标，学术研究量化就要看论文的数量和级别，期刊级别越高，论文数量越多，意味着更多的利益。于是为了在短时间内写出更多的论文，许多人无暇去品读、钻研一本专业书，许多研究生的读书就是吃快餐，找来相关的一些评论与介绍，七凑八拼，一篇文章在短短几天就快速出炉了。对于原著，大多数人认为没时间去读。因为文章从写作投稿到刊印出来是需要周期等待的，于是为了减少等待时间，许多人充分发挥"广撒网"的原则，一篇文章投往许多期刊或稍微改头换面就成为另外一篇文章。一稿多投的行为在国内似乎已经是司空见惯了，所以许多人已经不把"一稿多投"看作是多么不道德的行为。

对于理工科的学生来说，伪造和修改调查、实验数据的学术失信行为也比较普遍，近15%的人表示有过这样的行为。究其原因，实验调查本身就是工作量较大、耗费时间和精力较长的任务。

（三）认知缺乏

由于社会经济、生活的快速转型，引发各种思潮的碰撞与冲突。我国研究生在接受学术诚信相关教育方面存在的缺位导致了其学术自律意识的缺失。本科生的学术失信行为在学校里更是普遍，因为对于本科生的论文、作业的创新要求更低。因此，本科生的作业与论文"剪刀加糨糊"更是普遍。同时，我国高校在学术诚信建设和管理方面起步比较缓慢，多数学校是近几年才建立了学术规范方面的管理制度，而相关的教育措施与方法也不是非常切实有效的。如前所述，很多学校的学术道德规范以课程或考试的形式出现，学生往往是为了课程或应付考试去学习、了解而没有真正地内化为个人的道德品质与信念，更没有落实到行为。而美国等国外许多高校对于学术诚信的教育，往往采用的是长期的、持续的、理论与实践活动相结合的教育方式，使学生在一系列的活动中，长期地、潜移默化地形成诚信的品质。道德的形成本就不是一蹴而就的，而我们的诚信教育却往往耽于一时，习惯于搞突击、考试，而这些外化的东西，无法在短时期内使个人形成稳固的信念与习惯。因此，一门课的成绩并不能代表一个人的道德水平。我们的头脑里缺乏一个警钟来时刻提醒我们的行为，对于产权、侵权等概念我们的意识比较淡薄。我们对于物质的产权意识远远大于精神的产权意识。因此，对于一个即使是自己的劳动成果都很少想去保留、争取的民族来说，对于这些非物质性的东西容易忽视它们的价值与地位。正是由于缺乏这种清晰、明确、坚定的认知，而且没有认识到这种行为性质的严重程度及其危害性，很多研究生并未意识到自己的行为将导致的后果。因此，在外界名利等各种诱惑下，学术失信行为频繁出现。

而与此相应的是，我们对于学术失信行为的惩治与处罚态度与方式也纵容了学术失信行为的出现。由于学术造假等行为往往涉及学校的声誉，因此，不少学校对"抄袭剽窃""弄虚作假"方面的行为也采取"大事化小，小事化了"的袒护态度，这在一定程度上给学术失范行为提供了土壤与环境。

如 2010 年 3 月 20 日，央视《焦点访谈》以"没有结果的'学术成果'"为题，报道了西安交通大学六位老教授从 2007 年起，举报李某涉嫌学术成果造假，但被校方多次阻止的经历。节目播出后的一天，西安交通大学举行校党政联席会议，宣布李某存在"严重学术不端行为"，决定"取消其教授职务，并解除其教师聘用合同"。

2014 年 8 月 17 日，知名学术期刊《国际新闻界》刊发公告，认定北京大学（简称"北大"）历史学系博士于艳茹的论文《1775 年法国大众新闻业的"投石党运动"》"严重抄袭"国外学者的论文，舆论为此一片哗然。北大随后撤销其博士学位。据中青舆情监测室对北大撤销于艳茹博士学位这一教育热点新闻的监测发现，对这一处罚结果网络和现实中的人们却态度各异，对网民意见的统计发现 36.8% 都持宽容态度认为是学术大环境使然，而 24.5% 的人也认为处罚过重，27.3% 的人支持北大的决定。由此可见，我们的环境对于学术失信行为的容忍度还是较高的，这是否导致了人们的进一步松懈。只有足够严厉的惩罚才能起到警戒、惩前毖后的作用。

（四）研究生读研动机不纯

研究生的读研动机不纯是导致研究生学术诚信缺失的重要原因。目前，攻读硕士研究生学位的人，单纯因为对科研感兴趣、喜欢科研的人只是少部分，而大部分攻读研究生的人是为了缓解就业压力，避免本科毕业后的失业，也有一部分是为了读研后能获得更高的收入或获得更好的工作岗位。因此，提高就业竞争力就成了攻读研究生的首要目标。而衡量研究生水平，提高就业竞争的一个有力证据就是发表论文的多少。因此为了在读研的三年时间里多发论文，他们只能选择最快捷的方式。而且一些期刊杂志为了创收，对论文质量的要求并不严格，只要能收取版面费，其他一切都好说。这种宽松的审稿渠道也大大地提高了研究生快餐式论文的信心与积极性。很多学生都总结出哪些期刊好发文章，只要投稿、交钱保证发表，同时口口相传给下面的学弟学妹。也有人认为，中国研究生的严进宽出的政策，使得研究生像进了保险箱，读研期间，动力不足，很少有学生潜心于学术与研究中。因此83.5%的研究生认为，应把好出口关，从严要求研究生课程学习及学位论文质量，提高毕业淘汰率[①]。

（五）研究生学习兴趣缺乏，导致学习态度不端，从而产生不良学术行为

由于学习动机的缺乏与态度的不端正，很多学生把课程作业、科研工作和论文写作只是看作一项任务，一个通向自己目标的台阶与桥梁。认为通过这些可以使自己获得奖学金、拿到学位证、找到一个更好的工作，而不是自己真正热爱这个专业、对学术研究感兴趣。所以，他们无法真正做到"一心只读圣贤书""板凳要坐十年冷"，他们往往在兼职，在积累社会实践经验，或是在找工作的路上，在三年的硕士研究生生活中，除了兼职、找工作、发论文，能投入到真正学习与研究中的时间就屈指可数了。所以，当实验数据出问题、研究课题遭遇挫折时，许多研究生没有耐心和兴趣再去探求事情的本来面目，而是为了应付，为了完成论文，因为时间有限，篡改数据、编数据、闭门造车。因此，激发学生学习动机与兴趣应

---

① 王碧云，陈国平，等. 硕士研究生教育质量调查分析［J］. 教育与现代化，2010（1）：78-82.

该纳入硕士研究生的教育工作中,只有具有了较强的内部学习动机,学生才会将注意力投注在学业和科研工作本身,也才愿意为此付出努力。因此,学习动机的改变会改变学生敷衍了事的学习态度,从而有利于净化学术氛围,提高学生的诚信行为。

总之,综合上述分析,要提高我国当前研究生的学术诚信行为,就需要"内外兼修"。"内"是指研究生自身,应加强个人的道德修养、增强学习动机与兴趣、提高自我认知与判断能力;"外"是指从外部环境来说,创建有利于诚信行为的学术氛围与良好的社会道德风尚,及健全、完善的社会监督机制与规范,加强制度约束,借助制度力量,使研究生不违背学术道德;另外也要加强社会舆论监督,借助社会力量,使研究生不敢违背学术道德。对于学术不端行为,惩治要严,使其付出极大代价,从而消除任何投机心理。总之,培育优良的学风,倡导严谨规范的学术行为,营造良好的学术氛围,学者自律是根本,制度建设是保证,社会监督是基础。

第三章　当前我国研究生学术诚信保障体系概况

在科学技术高速发展、经济和社会深刻变革的时代，经济利益的诱惑、科研工作者对个人利益的趋从，使传统的学术道德和价值观念受到冲击。这对于社会经济的健康发展和科学研究的发展，都产生了一定的负面影响，整个社会都需要建立一套信用体系以保障社会诚信。

诚信制度建设在一些发达国家已较为成熟，我国的诚信制度建设正处于初建阶段。与诚信制度发达的知识社会相比，我国的诚信制度建设还存在较大差距。诚信制度发达的国家对信用度非常重视，从个人到组织，信用等级、信用档案是个人和组织在社会中生存的基础。学术诚信也被视为科学家和科研工作者的道德准则与行为规范。中国社会正处于经济转型期，市场经济是契约经济，市场经济社会是契约经济社会，违背契约、违背诚信必然受到惩罚。在信用制度和信用管理体系尚未完全建立时，总会有欺诈、造假等失信行为的存在，学术失范、学术不端等现象也反映出社会风气对学术诚信的影响。因而在构建我国信用体系的同时，对于学术诚信这一特殊的诚信内容，也需要与之相应的制度和保障体系来进行规范和有效的监督。

在前面的章节中，我们首先从学术诚信概念解析入手，区分了学术道德、学术规范、学术失范、学术失信、学术不端、学术腐败等相关概念，使学术诚信的定义更加清晰，进而明确学术诚信的特点、实质和基本要求。以社会交换理论、社会控制理论、社会支持网络理论和广义人力资本理论为基础，为构建学术诚信保障体系提供了理论依据。在梳理国内外学术诚信研究的基础上，第二章聚焦于当前我国研究生学术诚信现状。研究生教育是我国高等教育发展的重点之一，研究生是高层次人才和学术研究、科学创新的生力军。近年来，随着研究生规模的扩大，研究生学术失信的行为普遍存在，学术不端现象愈演愈烈，甚至演变为学术危机。在第二章中，我们总结了当前研究生学术诚信的现状与特征，探讨了研究生学术诚信缺乏的原因和由此带来的危害。

在本章中,我们将以研究生学术诚信保障体系相关概念为切入点,进一步阐述构建研究生学术诚信保障体系的必要性,分析我国研究生学术诚信保障体系的现状。

第一节 研究生学术诚信保障体系相关概念解析

科研环境是一个开放的系统,包括社会外部环境和组织内部环境。由于科研工作的大规模性、复杂性、多样性及其他因素影响,形成了竞争激烈的科研环境。因而,学术诚信不仅是科研工作者的责任,同时也是其所在组织机构和资助机构的责任。学术诚信保障需要相关政策、程序和教育计划,需要建立有效的社会监督控制系统,营造良好的学术道德氛围。研究生学术诚信保障体系作为学术诚信保障的一个重要部分,将保障体系的重点聚焦于研究生群体,主要探索应通过哪些途径和机制保障研究生的学术诚信。

研究生学术诚信保障体系是一项复杂的系统工程,是多层面、多因素、多个教育主体共同作用的结果。从主体来看,研究生学术诚信保障体系涉及到政府、社会、高校、科研机构、导师、研究生等众多主体。从内容上看,研究生学术诚信保障体系包括研究生学术诚信制度建设、评价机制、监督机制、奖惩机制、学术诚信教育、论文质量保障、学术诚信研究等内容。从层面上讲,可从社会层面、高校、科研机构、导师等各个层面对研究生学术诚信保障体系提供不同层面的政策、制度、规定和监督。总之,研究生学术诚信保障体系是由多个主体和内部、外部多种因素交互作用,形成的以政府统筹主导、社会监督、行业协会积极参与的外部保障体系和以高校为主体、导师为核心、研究生为实际行动者的内部保障体系。

研究生学术诚信保障体系的外部保障体系的重点是防范和监督。外部保障体系以国家政策、法律法规和规章制度为基础,从制度上规范研究生学术诚信行为,使处理学术失信问题时有法可依、有章可循。发挥政府的主导作用,建立健全组织机构,把学术管理机构、科研机构、高校有关部门有机协调统一起来,具体规定各个部门的职责,从宏观上指导和把握学术诚信的政策。在国家层面建立相关学术诚信监督机构也是必不可少的。

由专门的机构或部门对学术失信行为制定客观公正、合理合法的审查程序，并建立行之有效的处罚机制，遏制学术失信行为的发生。社会舆论监督要发挥其正面导向作用，引导研究生追求高尚的道德情操和正确的价值观，并对学术失信现象予以曝光。

研究生学术诚信保障体系的内部保障体系的重点是管理和自律。高校作为内部保障体系的主体，是学术诚信规范和制度的具体执行者，是学术诚信建设的主要负责人。通过营造良好的学术环境，建立和完善评价机制、监督机制、奖惩机制，加强学术诚信教育，改革激励机制，建立研究生学术诚信记录等，对研究生学术诚信进行内部管理和监督。

导师是研究生学术训练和学术研究全过程的主要责任人，是研究生学术诚信内部保障体系的核心。导师在研究生培养的全过程对研究生进行学术规范指导和学术诚信教育，并对研究生撰写论文过程和论文质量严格把关。导师以严谨的科学态度和高尚的学术道德对研究生言传身教，对学术失信持零容忍态度。在研究生发生学术失信的行为时，导师作为研究生教育管理的第一责任人，应积极配合有关部门使研究生深刻认识自己的错误，并使学术失信的行为得到应有的惩罚，不能因为主观原因放宽道德底线，纵容学术失信的行为。

自律重于他律，自律强调自主、自治和自我教育，研究生作为研究生学术诚信内部保障体系的实际行动者，通过提升学术诚信和道德素质，就会自觉遵守学术规范，主动选择符合学术道德的学术行为。只有研究生本身形成正确的道德观念和诚信意识，才能自觉接受制度的规范与约束，真正将学术诚信教育的内容付诸实际行动，从而主动抵制外部环境的不良影响。

外部保障体系和内部保障体系中诸要素是相互联系、相互作用的，缺一不可，内外一起形成合力促成研究生学术诚信的养成。如果只有外部保障体系，制度和规范可能只浮于表面，不能将学术诚信真正内化为内在的养成，稍一松懈就会违反制度规定；反之，如果只有内部保障系统，没有外在的强制性约束，当主体意志力不强时，也会受到不良影响。通过执行制度，学术诚信会逐渐渗透到科研过程和科研道德中，主体会慢慢被制度所蕴含的诚信和道德意识所同化，从而促进自律养成。内部保障系统提高后会反过来不断促进制度体系的创新，如此循环，不断发展。外部保障体系和内部保障体系的终极目的是为了使研究生——研究生学术诚信保障体系实际行动者，将学术诚信自觉地付诸实际行动。

第二节 研究生学术诚信保障体系建设的必要性

一、研究生学术诚信保障体系建设是保障人才培养和思想政治教育正确方向的根本举措

建立研究生学术诚信保障体系是保障我国人才培养和思想政治教育正确方向的根本举措，对于完善高校德育和思想政治教育具有重要意义。中共中央国务院《关于进一步加强和改进大学生思想政治教育的意见》明确把"明礼诚信"作为加强和改进大学生思想政治教育的主要任务之一。《公民道德建设实施纲要》中提出："在全社会大力倡导'爱国守法、明礼诚信、团结友善、勤俭自强、敬业奉献'的基本道德规范，努力提高公民道德素质，促进人的全面发展，培养一代又一代有理想、有道德、有文化、有纪律的社会主义公民。"党的十八大提出，倡导富强、民主、文明、和谐，倡导自由、平等、公正、法治，倡导爱国、敬业、诚信、友善，积极培育和践行社会主义核心价值观。可见，诚信教育已成为大学生思想政治教育的重点，学术诚信则是诚信教育的重中之重。

诚信作为社会主义核心价值观的重要组成部分，是人类社会千百年传承下来的道德传统，也是社会主义道德建设的重点内容。从社会环境来看，在我国改革开放、经济转型的过程中，传统的诚信道德观念遭到削弱，诚信缺失现象在经济、政治领域和日常生活中已经广泛存在，社会诚信受到严重的质疑。受外部环境的影响，学术失信的行为也在高校频频发生。从行业环境来看，学术界不良之风盛行，一些学者为了在科研竞争中获利，对学术腐败之风推波助澜。导师的学术水平、科研能力、治学态度、道德修养等，都会潜移默化地影响研究生的发展和思想品格。学术不端、学术腐败之风也直接对研究生造成不良影响，使学术失信在研究生群体中蔓延，并对研究生教育造成了一定的负面影响。

研究生教育不仅要培养研究生的科研学术能力，更应重视学术诚信教育，研究生的学术诚信直接影响到我国学术界未来的发展前景。一名合格的社会主义学术人才，不仅要注重专业知识的学习，更重要的是具备高度的社会责任感和使命感，注重提高自身道德素质，尤其是学术道德水平，坚持实事求是的科学精神和严谨的治学态度，自觉维护学术尊严和学者的声誉。因此，建立研究生学术诚信保障体系是保障我国人才培养和思想政治教育正确方向的根本举措。

二、 研究生学术诚信保障体系建设是维护大学精神、净化社会环境的重要途径

四川大学校长谢和平院士在以"大学的学术诚信与科学精神"为题的演讲中指出"大学必须维护作为'社会良心'的美誉,必须维护大学精神的纯洁,必须维护学术精神的尊严,必须强调学术诚信,这是大学追求的根本"①。"大学不仅是一种客观的物质存在,更是一种文化存在和精神存在。在一定程度上说,大学的文化存在和精神存在具有超越物质存在的历史价值。""与普通的商业文化、时尚文化、消费文化等相比较,大学文化所凸显的是:执着的价值追求,坚定的理想信念,崇高的神圣使命。"②

近年来,一些大学将大学教育市场化,使大学迷失了前进的方向。社会可能会存在浮躁,但大学不能浮躁;社会可能会功利,但大学不能功利。大学应当始终坚守"道德围墙",积极营造"厚德博学、虚心从善"的校园文化氛围,坚守导向、不被市场化,坚守道德、不被功利化,保持大学文化的高尚性和纯洁性,使大学成为社会的"精神家园",主动承担引导社会文化、影响公众舆论、化解潜在矛盾的责任③。大学作为社会组织的一部分,是社会风气的缩影,也被称为社会中的一块净土。一个社会连校园风气都不具有求真务实、实事求是的作风,那么整个社会的风气都不可能纯净。因而,高校的学术诚信对整个社会风气的净化具有积极的引导作用。④

研究生是肩负祖国建设重任的高层次人才,是承载中华民族希望之栋梁。一个人的学术诚信关系到其步入学术界后的行为,学术诚信缺失的行为必将影响教育质量,污染学术环境和学术氛围,阻碍学术进步,影响社会的发展和民族的创新,关系到我国科教事业的未来与发展。学术不端助长了科研泡沫,加剧了学术腐败的进程。长此以往,学术腐败与论文涉嫌造假恶性循环,会严重污染整个国家的科研环境,导致整个社会理性公信力的丧失。⑤ 高校作为社会组织结构的重要组成部分,承担着重要的社会

---

① 全国率先 川大将建学生学术诚信道德体系[EB/OL]. http://politics.scdaily.cn/shms/content/2013-06/19/content_5453219.htm?node=4725,2013-06-19.
② 谢和平. 大学文化 大学精神与川大精神[N]. 光明日报,2004-01-27.
③ 宋江洪,赵小丽. 学习张澜人文思想 重振川大人文精神[EB/OL]. http://www.scu.edu.cn/xcb/lljy/webinfo/2012/05/1336438321426992.htm,2012-5-23.
④ 张颖. 研究生诚信保障体系研究[J]. 研究生教育研究,2011,(1):58-61.
⑤ 成立,王振宇,张荣标. 导师如何对研究生进行学术诚信管理[J]. 高校教育管理,2010,4(3):39-41.

服务功能。这包括科学技术、文化艺术等物质支持，也包括社会文明和社会道德等精神支持。因此，研究生学术诚信保障体系建设是维护大学精神、净化社会环境的重要途径，研究研究生学术诚信保障体系对我国当前社会诚信研究的丰富和补充，对探索我国社会诚信体系的建立具有重大意义。

三、 研究生学术诚信保障体系建设是高校科研创新和学术水平提升的重要保障

科学技术是第一生产力，聚集了雄厚研发力量和拥有丰富人才储备的高校成了国家科技研发的一支重要力量，对推动国家科技发展有着举足轻重的作用。国家对高校科学研究的巨大投入，源于高校的科学研究与国家经济社会发展需求相结合的应用研究，而推动科学研究转化为现实生产力的核心是科技创新。在科技创新成为知识经济和信息时代主题的21世纪，增强自主创新能力，培养大批科学家和科学技术人才，才能在激烈的竞争中把握先机、赢得主动。创新是科学技术发展的不竭动力，也是学术发展的本质要求。只有具备正确科学精神的高级人才，才能承担起推动国家科技进步和学术发展的重担，才能保证科学研究和学术成果为社会服务，为人类发展做出贡献。

高等学校是我国科学研究的主要力量之一，高等学校科研的特点之一是科研与教学相结合，学术思想活跃，研究后备力量充足。[①] 研究生经过高水平的科研训练，使科研队伍始终保持朝气和创新，是科学研究的重要新生力量。研究生教育是为社会输送科技人才的重要途径，研究生的学术诚信直接影响未来科研工作者的诚信水平。学术活动是大学存在的基础和核心。然而在现实中，研究生在学习科研中学术失信行为突出，主要表现在：剽窃、抄袭他人成果，弄虚作假，一些研究生甚至请人代写论文。如此制造出来的"科研成果"有多大价值，能否保证科研质量和创新，是不难预见的。因此，需要通过构建研究生学术诚信保障体系，为高校科研创新和学术水平提升提供重要保障。

研究生应在导师指导下进行科研创新活动，导师要对论文选题、实验设计等严格把关，指导研究生通过原创性设计、实验等，解决新问题，提

---

① 谢安邦. 高等教育学 [M]. 北京：高等教育出版社，1999.

高科研创新能力,从源头上杜绝弄虚作假,剽窃抄袭等学术失信行为的发生。因此,研究生学术诚信教育必须从培养之初开始,并一直贯穿于研究生学习和科研的全过程,使研究生养成良好的学术素养和高尚的科研精神,在今后的科研工作中才能一以贯之,以诚信作为学术的生命,从而保证科研创新和发展的活力和纯洁性。

四、研究生学术诚信保障体系建设是高校学风建设和持续健康发展的迫切要求

全国研究生教育进入了一个高速发展的阶段,但有些学校重视学位申报、轻视质量建设,较少思考研究生教育的可持续发展问题,研究生德育教育整体滞后。一些高校对研究生的德育评价和德育行为的考核标准不够全面,考核制度不够健全,缺乏记载反映学生诚信状况的内容和措施,造成学生在思想上对诚实守信的重要性不够重视。研究生论文剽窃现象泛滥、考试作弊成风、实验数据造假等学术不端行为,严重影响到高校学风建设和持续健康发展。

过去,一些高校将研究生发表论文作为毕业和授位的条件,研究生为了顺利拿到毕业证而发表论文。现阶段,研究生公费制度改革后,取而代之的是奖学金制度。在奖学金评定标准的制定中,许多学校为了简化量化指标,通常将发表论文数量作为重要指标之一。许多研究生为了加分拿到奖学金,拼命发论文,结果导致周围的人为了在竞争中取胜也不得不跟着拼命发论文。倘若发表的都是有意义的论文也还好,但是没有,其实都是复制粘贴,低水平抄袭拼凑而来。"天下文章一大抄",就为了凑数利于加分,完全不讲究质量。除了在发表论文中存在许多学术不诚行为之外,在科研项目中也同样存在,有些研究生自己申请了科研项目,但是并没有真正地研究,而是拿了科研经费为自己买单,等到快结题的时候就胡乱写报告,最后居然也能蒙混过关。①

在刘志波、孔垂谦②"关于研究生学术诚信危机问题的问卷调查"结果中显示,35.1%的研究生认为研究生学术道德素质不高是研究生学术诚信危机的重要原因;58.1%的研究生认为研究生科学素质不高是研究生学

---

① 王光玲. 研究生学术诚信建设探索[J]. 法制与社会,2009(9):265.
② 刘志波,孔垂谦. 研究生学术诚信危机影响因素的灰色关联分析[J]. 中国高教研究,2008(9):33-35.

术诚信危机的重要原因；76.5%的研究生认为教师学术失信和师生关系不佳是研究生学术诚信危机的重要原因；50%的研究生认为缺少学术诚信教育课程是研究生学术诚信危机的重要原因；60.8%的研究生认为学术奖惩制度不健全是研究生学术诚信危机的重要原因；44.1%的研究生认为研究生学术考核过于量化是研究生学术诚信危机的重要原因；64.3%的研究生认为学术出版市场不够规范影响了学术诚信，是造成研究生学术诚信危机的重要原因。

学术诚信是研究生德育教育的重要组成部分，其成功与否关系到研究生学术品格乃至人格成长的好坏。受我国现阶段社会转型期的负面影响，一些科研人员和研究生出现了急功近利的思想，为了眼前的短期利益，不惜抄袭、剽窃，甚至伙同监考人员在考场作弊，这些行为严重影响了学校正常的教学、科研秩序，破坏了高校的学风校风。因此，研究生学术诚信保障体系的建立，不仅是高校正常教学秩序的保障，更是高校学风建设的根本，是高校健康持续发展的基础。

五、 研究生学术诚信保障体系建设是加强研究生教育质量保障的内在要求

研究生学术诚信保障体系是研究生教育质量保障体系的一个重要组成部分，随着研究生教育改革的深入，国家对研究生教育质量保障的重视程度日益增强。2003年起，我国研究生开始扩招，2012年我国研究生计划招生规模达584 416人，招生规模比2003年增长了1.17倍，其中博士生67 216人，硕士生517 200人，招生规模分别增长了37.9%和1.35倍。10年间研究生规模翻了一番。在未来一段时期，研究生教育仍将处于稳步增长阶段。研究生教育规模的扩展对于改善我国人口教育结构、提升人力资本质量，具有重要意义，但同时也对研究生教育质量提出了重大挑战。由扩招带来的师资不足、资源紧缺等问题，给研究生教育质量带来了一定的负面影响。如何在扩大规模的同时保障和提升培养质量，是当前研究生教育面临的重要课题。而要实现这一目标，研究生群体的学风和学术道德，扮演着重要的角色。

随着研究生教育规模的扩大和研究生培养模式改革，研究生培养质量监督和保障体系尚在建设过程中，致力于解决研究生培养管理机制不完善，对研究生学术诚信问题监管不得力，以及缺乏系统的监督管理等问题。研究生与本科生相比最大的区别在于学术性，而诚信是学术的生命。

研究生教育质量的关键在于学术诚信程度的保障。研究生学术诚信保障体系的建立，是确保研究生教育质量的重要条件。由于研究生教育在整个教育领域中的高端作用，研究生教育的水平在一定程度上还决定了一个国家教育整体的发展高度，因此，研究生学术诚信保障体系无论对研究生教育还是整个教育领域都具有非常重要的意义。①

2015年1月，教育部公布《关于改进和加强研究生课程建设的意见》。意见要求，着力培养研究生的知识获取能力、学术鉴别能力、独立研究能力和解决实际问题能力，结合课程教学加强学术规范和学术诚信教育。因此，研究生学术诚信保障体系建设是加强研究生教育质量保障的内在要求。

第三节 研究生学术诚信保障体系建设的现状

面对学术诚信的现状，我国学界和科技界对学术规范问题展开了热烈的讨论与研究。虽然对于学术诚信和学术诚信保障机制的研究起步较晚，在国家政策引导下，教育部于2002年制定并发布了《关于加强学术道德建设的若干意见》，2004年颁发了《高等学校哲学社会科学研究学术规范（试行）》，2007年成立了科研诚信建设办公室，在制度建设上迈出了坚实的步伐。在科技部门、教育部门和一些专家学者的共同努力下，我国高校学术诚信保障体系建设也在逐步完善，初步形成了约束高校学术不端行为的相关规范和制度体系。但妨碍学术诚信保障体系建立的一些问题仍然存在，如体制、文化、理念等问题，部分限制了诚信保障体系的进一步完善和发展。因此，在分析取得的成绩和现状的同时，深入剖析限制学术诚信保障体系的因素，才能构建完善高效的学术诚信保障体系并持续发挥作用。研究生学术诚信保障体系作为高校学术诚信保障体系的一部分，也随着高校学术诚信保障体系的发展而逐步完善。

一、我国研究生学术诚信保障体系建设取得的成绩

（一）对研究生学术诚信保障体系的研究逐渐深入

随着学术不端行为数量的上升，受各国对学术不端行为的理论研究和

---

① 张颖. 研究生诚信保障体系研究［J］. 研究生教育研究，2011（1）：58-61.

政策影响，我国对学术不端、学术失范、学术道德等学术诚信建设的研究逐步展开。从1988年7月陈平原先生倡导学术规范化算起，国内对学术价值和学术规范等学术诚信行为的关注和研究至今已有20余年。以邹承鲁先生为代表的学界前辈树起了科学研究中反对学术腐败的旗帜，有力地推动了学术诚信研究的繁荣。

20世纪90年代以后，研究成果呈逐年递增趋势。学术诚信研究也从对诚信基本理论的研究拓展到对学术不端行为的概念、分类、成因、防范治理等深层次的研究，继而进行中外学术不端行为治理的对比研究。理论研究的逐渐深入，为开展高校学术诚信建设的实践提供了理论和经验上的借鉴，为在高校构建全面系统、科学有效的学术诚信保障体系奠定了良好的基础。基于这些理论研究，学术诚信与学术不端中许多模糊的概念得以明确，部分学术不端行为得以纠正，学术诚信的理念在科研部门、科研机构和高校教师心中得以确立，相关规章制度和法律法规得以施行。但现有研究在对学术诚信的保障体系建设进行分析时，局限于对某几个方面或特定主体的研究，成果相对独立、分散，缺乏系统的全面分析，很少从各主体之间的内在关系和制度层面审视研究学术诚信保障体系建设存在的深层次原因。

由于国内高校对于学术道德规范教育的缺失和学术规范文献的缺乏，国内学者还编著或翻译出版了一系列学术规范普及类作品，对学术诚信行为基本规范及建设进行介绍和讲解。如杨玉圣、张保生主编的《学术规范读本》（河南大学出版社，2004年版）和《学术规范导论》（高等教育出版社，2009年版），科技技术部诚信建设办公室编写的《科研诚信知识读本》（科学技术文献出版社，2010年版），何鸣鸿、陈越翻译的《科研诚信——负责人的科研行为教程与案例》（第3版）（高等教育出版社，2011年版）、《学术诚信与学术规范》（天津大学出版社，2011年版）等。

（二）国家层面学术诚信制度建设和组织机构逐步完善

近年来，有关学术道德、学术诚信的一系列法律法规、政策制度的频繁出台，表明我国政府相关职能部门对学术诚信问题的重视，也是政府部门和科研机构运用行政力量、道德手段规范治理学术不端行为的有益尝试。科研诚信建设办公室的成立，是学术诚信建设的组织机构逐步完善，更加专业化、长效化的标志。中国科研诚信网的成立，是政府部门在教育管理工作的改革、创新和发展中积极应对经济社会发展的新挑战和新需求，与时俱进，对学术道德和学术诚信教育管理工作进行的探索和创新。

1999年11月18日，科技部、教育部、中国科学院、中国工程院、中国科协五部委联合发布了《关于科技工作者行为准则的若干意见》，进一步明确了科技工作者的行为规范。教育部在2001年印发的《全国普通高等学校人文社会科学研究"十五"规划纲要》中，进一步明确提出"要把学风建设列为科研队伍建设的重要内容。科研人员应正确认识学术发展中继承与创新的关系，尊重他人研究成果和知识产权，遵守学术规范，切实扭转无引文、无视前人研究基础、无新鲜经验和事实材料的空谈之风"。教育部于2002年2月下发《关于加强学术道德建设的若干意见》，要求在高等学校建设一支热爱祖国、具有强烈使命感、学术作风严谨、理论功底扎实、富有创新精神的高素质学术队伍，营造良好的学术氛围和制度环境，促进学术进步和科技创新。2004年8月，教育部颁发了《高等学校哲学社会科学研究学术规范（试行）》，针对高校哲学社会科学研究的学科特点制定了一套行之有效的学术规范。

中国科协在2007年1月16日召开的七届三次常委会上审议通过了《中国科协关于科技工作者科学道德规范（试行）》，并于2008年11月16日发布《中国科协致全国科技工作者倡议书》，要求科技工作者要端正学术风气，坚持实事求是的科学精神和严谨的治学态度，以国家富强、民族振兴、服务人民、构建和谐社会为己任。2007年3月，根据《国家科技计划实施中科研不端行为处理办法（试行）》（科学技术部第11号令），成立了科学技术部科研诚信建设办公室。中华人民共和国第十届全国人民代表大会常务委员会第三十一次会议于2007年12月29日修订通过、并由国家主席颁布的《中华人民共和国科学技术进步法》于2008年7月1日起施行。这是我国首部完整指导科学技术发展的国家法律，既为应对科学研究中的不端行为提供了指导方针，也为政府部门和各类组织处理科研不端行为提供了可靠的法律依据。

2009年8月26日，科学技术部、教育部、财政部、人力资源和社会保障部、卫生部、解放军总装备部、中国科学院、中国工程院、国家自然科学基金委员会、中国科学技术协会十个部门和单位联合发布《关于加强我国科研诚信建设的意见》，进一步推动科研诚信建设，保障我国科技事业的健康发展，促进创新型国家建设。2014年6月，国务院印发《社会信用体系建设规划纲要（2014—2020年）》，提出探索建立教育相关信用评价制度，努力解决学术不端问题的要求。2014年8月，国家卫生计生委、国家中医药管理局印发《医学科研诚信和相关行为规范》，引导卫生计生领域广大医学科研人员提高诚信意识，遵守诚信原则。

在完善制度建设的同时，学术诚信建设组织机构也日趋完善。2009年10月，为加强对高校学风建设的领导，有效遏制学术不端行为，教育部成立教育部学风建设协调小组和教育部学风建设委员会，下设社科类学风建设办公室和科技类学风建设办公室，主要负责制定高校学风建设相关政策；组织开展学术道德和学风建设研究及宣传教育；受理直属高校学风问题举报，并组织对重大学风问题进行调查核实，提出处理建议；宏观指导、督促高校加强学风建设等。2007年3月，科学技术部科研诚信建设办公室成立，负责科技部科研诚信建设的日常工作，其主要职责包括接受、转送对科研不端行为的举报；协调项目主持机关和项目承担单位的调查处理工作；向被处理人或实名举报人送达科学技术部的查处决定；推动项目主持机关、项目承担单位的科研诚信建设；研究提出加强科研诚信建设的建议等。

由科学技术部科研诚信建设办公室主办的中国科研诚信网，提供了科研诚信知识、科研诚信规范、科研管理制度、科研诚信工具、海外制度借鉴、科研诚信相关出版物、相关网络资源等丰富的资源，搜集了政府部门、科学组织、大学和科研机构、学术团体等在学术诚信建设的最新动态，为管理部门、科研人员、高校师生、科教机构、学术团体和出版单位提供了大量的资源和全方位的指导。

（三）各地区和高校积极推进研究生学术诚信保障体系建设

在社会各界的努力推动下，我国有关学术诚信的法律法规、规章制度、学术规范、道德准则日益完善。尽管这些规范、制度等"政出多门""各自为政"，形式上较为分散，但初步形成了我国学术诚信的保障机制，并逐渐与我国经济建设、科技发展和法制建设的步伐相协调。在国家政策不断倡导、学术界和科技界的积极呼吁下，高校和科研机构也结合自身实际，积极开展丰富多样的教育活动。科研法律法规的逐渐完善，公众对学术不端行为的监督，这些保障措施和手段相互融合，相互影响，共同构成了现阶段我国高校学术保障体系，形成了维护学术诚信的整体合力，有效促进了高校科研工作者和研究生对学术诚信认识的深入，使学术规范度和诚信度得以不断提高，学术成果质量和水平稳步提升。在重视和加强研究生学术诚信保障的理论研究和体系建设的同时，各地区和高校在实践中也采取了很多措施构建研究生学术诚信保障体系，确保研究生培养质量。

教师在培养研究生的过程中，对研究生的思想素质、科学道德、学术规范等方面都有着重要的影响。教师在日常学习和科研工作中，强化学术

当代研究生学术诚信保障体系研究

诚信,率先垂范,才能用"身教"引导研究生走学术诚信的道路。建立和谐的师生关系,才可以激励研究生继承和发扬导师的治学态度和科学精神。2012年2月,江苏省印发《关于进一步加强全省高等学校学风建设的意见》和《江苏高等学校学术不端行为调查处理规程》,将严肃惩处学术不端行为,对高校师生的学术不端行为一律记入其个人诚信档案。江苏省将建立实验原始记录和检查、学术成果公示、论文答辩前实验数据审查、毕业和离职研究材料上缴、论文投稿作者签名留存等一系列制度,要求高校定期排查学风建设中存在的问题。同时,把学术规范教育作为教师岗位培训与职业培训以及研究生和本、专科生课程学习的重要内容,并形成制度。对于存在严重学术不端行为的个人和集体,江苏省将予以公开曝光,并通过取消项目申报资格或中止项目、追回项目经费、延缓或取消职称职务晋升、撤销奖励、停止招收研究生或取消学位等措施,予以坚决惩处。① 根据教育部《关于加强学术道德建设的若干意见》,北京大学、清华大学等一批大学相继制定了教师科研道德守则。

自律是研究生学术诚信保障建设的最终目标,研究生的个人学术道德直接对其学术行为产生影响。在引导研究生自律的实践中,研究生学术诚信教育通常是使用最普遍、形式最多样的办法之一。现阶段的研究生学术诚信教育,既有相关部门组织的宣教活动,各高校也结合实际开展了形式内容丰富的学术诚信教育活动。2011年以来,中国科协、教育部、中国科学院、中国社会科学院和中国工程院五部门每年组织实施科学道德和学风建设宣讲教育。全国宣讲教育取得了显著成效,宣讲教育范围不断扩大,宣讲教育内容不断丰富,宣讲专家队伍不断壮大,宣讲教育形式不断创新,在教育界和科技界取得了高度共识,得到了广大师生的大力支持和社会各界的广泛关注。宣讲教育已成为研究生人才培养的重要内容,正逐步成为各单位学风教育的主要形式。

各高校将学术诚信教育融入研究生培养的各个阶段,在新生入学教育中开展学术诚信讲座,将学术诚信课程纳入课程体系并给予学分,在研究生论文开题和实验阶段组织学习学术规范和科研标准,并鼓励研究生会开展形式多样的学术诚信宣传活动。在"985工程"高校研究生科研诚信研讨会上,来自北京大学、清华大学等全国29所高校的研究生代表在会上庄严宣誓"树立诚信品质,恪守学术道德",会上还发布了首份《中国研究生科研诚信公约》,充分发挥"985工程"高校在科研诚信建设中的示

---

① 江苏高校对学术不端"零容忍"[N]. 中国教育报,2012-02-04(1).

范引领作用,吹响研究生捍卫科学道德的"集结号"①。

此外,各高校也在逐步完善学术规范和学术诚信相关制度建设。结合高校实际情况,制定了研究生培养方案规定、研究生课程教学考核和管理规定、研究生中期考核办法、研究生导师遴选、培训及管理办法、研究生基本学术规范管理办法、研究生论文作假行为处理实施办法、研究生论文撰写规范、研究生论文盲审办法等。

二、研究生学术诚信保障体系建设存在的问题

研究生学术诚信保障体系建设在科研诚信建设发展的大环境下,在政府部门、科研机构和高校的共同努力下得到了快速发展。随着高校教师学术诚信的改善,学术规范化程度进一步增强,研究生学术诚信保障体系日趋完善,但仍然面临着一些问题。因此,认真分析研究生学术诚信保障体系建设中的问题,剖析潜在的制度、机制、理念等原因,探寻根源,对于明晰研究生学术诚信保障体系建构路径,完善研究生学术诚信保障体系具有重要意义。制约研究生学术诚信保障体系建设,造成保障体系低效运行的原因主要有以下几个方面。

(一)缺乏整体规划完善的管理性制度,法制化建设滞后

制度缺失是导致权力失控、管理失效、监督失位的重要原因。我国的学术不端行为引起政府部门和学界、科技界的重视是近二十年的事情,因此,对于违背学术诚信的学术行为的研究和治理起步较晚,学术诚信的制度化和法制化建设配套滞后。在实际运行中,存在推进力度"软"、着力点"散"、内容上"空"的问题。同时,在学术诚信的制度建设过程中存在缺乏整体性规划、制度设计不合理、法律法规不健全等问题,造成学术失范蔓延。各高校制定的科研管理措施和制度,带有很强的地域性和局限性,无法从战略高度统筹规划学术诚信政策和具体措施。

高校是学术不端行为预防与治理和学术诚信教育的责任主体。为推动高校学术诚信监督和教育管理,高校一般成立校学术委员会作为处理和裁决学术不端行为的最高学术机构。高校学术委员会负有学术诚信教育活动的组织、学术不端行为的调查、处理等职能,但因其法律地位和权限并不

---

① 首份《中国研究生科研诚信公约》发布[N].工人日报 2014-07-18(6).

明确,在学术不端问题的处理上显得力有不逮,容易产生不同程度的纠纷。目前,高校学术不端行为日益严峻,涉及高校科研人员的权利纠纷和权益损害事件也日渐增多,公众信任、权益保护和相关社会问题也逐渐成为全社会关注的热点。如何有效完善法律手段、对学术不端行为进行惩戒、对科研人员的合法学术权益进行保护、减少或避免各种纠纷等问题,既是学术不端行为治理法制化的重大挑战,也是完善立法,从根本上解决学术诚信问题的切实需要。我国现有的学术诚信法律法规表现出明显的滞后性和局限性,相关部门行政规章亟待上升到更高法律效力的层次。

(二)科学合理的学术评价机制缺失,制约了学术诚信体系整体功能的发挥

在政府部门、高校、学者和全社会的共同努力下,学术诚信保障机制已初步建立起来,并在科研活动的规范化、制度化建设上发挥了重要作用。但现行的学术诚信保障机制在各种因素的影响下,整体功能并没有完全发挥出来。在机制构建的过程中,由于权力界限、认识程度、社会条件等多方面因素的制约,机制本身存在一定的先天不足。如制定各项制度、政策的政府部门过于分散,过于宽泛而模糊的科研行为管理办法,造成具体操作上的低效、在实践中无法落实的尴尬局面。另外,单一的学术成果评价制度也促使了学术不端行为的发生。出于管理考核的方便和政绩的考虑,教育管理部门和高校纷纷采取量化标准进行一刀切式的评价。以课题的层次、成果的数量和刊物的等级来判定高校的办学质量、教师的学术水平、研究生的科研能力。各培养单位应结合自身的人才培养目标、学科特点、学生个人发展和专业方向等因素,制定有针对性、有区分度和可操作的考核评价标准,对研究生提高学术水平提供正面激励和适度压力。仅用数量标准代替学术价值衡量的内在尺度,在时间紧、任务重的现实下,必然将科研引向短视的歧途,导致学术不端行为此起彼伏。

因此,应探索建立科学公开、程序公正的学术评价机制,充分发挥学术监督的力量,净化科研环境,为学术创新提供健康的土壤。杜绝学术不端行为、营造学术诚信氛围不仅需要完善的法律法规及制度等硬环境,更需要积极健康的学术软环境,这就需要有一套内容公开、程序公正、利于监督、符合学术价值取向的学术评价机制为之提供相应的支撑。国家教育、人事及科研管理部门应该探索建立科学合理的学术评价机制,突出质量导向,克服浮躁,引导全社会建立求真务实的科研风气,打造良好的学术生态。

(三) 健全的学术诚信监督、惩罚和问责机制还未形成

目前，我国高校的学术研究缺乏对研究过程的管理和监督，改革完善的重点仍然是强化学术监督的制度建设，严格对科研活动过程的监管，科学、客观、实事求是地认定学术不端行为，公开公正地处理学术不端行为。学术诚信保障体系的内容必然离不开对违反学术诚信行为的惩罚。在高校对学术不端行为的处理中，我国政府、高校和社会的互动与配合较为欠缺。尽管大部分高校通过建立学术不端行为检索系统等方式对学术不端行为进行查处，但惩罚的警示效果并不十分理想，其重要原因在于学校与社会的诚信保障体系没有连动，即学校内的诚信纪录对学生的社会诚信纪录没有影响。因此，对于调查属实的学术不端行为要坚决打击，持"零容忍"态度，并让学术失范者付出高昂的代价，才能真正确立制度的威慑力。在学术诚信保障体系中，高校与政府和社会的互动机制的建立，一方面可以提高高校在诚信教育、监督和处理上的积极性，另一方面也可以保证调查处理的客观性和公正性。

然而，惩罚只是手段不是目的。在惩罚的处理中，要注意针对不同的学术不端行为采取不同的处理方式，同时要严格保障处理程序的公平、公正和公开，以及学生的申诉权利等。除了惩罚，建立相应的学术诚信奖励制度，给研究生更多的激励，才能调动其学习和科研的积极主动性。建立合理的研究生学术奖惩制度体系也能够保障学术诚信保障体系充分发挥功能，它不仅能促进研究生自觉自律，还能够对研究生日常学术行为起到约束作用。

在传统高校管理体制下，长期以来是在发生了学术腐败和学术不端等学术失范问题后再进行审核、查处，这是一种事后问责，不利于学术发展。学术问责制不应该只是事后的责任追究，应该包括事前预防、事中监督和事后追究，其重点是对教师等学术工作者以及其承担的学术研究发展的行为进行问责，把监督管理寓于学术研究发展的全部过程和每个环节，使承担学术研究的教师、学生等学术工作者始终保持对学术研究的正确意识。[①]

(四) 研究生学术诚信保障体系建设亟须探索和创新

党的十八大提出了"十三五"时期"基本实现教育现代化"的目标要

---

① 杨强. 论高校学术问责制的理论构建 [J]. 江苏高教 2009, (4): 21-23.

求，强调了教育管理工作的改革、创新和发展应当积极应对经济社会发展的新挑战和新需求。就研究生学术诚信保障体系建设而言，也必须与时俱进，不断思考，用探索和创新来面对新的挑战。如建立官方的、资源更加丰富全面的、为教育科研机构提供公共服务的数字资源库，完善学术诚信保障体系相关的数字信息化基础设施建设。这样不仅能够支持和进一步提升对高校学术不端文献的检测能力，还能够获取关于各高校学术不端检测的反馈数据，为进一步开展相关问题研究和科学决策提供可靠的数据支持。

但是，在利用数据库甄别学术不端行为的实践中，也应注意到存在的问题。如数据库收录论文的时间、数量、来源等，且大量外文资料、论文也未收录到中国学术期刊数据库。此外，由于技术原因，计算机远不能代替人工甄别，如鉴别合理引用、多源抄袭、一稿多投等问题。因此，过度依赖数据库还存在一定的局限性。此外，政府相关部门规范学术出版市场，加强对新闻出版管理部门和版权局的监督和管理，建立监督举报机制，整顿学术出版市场，净化学术环境，营造良好的学术氛围，也是研究生学术诚信保障体系建设的客观要求。

第四章 国外研究生学术诚信保障体系的经验借鉴

随着世界各国研究生教育的不断发展与改革,研究生学术失范与学术不端行为也在各国普遍存在。许多国家已越来越重视研究生学术规范与学术诚信问题,尤其是一些教育强国,在学术诚信保障及学术规范建设方面已取得了一定成果。他山之石,可以攻玉,一些国家在探索中形成的经验与方法值得我国借鉴。

第一节 国外研究生学术诚信保障体系构建背景

一、研究生教育规模迅速扩大

第二次世界大战以后,各国由于经济发展、科技进步等因素影响,对人才的需求迅速增加,研究生教育迎来飞速发展时期,各国研究生在校生人数均出现大幅度攀升。战后,美国研究生教育规模扩大迅猛,1958年美国的研究生教育规模与1940年相比,可授予硕士学位的学校由300所增加到569所,1958年度与1939—1940年度相比,学士学位增长了1倍,而硕士学位则增长了1.6倍[①]。1958年美国国会通过了著名的《国防教育法案》,旨在全面提高初中高等教育的质量,提高研究生教育的质量,尽快培养出大批高级科研人才,从而迅速改变美国在教育上落后于俄国的局面,此后美国研究生教育迎来第二次飞速发展。1960年美国在校研究生总数达到35.6万人,1970年则迅速上升至90.28万人,10年间在校研究生总数增长了2.5倍,研究生教育已在美国的许多大学里占据主导地位。[②]

[①] 王秀卿,张景安. 国外研究生教育研究 [M]. 北京:科学技术文献出版社,1987:61-62.
[②] 房欲飞,谢仁业. 美、日、英研究生教育发展的规模和速度比较研究 [J]. 学位与研究生教育,2004 (5):50-54.

战后，英国政府加大对研究生教育的投资力度，逐年增加研究生教育的科研经费，从1939年不到一千万英镑增至1963年的一亿二千万英镑，使英国研究生教育得到迅速发展。1960—1969年，英国在校生规模年均增速到9.53%，1959年英国高校研究生占全日制学生人数的比例为十六分之一，1972年则占到了六分之一。① 除英美等西方发达国家外，日本、俄罗斯等亚洲国家的研究生教育在战后也获得了长足的发展（见表4.1）。1955年，日本在校研究生人数为1万余人，1960—1969年，日本在校生规模年均增速达到10.04%，1975年日本在校研究生数达到3.4万人，比1965年增加了1倍多。进入20世纪90年代以后，日本研究生教育规模发展速度进一步加快，1990年，在校研究生为9万人，2000年则达到20.5万人，10年间增加了2倍多。1960—1969年，俄国研究生总数从3.7万人增至近10万人，年均增长率为19%，远远超过本科生的平均增长率。② 20世纪80年代末，受苏联解体的政治因素影响，1990年俄国研究生人数降至约6万人。进入90年代后，社会转型对高层次人才总量需求的增长，刺激了俄罗斯研究生教育的发展，2000年俄罗斯研究生数达到11.7万，与1990年相比增长了近2倍。

表4.1 各国千人中在校研究生数量变化（1950—2005年：单位：人）③

年份	1950	1960	1970	1980	1990	2000	2005
美国	1.56	1.89	5.87	7.11	7.43	8.09	8.94
英国	0.31	0.47	1.10	1.38	1.95	7.54	9.06
日本	0.07	0.17	0.39	0.46	0.73	1.62	1.99
俄罗斯	1.23	1.73	4.11	3.66	0.41	0.80	1.00
印度	0.03	0.22	0.45	0.44	0.47	0.48	0.77

随着研究生教育规模的不断扩大，各国日益重视提高研究生培养质量，并逐渐建立与完善研究生培养质量保障体系。同时，由于研究生教育规模迅速扩大所带来的研究生生源多元化、入学门槛降低，竞争压力日益激烈等问题也为研究生学术失范行为的产生提供了土壤，使之成为各国在提高研究生教育质量过程中所面临的又一重要挑战。

---

① 刘冰. 英国大学研究生教育的研究［D］. 大连：辽宁师范大学，2010.
② 王秀卿，张景安. 国外研究生教育研究［M］. 北京：科学技术文献出版社，1987：12-13.
③ 延建林等. 二战以来研究生教育规模变化的国际比较与我国的战略选择［J］. 学位与研究生教育，2008（11）：69-72.

二、 研究生教育多元化与质量保障之间的矛盾

随着研究生教育的迅速发展,研究生生源构成日趋复杂,研究生教育的培养模式、办学方式逐渐多样化,教学形式也更加灵活。研究生教育的多元化发展对教学管理和质量保障提出了新的要求,也为研究生学术失范行为的出现提供了更大的可能性。

(一) 培养模式多样化

国外研究生培养模式的多样化是由教育目的的多样化所决定的。英国自 20 世纪 70 年代开始,由于经济快速发展的需要,培养社会所需要的应用型人才成为研究生教育最重要的目的[①]。教育目的的多样化使英国研究生培养模式主要分为"研究式"模式、"专业化"模式、"授课式"模式和"协作式"模式。其中,"研究式"培养模式注重培养学生科研能力;"专业化"模式同时注重知识传授和科研能力的培养;"授课式"培养模式注重课程学习与知识传授";"协作式"培养模式则重视培养学生将理论应用于实践中的能力。

自 20 世纪 90 年代起,随着日本社会产业结构的调整,研究生教育目的日益多样化,不仅仅以培养从事科研工作的高层次学术人才为目的,同时还致力于培养社会所需的开发型人才,企业所需的专业型技术人才,以及为在职人员提供回归教育机会。[②] 随之而来的,是研究生教育学科和专业设置的多样化、研究生构成的多样化与教学方式的灵活多样化。

(二) 教育机构多元化

20 世纪 90 年代,日本调整学校布局并设立新型研究生教育机构——研究生院大学及独立研究科,联合型及协作型研究生院、业余型研究生院及函授研究生院、职业型研究生院。这也是日本研究生教育职能多样化的反映。[③]

在美国,营利性高校与非营利性高校长期并存。尤其是 20 世纪 90 年代以来,随着营利性高校迅速发展和地位的提高,美国营利性高等教育机构中研究生规模日益扩大,2005 年营利性高校在校研究生达到 16 万余人,占当

---

① 史万兵,侯雪莲. 英国研究生教育多样化及其启示 [J]. 外国教育研究,2005 (8):34-37.

②③ 张玉琴,李奇术. 日本研究生教育发展研究 [J]. 外国教育研究,2005 (1):50-53.

年美国在校研究生人数的7.4%。营利性高等教育机构的研究生教育已经成为美国研究生教育的重要组成部分,个别营利性高校甚至发展成以研究生教育为主的学校。① 此外,美国近年授予的硕士学位数量的增长率甚至高于授予的学士学位增长率,硕士学位类型多,加之营利性高校研究生生源构成复杂,教学方式灵活多样,其质量评估标准难以统一化与标准化。

三、 高等教育信息化的"双刃剑"

随着信息技术、通讯技术为代表的现代科学技术的发展,尤其是进入20世纪90年代以来,信息化技术向高等教育的每一个领域迅速渗透,研究生教育也在信息化技术的影响下发生着深刻变革。以美国为例,美国于1990年启动"信息化校园计划"(the campus computing project),在1999—2000年,该计划对美国600~800所大学进行调查,结果表明,已有28.1%的课程已被制作成电子文本或多媒体教学课件,放置在校园网上供学生浏览和学习。② 信息技术不仅广泛运用于国外高校大规模的在线课程共享与网络教学,同时也在科学研究中发挥着重要作用。计算机与网络的普及化为科研信息和学术成果的推广提供了便利,也成为滋生抄袭、剽窃等学术不端行为的温床。更有甚者,关于论文买卖、论文发表的广告在网络上层出不穷,俨然已形成一条论文经济产业链,为保障学术规范与学术诚信、提高研究生教育质量带来巨大挑战。

信息化技术的发展与普及同时也是一把"双刃剑",网络化环境为防范学术不端行为、开展学术规范建设提供了一定条件。美国各高校普遍建立了信息管理系统,用以更好地对研究生教学过程进行管理与监督。借助互联网搜索引擎及专业数据库能够较为有效地进行学术不端检测。国外一些国家还研发了专业的参考文献检测系统,如 Endnote, Mendeley 等,以提高学术不端检测的效率与准确性,更好地为学术规范与诚信建设服务。

四、 人文性的弱化与功利主义侵蚀

由于经济发展与社会转型的需要,培养社会所需的高层次应用型人才

---

① 秦惠民,鞠光宇. 美国营利性高等教育机构研究生教育的特点分析 [J]. 学位与研究生教育,2008(6):68-72.

② 黄福涛. 外国高等教育史 [M]. 上海:上海教育出版社,2003:453-454.

已成为许多国家发展研究生教育的主要目的。鉴于此，各国研究生教育内容更加注重"科学性"，更强调研究生业务素质和科研能力的培养，弱化了教育的"人文性"，忽视了应有的人文教育与道德教育内容。

在美国，研究生课程尤其注重先进性与创新性，能够反映当代科学技术的最新成果。美国高校十分注重培养研究生从事创造性研究的能力，在课程学习的同时，研究生还必须参与大量的科研工作。在英国，研究生必须参加实际的教学和科研工作，一些专业的研究生更是被当做科研工作的主力，从而培养研究生独立进行科学研究的能力。① 日本高校培养研究生的主要途径也同样是通过科研项目进行学术训练，严格的学术训练已成为日本研究生教育的传统与特色，旨在培养研究生的科研素质及创新能力。②

为保证研究生教育质量，各国制定了较为严格与规范的学位授予制度与程序。美国的学位制度注重技术科学和应用科学的研究，学校专门设立了研究生科研专家小组对研究生科研活动进行指导。英国的研究生学位制度严格，绝大多数学校没有补考制度，因此课程考核不合格者就意味着学生将拿不到学位。③ 各国的研究生教育从研究生招生、培养到学位授予，都侧重于科研、业务标准，在研究生的培养质量上，并未做到"科学性"与"人文性"的统一，忽视了人文教育的重要性。就连向来重视思想政治工作的俄国，其研究生教育也具有"重业务轻政治、重才不重德"的倾向，教育制度制度和措施都侧重业务方面，对思想政治教育缺乏明确的标准和措施，对研究生的考核也仅仅以业务水平为依据。④

随着资本主义经济发展与社会结构转型，传统价值观逐渐发生改变，功利主义的价值取向对学术界影响日益深远，学术之风日益败坏，学术研究往往成为谋取名利地位的手段。加之研究生规模迅速扩大，生源逐渐复杂化，研究生素质参差不齐，一些学生甚至缺乏进行研究和论文撰写所需的基本学术能力，而学校在培养过程中对人文教育的忽视也使其缺乏对学术伦理的认识。面对各国严格的学位授予制度所带来的学业压力与研究生扩招带来的竞争压力，这部分人便可能寄希望于作弊、剽窃、抄袭及论文买卖等违背学术伦理的行为，以求达到获得奖学金、获取学位及工作职位的目的。

---

① 刘冰. 英国大学研究生教育的研究 [D]. 大连：辽宁师范大学. 2010.
② 王秀卿，张景安. 国外研究生教育研究 [M]. 北京：科学技术文献出版社，1987：242-243.
③ 刘冰. 英国大学研究生教育的研究 [D]. 大连：辽宁师范大学，2010.
④ 王秀卿，张景安. 国外研究生教育研究 [M]. 北京：科学技术文献出版社，1987：65-66.

第二节 国外研究生学术诚信保障体系构建措施

一、国外研究生学术诚信保障体系的产生与发展

(一)美国"荣誉制度"的产生与发展

"荣誉制度"是美国研究生学术诚信保障体系产生的最早形式。1817年,威廉玛利亚学院首次让学生在无人监督的情况下考试。1842年,弗吉尼亚大学首次让学生签署考试诚信声明,并引致美国各高校纷纷效仿,由此美国的学术荣誉制度得以逐步建立与发展。

荣誉制度是指学生通过宣誓和承诺保证在考试及学术活动中不作弊、不抄袭、不进行学术欺骗的制度。其建立之初主要是以维护学校荣誉,培养学生的荣誉感为目的,让学生以宣誓、书面声明或典礼等形式进行学术诚信承诺。这一时期的学术诚信承诺主要针对学生的考试行为,即参加无人监考的考试,并签署考试中没有作弊行为的承诺书。

经过200多年的发展,荣誉制度已逐渐被赋予更为丰富的内容与形式,与早期的荣誉制度相比,更具科学性和时代性。1909年,"荣誉制度"下设成员主体由学生构成的"荣誉委员会",制定各项流程,使这种诚信教育制度更为标准化与条例化。同时,"荣誉制度"的约束范围逐渐扩大,从主要针对研究生考试或作业中的作弊行为,发展为防止抄袭、剽窃等学术不端行为。1935年,"荣誉委员会"对"荣誉制度"所规约的范围作出了明确规定,将荣誉制度的约束范围进一步扩大到学生的违规行为。20世纪60年代后期,荣誉制度条例中增加了关于研究生申诉的条件与程序,使被冤枉的学生有了合理的申诉机会,使"荣誉制度"更加人性化。

"荣誉制度"经过长期的发展与完善,如今已普遍在美国高校中实行,同时也成为美国学术诚信保障体系的重要组成部分。进行诚信教育与诚信宣誓仍然是当今荣誉制度的重要内容。每位研究生在入学时必须与学校签订一份"荣誉协议",进行诚信宣誓,保证在学习期间绝对不撒谎、不作弊、不偷窃,并承诺如违反则甘愿接受一切相关惩处。拒签"荣誉协议"的学生不得入学。

在荣誉制度的宣传与教育方面,各高校的形式逐渐多样化。例如,宾夕法尼亚大学利用"学术诚信周"活动对研究生进行定期的诚信宣传和教育;达特茅斯学院对研究生导师的"诚信教育"职责进行了明文规定,认为教师应对学生提供"诚信指导",完善程序,对"荣誉制度"的执行情

况进行审查；斯坦福大学和芝加哥大学也同样十分注重教师的示范作用，要求教师言传身教，帮助学生增强荣誉感。许多高校的荣誉委员会还会进行"荣誉教育者"的删选，并在进行专门培训后协助荣誉委员会进行诚信教育与宣传活动。"荣誉教育者"的主要职责是与研究生沟通并帮助其理解荣誉制度的核心宗旨，更好地遵守"荣誉准则"，抵制违反学术诚信的行为，同时，他们将上报与处理学生违反荣誉规范的行为。

此外，美国高校还会给研究生新生发放《学生手册》，其中详细描述了荣誉制度的各项准则。在各高校的网站主页上，学生能够随时进行学术诚信相关条例的查阅。同时，一些高校图书馆还会定期开展学术规范教育活动，指导研究生杜绝考试作弊和论文抄袭，正确使用引用文献，帮助其认识与避免学术不端行为，从而达到进行诚信教育的目的。

（二）俄罗斯的学术规范体系

与美国"荣誉制度"注重通过改造学生主观世界与价值观的方法不同，俄罗斯主要以制定严格的学生规范体系的外因来约束研究生的学术行为。俄国政府在第二次世界大战后通过的一系列决议和《研究生部条例》《学位学衔授予条例》，对研究生学位论文的标准、论文审批程序、论文考评制度等进行了规定和说明，同时，也通过《关于改进科学和科学教育干部培养工作的措施》等规定，为增加研究生学习时间、提高研究生论文质量等提供了条件。

1. 严格的论文审批程序

苏联（1922年成立1991年解体）政府在《学位、学衔授予条例》中规定，研究生学位论文的基本要求是由本人在导师指导下独立完成，能体现出独立从事科研工作的能力，是一份完整的科学著作。此外，俄国高校还要求学位论文在前人的研究基础上必须有所创新，学位论文能够体现较高的学术水平和实践价值。由于严格的论文质量标准，1974—1976年全国被否决的学位论文比例增加约4倍，1979年被否决的副博士学位论文则占到0.9%。[①]

学位论文的考评实行"三级考评制"。第一级为论文的预答辩阶段，由教研室进行集体讨论、考评与发表意见。第二级为高等学校或科研机构的学位论文答辩专门委员会对预答辩通过的论文进行答辩、考评和淘汰，

---

① 王秀卿，张景安. 国外研究生教育研究［M］. 北京：科学技术文献出版社，1987：32-33.

经鉴定合格的论文将最终送交最高学位评定委员会审批。最高学位评定委员会按学科门类分别设立的鉴定委员会,专门负责审批第二级考评中的专门委员会人员名单及其通过的学位论文。1975 年前最高评委会隶属于高教部时,约设 100 个鉴定委员会,1975 年后,最高委员会经过调整,鉴定委员会由之前下设约 100 个压缩至 34 个,每个鉴定委员会由约 30 名专家学者组成。① 在"三级考评制"之外,20 世纪 50 年代中期,政府增加了对学位论文"公示期"的规定,即学位论文在发表四个月后才能申请答辩,以加强社会对研究生培养质量的监督。

2. 增加论文撰写时间

为了提高研究生科研与学术能力,提高学位论文质量,政府与高校出台规定与措施,要求增加研究生撰写论文的时间。研究生在入学后,便应立即投入到学位论文选题的准备工作中,并在三个月之内完成开题报告的撰写、审批和确定学位论文选题,从而确保充足的论文撰写时间。

为了保证在职研究生其论文的撰写时间,增加其学习日,1961 年苏共中央和苏联部长会议发布的《关于改进科学和科学教育干部培养工作的措施》规定,在职生在读期间每周可免除基本工作一天作为学习日,发给 50% 的工资,在毕业年度还可补加 1~2 天学假。

3. 重视导师队伍建设

俄罗斯高校注重通过导师队伍建设来维护学术规范,提高研究生培养质量。早在苏联政府时期,便出台了《研究生部条例》,将导师队伍状况作为能否设立研究生部的决定条件之一。《研究生部条例》中规定,高校或科研机构能否设立研究生部进行研究生培养首先取决于是否有高学位、学衔的合格导师力量,其次才是教学科研实验条件。为使导师有足够的时间与精力对每位研究生进行指导,高教部还规定一名导师不得同时指导五名以上的研究生。

此外,俄罗斯高校还建立了一套较为严密的教师进修与发展体系。2007 年出台的《俄罗斯高等教育法》中明确规定,高校教师必须至少 5 年接受一次各种形式的培训;《2010 年前俄罗斯教育现代化构想》中也规定高校教师必须进行教育现代化方面的进修和再培训,以提高教师团体的科研能力。② 俄罗斯联邦专门为教师培训设置教师进修学院,并在一些高

---

① 王秀卿,张景安. 国外研究生教育研究 [M]. 北京:科学技术文献出版社,1987:40-41.
② 宋钰劼. 俄罗斯高校教师发展特点及启示 [J]. 集美大学学报,2011 (1):22-26.

校内设置教师进修系，主要通过公开课、学术研究会等形式进行教师业务素质的培训，以期通过提高教师素养来保证高等教育质量。

二、 国外研究生学术诚信保障体系构建措施

（一） 英国的研究生学术诚信保障体系

英国的研究生教育具有分类明确、专业类别多、注重研究生的课程学习及科研能力提升等特点。对硕士研究生的要求是能掌握学术或专业理论的前沿知识，具备应用知识时的独创性，能有系统有创造性地从事复杂问题的研究，并具有承担和解决问题的独创性，同时还应具备在复杂和不可预知的专业工作环境中所需要的稳定的判断力、个人责任感和创新能力。[①]根据学位类型划分，英国研究生硕士学位分为授课型研究生与研究型研究生，其中授课型研究生以培养应用型研究生为主要目标，注重研究生课程学习，学制短，课程紧凑，是英国研究生教育区别于其他国家的一大特色。研究型研究生则以培养学术型研究生为主要目标，培养内容以科研训练、课题研究为主，注重提升研究生的学术能力。

1. 加入博洛尼亚进程，进一步完善研究生教育质量保障体系

随着研究生规模的不断扩大，英国研究生教育的管理体制也日益完善。英国政府已成立了医学研究委员会、自然研究委员会、农业研究委员会、社会研究委员会和科学研究委员会五个专业研究委员会作为研究生教育的重要管理机构。1964年，英国政府成立研究生教育的最高管理机构——教育与科学部。[②]为进一步提高研究生培养质量，1993年英国成立专门的研究生质量监控机构——研究生教育委员会。

1999年，29个欧洲国家在博洛尼亚提出欧洲高等教育改革发展计划，旨在整合欧洲高等教育资源，建成欧洲高等教育区，实现欧洲高教和科技一体化。通过博洛尼亚进程，签约国之间逐渐建立起统一的、可相互比较的学位体系；同时，也更加注重专业人才的培养，尤其强调硕士层面的专业人才质量的提高，并首次提出加强硕士学位阶段的课程教育。加入博洛尼亚进程，使英国采取措施加强与欧洲的合作，进一步完善高等教育质量

[①] 张小敏. 英国高等教育学术规范体系评析 [J]. 高教发展与评估，2008 (11)：72-79.
[②] 刘冰. 英国大学研究生教育的研究 [D]. 大连：辽宁师范大学，2010.

保障体系。英国高等教育界十分注重设立专门机构对质量保障体系予以监督和管理，许多学术机构或基金会都有一套较为健全的监督组织机构和管理制度，并设立了相应的管理机构，以保证其运行程序的规范化与透明化，从而有效地防范学术不端行为的产生，进一步完善研究生教育质量保障体系。

2. 研究生学术规范体系构建措施

1997年，成立英国高等教育质量保证署（QAA），与高等教育部门共同制定了一套学术规范体系，使研究生教育质量评估具有统一的参考标准。为进一步规范学术行为，有效防范学术不端行为，英国政府于2004年出台"科学家通用伦理准则"，对研究数据的记录、管理，研究报告的发表，文献引用的规范性，合作研究等做了较为全面的规定，旨在建立与维护良好的科研环境。同时，准则中也对学术不端行为进行了定义，对伪造、篡改、剽窃等背离学术道德的行为及其处理程序进行了详细说明。

就高校层面而言，对研究生的学术道德教育则是通过各种途径开展的。英国高校通常把学术诚信规范与诚信道德教育作为研究生的必修课。新生进校伊始，学校便会给每人发放《学生手册》，其中包括学校关于学术诚信的详细规定及学生违反学术诚信准则的处理与申诉程序等。各高校《学生手册》中关于学术诚信的具体规定不尽相同，但其核心思想均是将学术诚信作为学生必须遵守的基本准则。除此以外，研究生无论提交课程作业、研究报告或是毕业论文时，均需签署诚信声明，保证自己所提交的作品符合相关诚信准则，并同意对所提交的材料进行探查及接受因违反诚信准则所导致的处罚。

英国高校还提供在线课程、学术规范训练培训课程等对研究生进行学术规范训练。诺丁汉大学会在研究生入学之初开设讲座与培训课对学生进行引注方法、报告与论文的规范写作的指导，使学生尽早掌握正确的学术规范，避免抄袭剽窃。苏塞克斯大学对研究生开设在线学术规范教育，举例说明正确和错误的引用之间的区别，详细说明了引用需包括的内容，怎样的引注格式是正确的，怎样的引述是错误的，如何有效防止剽窃，等等。学生还可在线进行"引用与抄袭测验"，训练如何判断正确的引用方式，避免因错误的引用导致的剽窃行为。①牛津大学为研究生提供"在线防

---

① Referencing and plagiarism quiz of University of Sussex [EB/OL]. http://www.sussex.ac.uk/s3/?id=41.

范抄袭剽窃"课程,并将其作为研究生科研训练的必修课。①

3. 双导师制,加强对研究生学术任务的监督与管理

英国的研究生导师制度实行"双导师"制,一般由一位具有副教授以上职称的大导师与一位小导师组成。大导师一般具有教授职称,主要职责是为学生制订研究计划、指导学生进行研究以及检查研究进度;小导师一般协助大导师进行研究生培养,对研究生的学习与研究工作进行具体指导。由于导师的创新精神直接影响着研究生的研究工作是否具有创新性,英国高校十分注重导师的科研创新能力,并将导师能否培养出具有创新能力的研究生作为导师考核的重要标准。

为了完善对导师工作的监督机制,一些高校配备了"第三方监督员",主要对导师对研究生的指导过程进行监督。从选定题目、阅读文献到制定科学研究计划等,研究生都应在导师的指导下进行,当学生达到导师要求的各项标准后,导师会帮助学生确认研究的主要方向,定期与学生见面进行辅导,考察学生的学术水平和科研能力,指导学生进行研究和学习,保证学生获得所需专业知识并监督其论文的写作。在牛津大学等古典学校,导师定期对学生进行个别指导,每周进行一次,每个导师指导1~2名学生。为其指定需要阅读和学习的材料,定期检查学生的阅读笔记并提出指导意见,再交回学生进行修改直至导师评判合格为止。以此来进行研究生学术规范建设,加强研究生科研训练,培养研究生独立思考、解决问题和开展科学研究的能力,保证研究生教育质量。如果在此过程中,导师发现学生涉嫌抄袭剽窃,则能及时指出并要求学生立即改正。

4. 学术不端行为的发现与处理

随着互联网的快速发展,英国高校逐渐使用电子论文探查软件或服务系统对研究生论文进行检验与甄别。皇家霍洛威学院采用互联网等电子科技手段,设置专门的防止学术剽窃"电子扫描"系统;诺丁汉大学2006年开始使用抄袭剽窃探查服务系统来帮助进行论文抄袭行为的查处;剑桥大学2007年开始使用反抄袭剽窃软件来查处论文与研究报告中存在的抄袭剽窃行为。如果反抄袭剽窃探查系统探测出研究生的论文涉嫌抄袭,将上报给学校的学术申诉和管理办公室并进一步予以核查。如果经查实研究生确有剽窃行为,学校将视情节轻重进行相应处罚。

---

① University of Oxford. Information for graduate Students[EB/OL]. 2011-11-27. http://www.admin.ox.ac.uk/epsc/plagiarism/infograds.shtml.

当代研究生学术诚信保障体系研究

英国对学术不端行为的惩治历来较为严厉。1996年,一篇关于宫外孕重新植入的医学论文因存在学术不端行为而被撤回,第一作者被全英执业医师注册委员会除名,第二作者也被迫辞职。如果在校生被发现有严重的学术不端行为,则可能被施以不授予学位或者开除等严厉处罚。即使研究生在获取学位后才被发现存在抄袭剽窃行为,也仍有可能被取消已授予的学位。

(二)美国的研究生学术诚信保障体系

1. 明确界定学术不诚信行为

美国是世界上最早构建学术诚信保障体系的国家之一。美国通常将学术不端行为定义为在提出、开展或评议科研项目以及在报告研究成果时的伪造、篡改或剽窃行为。美国北帕克大学的布里考特教授指出"学术上的不诚信是一系列有预谋的、不被认可的行为——作弊、欺骗、更改成绩单、歪曲事实,或者像许多白领犯罪行为一样,如盗窃、伪造、仿制。它与每个教育机构的目标和理想都背道而驰,不可容忍,并可能导致当事人被开除。"①此外,美国各高校都有关于研究生学术不端行为内涵的具体界定。例如,霍普金斯大学将学术不端行为定义为欺骗;抄袭、剽窃;未经教师许可,将同样作业或大部内容相似的作业多次提交给不同科目的教师;把与他人同样或大部分内容相似的作业作为自己的提交;故意修改学术记录,向学校相关部门提供虚假信息;篡改、伪造、销毁或滥用学校公用文件和信函。尽管各高校都有对学术不诚信行为的界定,但其核心内容大同小异,主要将违背学术诚信的行为分为学术不端行为、作弊行为、捏造、剽窃四大类。

研究生学术不端行为主要包括篡改成绩等学术不诚实行为;窃取、购买、或以其他方式获得全部或部分试题;出售或贿赂他人以获得任何关于考试的信息;改变官方学术、成绩记录;购买任何研究报告、论文、计算机软件或其他学术作品,并将其作为自己的学术成果;销售、给予或提供给他人完成学术要求时所需的研究报告、学期论文等学术作品。

作弊行为包括抄袭他人试卷;未经授权使用教科书或笔记本电脑等完成测试或其他任务;擅自与他人合作完成测试,等等。

捏造是指引用的信息来自不实的源文献,包含不正确的附加文档;提交的论文中包括伪造、虚构的实验数据或证据;或故意隐瞒或歪曲数据来

---

① Bricault, Dennis. Legal Aspects of Academic Dishonesty: Policies, Perceptions, and Realities. [EB/OL]. http://campus.northpark.edu/esl/dishrist.html#intro.

源，等等。

剽窃行为包括将别人的说法、想法或数据作为自己的成果，如果提交的成果中包括别人的数据、想法等。这些信息来源必须通过完整、准确和具体的引用标示。如果逐字逐句都包括在内，则应以引号注明，否则将被视为剽窃。

2. 政府行为——制定政策，设立机构

为了维护学术诚信，防治学术不端行为，美国出台了相关政策法规对学术不端行为及其处理方式作出了规定。美国联邦政府科学与技术政策办公室（OSP）2000年12月公布了《关于不良研究行为联邦政策》，其中对科研不端行为作了如下界定：科研不端行为是指在准备、实施、整理以及发表等科研环节中出现的造假（fabrication）、篡改（falsification）以及剽窃（plagiarism）行为。美国联邦政府除了对作假行为做出界定和分类之外，还规定了判断作假行为的基本条件：①是否明显背离相关科学研究共同体的规范；②行为是否具有故意、明知故犯以及草率的特征；③是否有充分的证据。

《关于不良研究行为联邦政策》中还明确提出：对监督和发现学术不端行为，政府科技部门和研究单位应共同负有责任。政府部门对联邦资助的研究拥有最终的监督权，而研究单位对预防和发现不良研究行为须承担主要责任，并对与该研究单位有关的不良研究行为进行调查、研究和处理。该政策还明确了对不良研究行为指控处理中应遵循公正、及时原则和程序指南，以保护检举人和当事人。各联邦部门的学术不良行为管理机构则根据联邦政策制定本部门的实施规定细则。[①]

20世纪80年代，为加强对学术不端行为的整治和学术诚信体系的管理，美国联邦政府在"廉洁与效益总统委员会"下设"科研不端行为工作组"。随后，白宫科技政策办公室为促进各政府机构落实《关于不良研究行为联邦政策》成立了部门间协调小组，推动制定落实措施。此外，一些联邦机构也成立了专门的管理机构来处理不良学术行为。例如，美国卫生与人类服务部等部门成立了"研究诚信办公室"。一些非官方机构如美国科学院也设立了"科学职责及科研行为检察署"。一些大学和国家实验室也成立了相关办公室，专门调查处理学术不端行为。而大多数大学通常也自设管理机构，对本校研究生与教师的学术不端行为进行调查、审核与处理。

---

① 董建龙. 世界上一些国家加强学术诚信管理的经验[J]. 红旗文稿，2007（6）：32-34.

3. 高校行为——研究生学术诚信教育与学术不端防范

（1）开展诚信教育，维护学术诚信的群体责任感。

美国高校的诚信教育通常沿用传统的荣誉制度中关于研究生入学则签署荣誉协议的做法，每位研究生都必须签署诚信声明，或以典礼或仪式的形式进行宣誓。如范德堡大学在每届新生开学时就有一个荣誉法则的标语签署仪式。学生在入学前都要做出书面承诺，保证入校后恪守学术诚信，具体内容包括：自觉遵守和维护学校关于考试的各项制度以及平时提交学术性作业的各项学术规范，同时，还肩负起监督他人遵守学术活动要求和学术规范的责任。

美国高校都将学术诚信作为学生守则中的重要内容。各高校制定的《学生行为手册》《教师手册》等行为守则是美国高校进行学术诚信教育的重要载体。例如，哈佛大学发放给每位研究生的《哈佛学习生活指南》上赫然印着"独立思想是美国学界的最高价值"。曼哈顿学院在学生守则中明确规定，考试作弊、使用未经授权的资料，剽窃等行为都是不允许的；研究生上交的资料或作业必须是自己独立完成的，除非因特殊情况得到允许，否则将被视为学术不诚信的行为；研究生有责任监督与举报其他同学的不诚信行为。① 同时，《教师手册》中也明确规定了导师在诚信教育与维护学术规范中的责任。导师应当采取措施尽可能避免不诚信行为的产生，例如，应尽量避免使用与往年相同的考题；应做好试卷的保密工作；一旦发现研究生有学术不诚信行为，应与学生进行沟通并立即采取合理的应对措施。

开展形式多样的诚信活动也是美国高校传递学术诚信精神的重要途径。宾夕法尼亚大学每年都会举行"学术诚信周"活动，让研究生签署诚信保证书，在校园内张贴诚信标语、发放诚信宣传单等。② 辛辛那提大学定期举行荣誉承诺或宣誓活动，学生将在诚信集会、典礼等仪式中进行宣誓："作为辛辛那提大学的一员，将坚持尊重、责任与包容的崇高价值观。促进自身最高水平的学术诚信，不断完善自己。保证在这里工作和学习期间，不违反辛辛那提大学的学生作弊和剽窃的行为准则规定。"③ 此外，学校还通过演讲比赛、诚信研讨会等形式对研究生进行学术道德教育，营造学术诚信的校园氛围。加利福尼亚大学还为研究生开设了"怎样当好一名

---

① 黄育馥. 美国专业人才的学术道德教育 [J]. 国外社会科学, 2005（1）: 65 - 70.
② 刘召, 羊许益. 美国高校学术诚信教育的主要途径及其启示 [N]. 淮南师范学院学报, 2007, 03.
③ Academic Integrity Campaign [EB/OL]. http://www.uc.edu/conduct/Academic_ Integrity/Academic_ Integrity_ Campaign. html.

科学家"课程,通过师生交流、答辩、讨论等方式,更好地达到诚信教育的效果。① 使学生意识到学术道德是作为一名研究生必须具备的基本素质,并对其整个学习阶段的行为产生积极影响。

(2) 建立与维护学术规范制度。

学术诚信保障体系的完善,建立在严谨的学术规范研究体系基础上。在长期的历史发展过程中,美国学术界形成了标准化的学术规范模式,为推进美国的学术创新,防止学术不端行为奠定了基础。被称为"出版与研究界圣经"的芝加哥手册和美国现代语言学会编订的 MLA 手册,对引文的出处、参考文献的要求等进行了详细的规定与说明,已成为美国学术界普遍采用的标准格式。以芝加哥手册为基础,芝加哥大学出版社还出版了专门针对本科、硕士、博士各阶段撰写课程论文和学位论文使用的专门手册(a manual for writers of term papers,theses and dissertations)②。MLA 手册是美国现代语言学会出版的以大学生、研究生为主要对象的格式标准化版本,内容主要以强调引文的合法性与注释的规范性为主。以芝加哥手册和 MLA 手册为代表的标注化学术规范体系,"从技术操作层面为研究生进行学术研究活动提供了规范的指南,也为防止学术剽窃、抄袭等不诚信行为设置了可供操作的工具,有力地保障了学术活动的正常进行,维护了学术研究的诚信原则"③。

(3) 设立专门机构,完善处理程序。

美国高校一般都设有专门机构监督与执行学术诚信制度。如华盛顿大学的学术诚信委员会和学术诚信实施小组、杜克大学的学术委员会、辛辛那提大学的学生行为管理委员会等。旨在监督研究生的学术诚信行为、及时发现与应对学术不端行为、组织调查与听证,维护高校学术规范。校方的专门机构及院系负责人均有责任对研究生的不诚信行为做出快速合理的反应,并通过讨论,采取适当措施来进行处理。

美国高校对研究生学术不端行为的处理较为严厉。不论何人,一旦被人举报涉嫌有不良研究行为,荣誉委员会便会成立相应的调查小组,遵循报告、调查、申述、裁决和上诉等一系列程序,一旦确认违规,则根据违规行为的性质、严重程度及研究生认错态度综合考量进行处理。对于违背

---

① 江新华. 美国大学防剽窃教育的主要特点及其启示 [J]. 比较教育研究,2004,07: 68-72.
② 芝加哥手册 [EB/OL]. http://odp. nit. net. cn/xsgf/admin/show. php?dno = 60.3 +.
③ 李嘉莉. 美国研究生学术诚信制度及其启示研究 [D]. 太原:山西大学,2012:18-19.

学术诚信者的处罚主要有以下几种。

①警告：对违规情节较为轻微的学生，可由教师写一封警告信，同时交由学生与学校相关部门备案。违规记录并不永久放入学生档案，但会成为影响判断与裁决后来的违规行为的因素之一。

②留校察看：接受留校察看处罚的学生将在一段时间内接受诚信委员会等部门的监督，如果在这段时间内再次出现违规行为，则将面临退学、开除等更为严厉的处罚。而关于留校察看的处罚记录，也将永久载入学生档案。

③延缓授位：如果学生的学术不诚信行为情节较为严重，学校将暂缓对其授予学位。

④休学：休学是对学术违规行为严重的学生的处罚方式。学生将被剥夺学生资格一段时期（一般不超过两学期或一学年），其在学期间的学分也将全部丢失。休学期满后，学生需要重新学习课程并获得学分，同时复学后仍需接受学校相关机构的监督与考察。

⑤退学：犯有严重错误，如从计算机记录中盗取保密信息、伪造或篡改学习记录或有其他严重违规情节的学生将面临强制退学的处罚。一旦被开除学籍，违规学生将永远失去在该大学重新考试入学的机会。

（三）加拿大的研究生学术诚信保障体系

1. 大力培育学术诚信文化

加拿大高校十分注重培育学术诚信文化，要求研究生树立基本的学术价值观与学术诚信理念，在学习、研究时做到诚实、正直、守信。与英国高校对学术不端行为严厉的惩罚措施不同，加拿大高校更加注重学术不端的防范措施，以教育为主，惩治为辅，最根本的措施便是提高研究生的学术诚信意识，构建良好的学术文化氛围，使研究生理解学术诚信的意义和重要性，自觉遵守诚信准则，并做到互相监督，积极影响他人行为。

研究生导师在培育学术诚信文化过程中发挥着重要作用。导师不仅应以身作则，践行高校的学术规范标准与学术诚信准则，还应具备防范及应对学生产生学术不端行为的能力，及时与学生进行沟通，了解学生可能出现不端行为的原因。维多利亚大学还规定教师应将学校的学术诚信政策写入教学大纲，在大纲中明确指出抄袭、重复提交、捏造等一系列学术不端行为的定义及其相应的处罚措施。① 加拿大高校还通过开展主题活动、举

---

① 罗发龙. 加拿大维多利亚大学学术诚信教育研究及启示 [J]. 2009 (6)：67-70.

行讨论会等途径进行研究生学术诚信文化培养。例如，重视开展师生讨论会，讨论高校的学术诚信政策以及学术不端行为可能带来的严重后果，使研究生通过讨论更加明确正确引用与抄袭剽窃之间的界限，树立遵守学术道德、追求科研诚信的观念。同时，学校图书馆也是对在校研究生进行学术规范指导的重要平台。一些高校的图书馆会在新生入学之时组织进行专门的学术规范与文献引用的培训，并利用图书馆主页网站常年对学术规范内容进行宣传。研究生可通过图书馆网站主页随时查阅学术规范与学术诚信政策的相关条例。

2. 建立预防与监督机制

制定学术评价标准、完善规章制度对于研究生学术不端行为的防范具有重要意义。加拿大高校普遍制定了学术诚信相关准则与条例，详细列举抄袭、重复提交、捏造实验数据、非法引用等一系列学术不端行为的定义与处罚措施。悉尼大学、渥太华大学、维多利亚大学等都制定了《学术诚信条例》《学术诚信守则》等规章制度，明确界定了学术造假行为，以及研究生出现学术造假行为以后的处理程序与方式。

在渥太华大学的《学术诚信守则》中，将学术不端行为定义为"一项可能导致对本人或其他人出现虚假、错误学术评价的学术活动"，并详细列举了抄袭，提交并非完全由本人完成的工作，以任何方式伪造研究数据，陈述虚假事实，捏造引用的来源，将一篇论文或数据提交到多个地方等各种学术不端行为。《学术诚信守则》中还明确规定了各种学术不端行为将以何种程序及方式进行处罚，并在渥太华大学网站主页上进行公布，便于教师和学生随时查阅与相互监督。

加拿大高校还制定了严格的研究生论文评价标准，改善与调整单一评价方式，在维多利亚大学的《学位论文评价标准》中，对学位论文要求作出了严格规定，例如，文字易于阅读、表达精确，论文格式简洁明了；论文完整、连贯，各部分衔接具有逻辑性；论文应具有原创性和创新性；文献综述要具体，不能只是文献的罗列，要有自己的看法，等等。[①] 为使学生进一步理解与达到学术规范的标准，加拿大高校采用分阶段的论文考核与汇报形式，加强对论文写作的要求，由导师将论文写作过程分为几个阶段，研究生根据论文阶段进展以及指定参考文献的阅读与引用情况，定时向导师进行汇报，从而使研究生在导师的一贯监督与指导下，减少或杜绝

---

① 罗发龙. 加拿大维多利亚大学学术诚信教育研究及启示 [J]. 2009 (6)：67-70.

学术不端行为。

3. 重视调查研究与反馈

为全面深入地了解教师和学生对学术不端行为的成因、态度、特点等方面的认识，并有针对性地制定预防措施，加拿大高校还十分重视对师生进行调查研究与反馈。维多利亚大学就曾经于2004年组织过一次较大规模的学术诚信调查活动，全校所有院系共3 800人参与了此次调查，此次调查发现教师与学生对遵守学术诚信具有基本的认识，但是在对学术不端行为的界定上认识不够清晰。例如，研究生对于替考、抄袭等较为严重的学术不端行为具有清楚的认识，但对于未说明出处的引用，伪造参考文献等行为，许多研究生并不将其与学术不端行为等同。学术诚信调查活动着重调查与反映教师与学生对待各种学术不端行为的态度与看法，学术不端行为产生的原因以及对学术诚信政策的了解与理解程度，等等。通过学术不端行为成因的反馈，有针对性地制定防范学术不端行为的政策；同时，通过学术诚信调查活动，也可以使高校师生进一步了解学术诚信的重要意义，以及学术不端行为可能带来的严重后果。

4. 规范严谨的处理程序

对于被指控的学术不端行为，首先由教授进行对被指控行为的材料书写与提交，并连同证据材料，提交给授课院系的院长。被指控研究生所在院系负责从《学术诚信行为规范》中选择较轻等级的处罚措施并实施制裁，校级参议院上诉委员会则负责根据所在院系与导师建议，实施较为严厉的制裁。如果学术不端行为涉及研究生课程，则由研究院院长负责处理所有指控。

如果院长或委托代理人认为指控属实，他会将指控和支撑材料文档进行书面告知，并同时附上适用于此次学术造假的规例的文本。指控和支撑材料文档将被同时提交给调查委员会，委员会至少由三人组成，委员会成员将通知被指控者于最后期限内书面提交所有与指控有关的信息和文件，如果适当的话，还将要求面谈。一旦调查委员会获取相关资料和文件，并给学生一个机会使得其案件得以书面或私下解决，将执行以下操作之一：①决定该指控没有足够依据，并不会再进一步采取行动；②决定该指控是有根据的，并提供一个简短的报告给院长，提出制裁建议。

调查委员会的决定将由院长通知到被指控者，在委员会提交报告后十个工作日内，被指控者有权书面提交对委员会报告的意见。调查委员会的报告和被指控者的书面意见将一同被提交给院系的执行委员会,由执行委员会作出决定或提出议案。如果由所在院系负责执行制裁,那么院系执行委员会所作出的决定将立即生效。

执行委员会的决定或建议生效后,被指控的研究生仍可以在院系发送其决定或建议后的十个工作日内,根据网上提供的参议院上诉委员会上诉程序进行上诉。提交上诉申请后,被指控者将会收到院系意见送交参议院上诉委员会的副本,以及获得在参议院上诉委员会席前进一步做口头陈述和答辩的机会。参议院上诉委员会的决定具有最终效力和约束力。

5. 教育为主、惩罚为辅的处理措施

加拿大高校十分注重良好的学术文化的培养,要求所有师生恪守基本的学术价值观,把诚信、尊重和责任作为学术诚信的道德基础。高校也注重通过形式多样、主题集中的活动,如公开讨论、主题活动、合作项目来提高研究生的学术诚信意识。但对已发生的学术不端行为的处罚并不十分严厉,充分体现出加拿大高校以教育和预防为主、惩罚为辅的学术不端行为处罚原则。

渥太华大学在《学术诚信守则》中,对各类学术不端行为的处理方式进行了详细说明。初次或轻微的学术不端行为的处罚方式一般是书面警告,或提交的作业成绩被评为F或记为零分,或已修课程将没有任何额外加分;如果情节较为严重则处罚措施为该门课程被评为F或零分,失去本年度的部分或全部学分,或是额外增加3~30的学分要求(新增的学分是作为对学术造假的制裁,加入到同等水平的结业要求中),本年度不能获得任何奖学金,等等;如果出现抄袭、替考或屡次出现学术不端行为等情节十分严重的情况,则可能被处以剥夺在渥太华大学获得奖学金的资格直至毕业,或休学或停止工作1学期到3年,或强制退学,三年内不得进入渥太华大学学习等处罚。三年期满后,可以提交申请请求参议院上诉委员会审查情况,如果合适,将把被处罚者的驱逐记录移除出成绩单。此时,如果从其他渠道或申请到其他学校的入学资格,则常规的录取程序将启动。如果研究生在已被授予学位后确定存在学术欺诈行为,将被取消或撤回学位,以及之前颁发给该生的文凭或证书。

(四) 其他国家的学术诚信保障体系

除上述国家以外,日本、德国等国家的政府和高校也十分注重学术诚

信保障体系的建立，并采取了一系列措施加强学术道德教育，防范、惩治学术不端行为，主要包括以下几个方面。

1. 制定政策法规，设立监督机构

为规范学术行为，许多国家政府出台了专门的学术诚信相关政策法规。例如，日本文部科学省推出了《关于处理不良研究行为的指针》，其中明确界定了学术活动的不良行为，并对使用竞争性资金开展的学术研究活动中的不良行为应当如何处理作出了明确规定。瑞典政府也明确规定，知识产权受到法律的严格保护，任何侵犯知识产权的行为都要赔偿相应经济损失，并受到应有的法律制裁。

除制定相应的政策法规以外，各国政府还提出，学术不端行为的预防与减少需要规范的监督机构进行学术行为监督。美国、波兰及北欧等国政府建立了专门的官方学术监督机构，澳大利亚、德国、英国、日本等国则由学术机构或基金会设立了相应的学术监督与管理部门，并建立了较为健全的监督制度。各类学术监督机构的设立，旨在保证学术研究与科研运作程序的规范，以及对学术不端行为调查过程的公正透明，从而有效遏制和防范学术不端行为的产生。

2. 营造学术批评氛围

学术诚信意识的树立，与社会的整体学术氛围密切相关。日本社会具有良好的学术批评环境，日本公民具有浓厚的参与意识，积极参与对社会诚信的监督。日本各种研究会、学会每年定期召开研讨会和年会，研究者将自己的论文拿到会议上去发表，以争取得到与会者对文章的批评和建议。

作为研究生教育的具体承载者，国外高校在学术规范建设中发挥着重要作用。

在营造学术批评氛围方面，大学图书馆也扮演了非常重要的角色。许多国家的高校图书馆会定期对研究生进行培训，指导研究生正确引用文献。图书馆设专门的工作人员利用图书馆资源帮助鉴别学生是否具有学术不端行为。

3. 提高研究生科研水平

各国政府认为，提高研究生科研水平能从根本上减少和避免学术失范行为。1990年日本在《关于提高日本研究生教育质量的对策研究》中提出"日本研究生教育不仅在数量和规模上要有发展，而且在质量和水平上要不断提高，要培养新一代学术水平高、创新能力强、能参与国际竞争的年轻的科学研究者"①。因此，日本政府在研究生教育投入方面，将更多的资源用于维持和提高教育质量，而非用于数量与规模的扩张。日本大学不仅肩负培养高层次科研人才的任务，同时承担着全国50%以上的基础研究项目，在日本政府的鼓励之下，多所大学合作进行研究生教育，互相提供优势学科讲座，资源共享，共同促进研究生教育质量的提高。②

国外许多高校注重运用各种教育手段提高研究生的科研水平和创新能力：一是通过招生及考试筛选高质量的研究生；二是强调学生参与科研，硬性规定研究生必须参与一定数量和时间的科研项目，才算真正完成研究生阶段的学习。日本高校在研究生入学考试中重视考察考生的潜在研究能力和综合素质，考核方式、内容等都与研究生的学习要求紧密相关，尤其是专业课考试注重考察学生的研究潜力和灵活运用知识的思维与能力，面试也十分注重考察和验证学生的学术精神和态度，并将其作为是否录用的重要参考标准。由于学位论文要求较高，日本高校在课程学习方面规定的时间较少，使研究生有更多精力投入到科学研究之上，在研究生中期，会进行考试与筛选，着重考核研究生的基础与科研能力以及科学精神与求实态度，研究生研究与论文写作时间占整个学习时间的75%以上。③

4. 加强导师队伍建设，充分发挥导师作用

国外许多高校普遍重视对导师的严格选拔，并注重发挥导师在研究生培养中的作用。很多高校还采取了组建联合研究生院的方式，通过加强研究生科研训练，建立淘汰制度等措施来进行研究生学术规范建设，保证研究生教育质量。

在研究生培养过程中，导师对研究生撰写的论文审核十分严格，反复与学生进行讨论，不断提出修改意见，通常会用2~3个月的时间进行审查，直至认为达到要求为止。导师对其研究生毕业论文的审核则更为严格，通常都会组织预答辩，然后指导学生按照要求修改，正式答辩合格后方可定稿，以此最大限度地发掘学生的研究潜力，保证研究生培养质量，同时也为防范学术不端行为的产生奠定了基础。④

---

① 张玉琴，李奇术. 日本研究生教育发展研究 [J]. 外国教育研究，2005 (1)：50-53.
② 关长空. 日本研究生教育质量保障研究 [D]. 吉林：东北师范大学，2009：13-14.
③ 关长空. 日本研究生教育质量保障研究 [D]. 吉林：东北师范大学，2009：23-24.
④ 关长空. 日本研究生教育质量保障研究 [D]. 吉林：东北师范大学，2009：25-26.

第三节 国外研究生学术保障体系的启示与借鉴

一、政府高度重视，建章立制

许多国家拥有政府、社会、高校三方共同制定的学术诚信保障制度，首先从政府层面制定一套严格的学术诚信标准、学术规范标准。科学、完善的学术标准、学术管理程度是保证学术诚信的重要基础。国外的学术诚信制度中，一般都制定了详尽的处理程序，其形式与规范的法律文本类似，彰显出学术诚信制度的公平性、规范性与强制性。学术诚信制度的制定，明确了在学术活动中不得做什么，以及违背之后将会受到的惩罚，作为学术活动的准则和依据，便于自律与互相监督，具有指导性和约束性意义。正是政府层面的制度保障，对于学术失信行为的处理也具有及时、规范、合理、透明的特点。

二、在全社会营造诚信氛围与文化

学术行为同时受到社会整体诚信氛围的影响，许多国家将信誉、诚信作为衡量公民素质的重要标准，通过家庭教育、社会舆论、文化传媒等多种因素进行渗透，并建立个人信用制度。诚信记录档案、信用调查与评估制度的建立，将不良诚信记录载入档案，并伴随公民终身，具有不良记录的公民在许多方面将会受到限制，诚信缺失者将为自己的行为付出巨大的代价。美国于20世纪80年代建立了全国数据共享的个人信用体制，如果公民有不良诚信记录，将可能被纳入"黑名单"而造成生活和工作上的巨大困难。[1] 例如，美国大学招收 MBA 的主要指标除考试成绩、工作经验等，也将诚信记录作为重要的考核指标。[2]

各国强调通过将与诚信相关的社会文化、制度等资源有机整合，建立有效的外部约束机制，引导社会行为主体的价值取向，促进社会整体诚信水平的提高。重视强化公共舆论的作用，对公民的行为造成无形的外部压

---

[1] 肖孟虎. 借鉴国外诚信建设经验推动我国诚信建设 [J]. 广西金融研究，2005 (4)：27-30.

[2] 刘召，羊许益：美国高校学术诚信教育的主要途径及其启示 [N]. 淮南师范学院学报，2007 (3)：46-48.

力，公共舆论作为公众意志的传播途径，发挥着引导公民行为的作用。对社会不诚信行为的披露，通过道德谴责、信息披露等途径，发挥着教育、校正的作用，从而营造良好的社会诚信氛围。美国人诚信意识普遍较强，这主要源于其学校、家庭、社区三管齐下的社会诚信教育机制，美国公民从小便接受诚信意识的培养，中小学大多举办"诚信周"活动，诚信教育课程也在中小学教育中占据相当重要的位置，并通过各类社会团体与社区相结合的各类诚信实践活动，大力宣传诚信教育。

三、 各类学术机构完善，职能明确

许多发达国家都设立了规范的监督机构以减少和杜绝学术不端行为的产生。不论是专门的官方机构，或是由学术机构、社团设立的民间学术机构，其共同点都在于设立了比较健全、有效的监督制度，同时保证调查、运作、处理程序的公正、合理、透明，以有效防止学术不端行为的产生。政府部门、研究机构和大学层次多建立了专门负责处理学术不端行为的机构。许多大学都设有类似科学诚信办公室、研究诚信办公室的机构，用以及时调查、反馈学术不端行为事件，调查委员会主席必须与下属研究机构没有任何关系，以便保证调查、惩罚行为的公平、公正。

除调查、处理学术不端行为外，学术诚信机构还负责对学术诚信进行宣传教育。例如，德国的马普学会理事会便为年轻研究人员开设了学术诚信培训课程，一些机构负责编写和向学校提供诚信教材。

除各类官方机构以外，许多国家还设置各种民间学术机构，与官方机构相比，各种民间机构、社会团体的监督与评价，可大大减少学术评估中的不公正行为。美国的科学诚信办公室（office of scientific integrity，OSI）便是大学和各学术团体联合成立的学术诚信监督机构。1993年，美国卫生与公众服务部成立研究诚信办公室作为常设机构，专门负责调查和处理美国政府资助的研究项目中的学术不诚信行为[1]。

许多国家都设立了三个层次的机构：国家层次的研究诚信办公室或伦理委员会，负责制定相关政策，包括界定不端行为、处理不端行为的程序与原则，以及管理下属研究机构的诚信组织；资助机构层次的学术诚信机构负责对个别研究机构的学术不端行为进行调查，并采取诸如终止资助、

---

[1] 胡慧. 美国大学生学术诚信教育及启示 [D]. 石家庄：河北师范大学，2013.

没收资金等处罚措施；研究机构层次或大学层次设立诚信委员会或调查委员会，对大学或研究机构的学术不端行为进行具体、实地的调查，并采取处罚措施。

四、教育与惩罚并举的处理措施

对学术不端行为的惩罚力度如何将影响研究生的科研热情与积极性，关系到其长远发展。与严厉的惩罚措施相比，更多国家采取了加强诚信教育、从预防入手的方式。建立从小学到大学的一系列诚信教育体系，在大学课程中专设学术诚信相关课程，旨在提高其学术诚信意识，着眼于预防。许多高校将追求学术诚信作为治校之本，作为学术生命赖以存在和繁荣的基础，注重运用多种教育手段提高研究生科研水平与学术诚信知识，通过课程设置、延长科研时间、提升导师水平，加强对研究生论文指导与审核环节等方式来提高研究生科研水平，从而从根本上防止学术不端行为的产生。学术诚信的宣传则除设置诚信课程以外，还开展"学术诚信活动周"，通过图书馆网站进行学术准则、学术规范知识宣传，在网站上进行大量关于学术诚信的报道等。

合理的惩罚措施也作为一种教育手段予以严格执行。国外高校在其学术诚信制度中，除制定详尽的处理程序外，还有十分具体的惩罚措施。处理程序大多包括举报、调查、裁决、申诉等流程，由于处理程序的规范、合理、透明等特点，也为处理违规事件中保护学生权益，杜绝舞弊行为提供了条件。对被调查的学生一般也会采取较为人性化的调查方式。对于初犯且问题不是很严重的学生，惩罚并不十分严厉；对于屡次违规，情节特别恶劣者，惩罚则较为严厉，严重者将面临留校察看、退学、开除等惩罚。在制定严厉的学术不端行为惩罚措施的同时，也制定了严格的处理程序以保证操作的合理与公开。

第五章　当代研究生学术诚信保障体系构建概述

近年来，我国研究生教育发展迅速，为国家提供了广泛的智力支持与坚实的人才基础，成为推进先进生产力和先进文化发展的重要力量。然而，当前研究生的学术诚信状况却不容乐观，在研究生群体中抄袭或剽窃他人研究成果、一稿多投或多发、伪造或篡改实验数据等学术不端行为层出不穷。这不仅影响了研究生的培养质量，而且在一定程度上阻碍了学术的健康发展，不利于良好学术风气以及社会风气的形成。因此，为培养具有较高人文素养、德才兼备的研究生，构建我国研究生学术诚信保障体系成为亟待解决的课题。

研究生学术不端的行为表现呈现出多样性，其原因亦是多方面的。借鉴国外高校构建学术诚信保障体系的有益经验，我国研究生学术诚信保障体系的构建必须立足于整体，形成全方位、多角度的体系。

第一节　研究生学术诚信保障体系构建的指导思想

研究生学术诚信是培养创新人才与传承我国优秀传统文化的内在要求。但是，近年来"象牙塔"内却出现了诸多不和谐的音符。研究生学术不端事件呈现出愈演愈烈的趋势，研究生学术诚信正面临着严峻考验。因而，从现实情况出发，我们应抓紧构建研究生学术诚信保障体系，以期培养研究生的学术诚信意识，治理学术诚信缺失的现状。指导思想是指导构建研究生学术诚信保障体系的基本思路与理念，可谓整个体系建设的灵魂，具有不可言喻的意义。现阶段，我们的当务之急即为确立研究生学术诚信保障体系构建的指导思想，使其有效地提高我国研究生的学术道德水平，并促进研究生的学术进步与创新。

一、指导思想应当具备的特征

研究生学术诚信保障体系构建的指导思想所要指导、规范的主要客体为研究生与高校,其关乎研究生的学术声誉与切身利益,涉及高校的学风建设与人才培养。以此观之,研究生学术诚信保障体系的指导思想应具备以下两种特征。

其一,是关于学术道德教育的指导思想。构建研究生学术诚信保障体系的目的在于提高研究生的学术诚信水平。指导思想应服务于研究生教育的目标,为研究生提供良好的教育,尤其是学术道德教育。在研究生教育构成中,学术道德教育具有基础性地位,有利于研究生的健康成长及学术研究的长远发展。毋庸置疑,加强研究生学术诚信属于学术道德教育中的关键一环。

其二,是关于法治教育的指导思想。研究生学术诚信保障体系构建的指导思想,既应具备学术道德教育的指导思想的特征,亦应包含法治教育的指导思想。在一定程度上,正是由于部分研究生缺乏法律意识与法治观念,并且不清楚违背学术诚信应当承担的严重后果,才致使研究生学术不端事件频繁发生。因而,我们应当加强法治教育,提高研究生的法律意识与素质。

二、指导思想的主要内容

最近几年,我国教育部先后颁发了《关于加强学术道德建设的若干意见》《高等学校哲学社会科学研究学术规范(试行)》《关于进一步加强和改进师德建设的意见》以及《关于树立社会主义荣辱观进一步加强学术道德建设的意见》等重要文本文件,为指导思想的主要内容提供了可供参考与借鉴的方向。另外,结合上述对指导思想理应具备特征的分析,我们认为研究生学术诚信保障体系构建的指导思想的主要内容如下:

第一,遵循解放思想、实事求是的科学精神。科学精神一直是纯洁的、伟大的精神,始终推动着人类社会的进步,不断地积累着新的文明。[①]作为学术研究的灵魂,解放思想、实事求是的科学精神是研究生进行科研工作的基本要求与终极目标,是他们应当具备的基本素养。当前,由于受到我国社会转型所带来的经济利益至上观念的影响,研究生传统的世界观、人生观、价值观与学术观被扭曲,解放思想、实事求是的科学精神在

---

① 王大珩,于光远. 论科学精神 [M]. 北京:中央编译出版社,2001:326-327.

高校受到了前所未有的挑战。[①] 具体表现为：部分研究生学术诚信意识淡薄，为了追求自身利益在科学研究过程中脱离客观事实，抄袭剽窃、投机取巧与弄虚作假等。从根源上来讲，研究生学术诚信的缺失乃是对解放思想、实事求是科学精神的背离。高校作为科学的神圣殿堂、传承与创造文明之地，应积极培养研究生的科学精神。具体而言，即应要求研究生通过理论学习和实践锻炼养成实事求是的学习与研究作风，培养其博大的学术胸怀，追求真理、捍卫真理的理念以及高尚的学术品格。

第二，遵循开拓创新精神的指导思想。科学研究是一种创造性的思维活动，要求研究生发挥主观能动性透过现象揭示事物的本质与客观规律，体现了人们主动追求进取的精神。开拓创新精神是开拓进取、勇于创新的精神，其既是一种品格，又是一种胆魄与才识，是三者的统一。[②] 研究生缺乏开拓创新精神的表现在于缺乏学术创新精神与超越精神，缺乏向传统、权威挑战的勇气。因此，应加强培养研究生开拓创新精神，使其敢于挑战权威，善于超越常规，不断追求学术卓越。

对于学术界而言，学术诚信至关重要。结合我国研究生学术诚信的实际情况，我们应重视研究生的学术道德教育与法治教育，以解放思想、实事求是的科学精神与开拓创新精神为指导思想，促使研究生端正学术态度，树立"博学于文、行己有耻"的学术人格，增强其学术责任感与学术道德素养；做到自重、自省、自励，把学术诚信落实到行动中，成为一个拥有健全人格的新型学术型人才。

第二节 研究生学术诚信保障体系构建的基本原则

学术诚信是指研究生在科学研究与学术活动中坚守诚实守信的品德。建立研究生学术诚信保障体系对我国研究生的学术道德建设具有重大的现实意义。基于研究生学术诚信保障体系构建的指导思想，提出"自律与他律结合、教育与惩罚结合、以学生为主体、学校行政管理系统与学术评价系统结合、学校与社会诚信保障体系结合的五大原则"。

---

① 杨力，臧永. 高校研究生学术诚信的缺失及治理 [J]. 湘潭大学学报（哲学社会科学版），2011（6）：156－158.

② 王全福，杨英法. 培养开拓创新精神是提高大学生整体素质的关键因素 [N]. 国家教育行政学院学报，2006（4）：32－33.

一、自律与他律结合的原则

德国古典哲学家康德最早提出道德自律与他律原则。康德认为:"自律即以自己的善良意志按自己颁布的道德规律行事,他律则指服从于自身以外的权威与规则的约束。"① 美国当代著名心理学家班杜拉提出:"自律是个人根据自己的价值标准评判自己的行为,从而规范自己去做自己认为应该做的事。"换言之,自律意识即主体基于对自然与社会规律的认识,自愿地认同社会道德规范,把外部的道德要求内化为自主的行动,是道德实现的最高形式。学术诚信不仅要求学术主体在学术研究中做到"至真至诚",亦要求他们在对待其他研究者与学术成果时应主动讲求"信任"。因此,我们应采取自律与他律结合的原则。

作为世界高等教育最发达的国家之一,美国的大学非常重视学术诚信的管理,建立了较为全面的学术诚信体系。其中,具有独创性的即为"荣誉誓言"的提出。荣誉誓言一般规定在学校荣誉条例或者学生行为条例中,要求学生向学校做出承诺,保证在学习和学术活动中遵循学术道德规范。② 如密歇根大学,在每场考试结束之时,要求学生在答题卷上写下诚信誓言并签署自己的名字。誓言如下:"我发誓此次考试没有接受也没有给予他人任何不适当的帮助,同时也没有隐瞒任何违反诚信准则的行为。"③ 而普林斯顿大学在新生刚报到时便会给每位学生发一封信,告知如果署名即将视为已理解并会信守荣誉誓言的承诺。这份书面承诺具体包括:"自觉遵守并维护普林斯顿大学关于考试的各项制度以及平时提交学术性作业的各项学术规范。"④ 莱斯大学学生则被要求在所有书面作业上签署以下承诺:"我以我的荣誉承诺,在此次考试(考查或论文)中不接受或给予别人任何未经批准的协助。"⑤ 对研究生而言,荣誉誓言意味着一种自我监督与自我约束。首先,研究生应准确评价自我对学术诚信道德的认识,形成正确的学术诚信道德观念。其次,在求学求知的过程中,研究生应主动学习学术规范与学术法规,自觉遵守学术诚信道德规范,提高自律

---

① 朱贻庭. 伦理学大辞典 [M]. 上海: 上海辞书出版社, 2002: 614.
② 常建勇. 美国大学生诚信管理体系运行机制及对我国的启示 [J]. 中国青年研究, 2008 (3): 108 – 111.
③ 崔延强. 中外大学生诚信教育比较研究 [M]. 北京: 中央文献出版社, 2009: 184.
④ 郭洁, 郭宁. 美国传统名校是怎样捍卫学术诚信的——普林斯顿大学本科生学术规范管理制度评述 [J]. 比较教育研究, 2008 (2): 76 – 79.
⑤ 崔延强. 中外大学生诚信教育比较研究 [M]. 北京: 中央文献出版社, 2009: 239.

能力。只有当研究生真正做到自律，才能在治学的道路上践履诚信规范，提高学术创新能力。最后，以学术诚信规范为参照进行自我评价并不断调节自身的行为，做到真正把学术诚信规范内化于心，外化于行。与此同时，在强调研究生自律的前提下，亦不能忽视他律的作用，应从外部引导研究生遵守学术诚信。充分遵循自律与他律相结合的原则，不仅能在一定程度上实现主动认知与被动接受的教育效果，而且能有效推动研究生学术诚信保障体系的建立。

二、教育与惩罚结合的原则

惩罚是指对学生某种思想、行为给予否定性的评价，采取一定措施使之改正并内化为受教育者自觉约束力的教育方法。教育中的惩罚，是对学生不良行为的一种强制性纠正。现今，面对高校内部日渐增多的研究生学术不端现象，我们应采取适当的惩罚措施抵制学术不端行为。惩罚的关键在于让研究生明确了解学术法规、处罚措施以及其将面临的严重后果等，以起到警示作用。综观国外著名大学，各大学皆严格实施有关规定，并且根据规定对违规者进行严厉处罚。例如，在英国的皇家霍洛威学院，一旦发现学生确实有剽窃行为，将视情节轻重进行相应的处罚，而且即使是在学生毕业后才发现有剽窃行为，仍将认真调查以考虑是否收回学位。另外，美国哈佛大学的《学习生活指南》上也以加大加粗的字体标明："独立思想是美国学界的最高价值。美国高等教育体系以最严肃的态度反对把他人的著作或者观点化为己有——即所谓剽窃。若发现剽窃行为，将采取严厉的处罚，如开除。而更为严重的是，该学生的违规行为将延续到任何在今后可能遇到的对该生行为或品德的调查中。"[①]

毋庸置疑，严厉的惩罚对于防止学术不端行为有着一定的作用。然而，惩罚仅是一种间接的手段，建立研究生学术诚信保障体系的根本目的在于对其产生教育作用。因此，我们应切实采取教育与惩罚相结合的原则。在保障体系的内容安排上，应针对不同的学术不端行为制定不同的处理方式，同时应严格保障处理程序的公平、公正与公开，以及学生的申诉权利。[②]

---

① 郭洁，郭宁. 美国传统名校是怎样捍卫学术诚信的——普林斯顿大学本科生学术规范管理制度评述[J]. 比较教育研究，2008（2）：76-79.
② 张颖. 研究生学术诚信保障体系研究[J]. 研究生教育，2011（1）：58-61.

三、 以学生为主体的原则

学生既是学术活动的主体,亦是研究生学术诚信保障体系的实施对象,因此,我们应转变学生仅为被管理者的错误观念,积极鼓励并吸收学生参与到学术诚信保障体系构建的过程中,以使其内容更符合学生的实际情况,并获得他们的认同。具体而言,在构建学术诚信保障体系过程中,应确保有足够的学生代表参与,主动倾听他们的建议,以真正实现程序公平,结果公平。以美国的大学为例,美国各大学通常将学生视作学术共同体中不可或缺的一员,在制定学术规范时注重学生与学校的联动。实际上,对于学生而言,参与诚信守则或学术规范的制定亦是一种自我教育过程。在此过程中,学生能更好地理解学术诚信的内涵与实质,从而提高其遵守学术诚信规定的自觉性与主动性。例如,达特茅斯学院在1962年颁布的诚信守则即是通过学生投票制定的。① 另外,许多诚信守则中均明确规定学生有检举作弊的义务,如莱斯大学总则中规定:"无论教师还是学生,一旦发现或怀疑有人作弊,都需以口头或书面形式及时向诚信委员会举报。"② 而且,对于诚信制度的规则与操作,学生亦具备随时向诚信委员会提出建议的权力,委员会必须及时予以考虑。

四、 学校行政管理系统与学术评价系统结合的原则

众所周知,研究生学术成果评价主要是考查其在学术研究过程中所获取的成绩,以及其是否有违背学术道德与规范的行为。目前,研究生学术成果评价主要依靠学术评价系统进行检测,而检测结果则通过学校的行政管理系统完成。这意味着公正、有效的学校行政管理系统是学术评价系统的有力支持与保障。反之,利用科学、合理的学术评价系统对研究生学术成果做出评价则是学校行政管理系统运行的主要依据。③ 换言之,在研究生学术道德与学术诚信问题的监督与奖惩上,两者互为依托,相辅相成。因此,我们应采取学校行政管理系统与学术评价系统结合的原则,真正做到合理监督、惩罚研究生的学术不端行为。

---

① 常建勇. 美国大学生诚信管理体系运行机制及对我国的启示 [J]. 中国青年研究,2008(3):108-111.
② 崔延强. 中外大学生诚信教育比较研究 [M]. 北京:中央文献出版社,2009:241.
③ 研究生教育的学风与学术诚信保障体系建设研究课题组. 中国研究生教育的学风与学术诚信保障体系建设研究 [M]. 北京:高等教育出版社,2013:146.

五、 高校与社会诚信保障体系结合的原则

社会诚信保障体系是培养研究生学术诚信的关键环节。当前,虽然在高校内部对研究生不诚信行为有着明确的处罚规定,然而处罚的效果却不甚明显。究其根源,在于高校与社会诚信保障体系没有整合起来,两者之间未形成相互影响的联动机制。① 易言之,高校内学生的学术诚信记录未进入到其社会诚信记录中。无疑,这种仅限于高校内部的学术诚信记录未触及到学生的根本利益,使其难以清楚地认识到学术诚信在个人学习与工作中的价值。通过文献研究,我们发现国外大多数高校与社会诚信保障体系有着紧密的联系。如果一个学生在校期间有任何学术不端行为,如考试作弊、论文抄袭,当其毕业迈向社会时,根据其在学校的诚信记录,社会将把其认定为一个没有诚信的人。在商业行为中,你将难以找到合作伙伴,因为他人是不会与一个有诚信污点的人发生经济往来;在工作中,单位领导也不会把重要的任务交付于你。所以,在高校中,应通过多种形式大力宣传诚信行为与文化,推进良好诚信的校园风气、环境与舆论氛围的形成。在全社会中树立起守信光荣、失信可耻的观念,营造出守信者受尊重、失信者遭鄙视的社会舆论氛围,大力倡导与形成诚信之风。并且,高校应与社会诚信保障体系形成相互联系的机制,充分利用社会诚信保障体系的警示、制约作用。通过相互的影响真正实现对研究生强有力的约束,从而最大限度地降低研究生不诚信行为的发生。

第三节 研究生学术诚信保障体系构建的主要内容

现阶段,尽管我国部分高校日益重视诚信制度的建设,以遏制学术不端现象,但未形成一个完整的、系统的体系,操作性、实效性与指导性不强。因此,确立科学合理的主要内容成为研究生学术诚信保障体系构建工作的重中之重。

一、 确立学术不端标准

建立学术诚信保障体系的首要任务在于确立学术不端标准,意即明确

---

① 张颖. 研究生学术诚信保障体系研究 [J]. 研究生教育,2011 (1):58-61.

何谓学术不端,以及其具体的表现形式。在确立学术不端标准之前,让我们再次回顾学术诚信的内涵。美国学术诚信中心提出:"学术诚信是一种承诺,其有五个基本的价值观,即诚实、信任、公平、尊重与责任,这些价值观能将学术承诺由原则变为行为。"① 国内学者把学术诚信定义为"科研工作者实事求是、不欺骗、不弄虚作假,并且恪守科学价值准则、科学精神以及科学活动的行为规范"②。以此观之,与学术诚信相违背的行为,均可视为学术不端行为。然而,经过研究我们发现研究生学术不端行为的表现呈现出多样化趋势,并且不同的学术主体在不同的学术研究活动中其不诚信行为亦不相同。在此,我们可参考国外较为成熟的做法。在美国,由盖瑞·帕维拉在1978年提出的学术不端的定义得到了广泛的认同,他认为学术不端行为包括考试作弊、造假、剽窃与纵容学术不端等。③ 而在莱斯大学颁布的学生手册中则将学术不端划分为四种类型:"①剽窃:即在学术研究中,引用、改写或使用别人的话语和思想时不明确标注出处,将其据为己有。②一稿多投:学生将已提交的文稿或原封不动、或改头换面地再次提交,以完成本校或其他院校的要求,获得相应学分。③引述错误:指没有参考资料的引述,包括转引非第一手资料、却暗示是从第一手资料中引来等。④数据错误:指已被篡改或蓄意作假的数据。"④ 事实上,学术不端的行为远非上面所提及的几项。但总体而言,上述种种学术不端的定义与表现形式为我们确立我国研究生学术不端标准提供了有益借鉴,为研究生学术诚信保障体系的构建打下了坚实的基础。

二、 制定学术诚信保障政策

通过制定专门的学术诚信保障政策可在一定程度上保障学术诚信,惩罚学术不端行为。众所周知,美国的学术诚信保障体系是较为完善的。2000年,美国总统科技政策办公室颁布了纲领性政策——《关于科研不诚信行为的联邦政策》,其对科研不端行为做出了明确的定义,明确了不端行为的判定条件,并对相关不端行为进行了明确的处罚规定。该政策是

---

① 驻纽约总领事馆教育组. 美国高校的学术自由与学术诚信 [J]. 中国高等教育,2003(8):44-45.

② 科学技术部科研诚信建设办公室. 科研诚信知识读本 [M]. 北京:科学技术文献出版社,2009:7.

③ 王润洁. 国外学术不端问题的应对与预防 [J]. 河南教育(高校版),2009(5):36-37.

④ 崔延强. 中外大学生诚信教育比较研究 [M]. 北京:中央文献出版社,2009:254.

最高一级的政策，其出台有效地指导了其他各种地方法规以及由各组织（大学、学术团体与研究机构等）所制定的内部规章制度。① 同样，英国、德国、加拿大、韩国与日本等国家也制定了有关学术诚信的法规政策，并取得了较好的效果。反观国内，虽然在 2000 年后我国亦陆续建立关于学术诚信、学术不端的法规政策，并且诸如教育部、科技部与中国科学院等相关部门也出台了专门的政策以保障学术诚信，但在具体实施过程中却存在诸多问题，导致这些政策仅停留在表面，未能发挥其应有的效用。面对上述情况，我国应积极吸取他国的先进经验，并结合自身的实际情况制定出具有中国特色的学术诚信保障政策。在高校层面上应依据《中华人民共和国高等教育法》《国家教育考试违规处理办法》《普通高等学校学生规定》等政策性文件来制定具体的细则。同时，在实施过程中，高校应加大其落实程度，切实保证政策监管的力度到位。

三、明确学术不端的处理程序

确立了学术不端的标准并制定出学术诚信保障政策后，自然就明确了学术不端的处理程序是研究生学术诚信保障体系的重要内容之一。对学术不端事件的处理程序是一个较为慎重、复杂的问题。一般而言，广义的处理程序包括校内处理程序与事后的申诉程序，在此我们仅探讨校内处理程序。② 美国各高校明确规定了学术不端行为的处理程序，以此保证处理过程的客观性与严肃性，从而达到公开、公正的处理结果。具体来讲，校内处理程序包括以下三方面。

1. 学术不端处理的启动程序

学术不端处理程序首要面临的问题即：一旦发生学术不端现象是由谁来启动以及如何启动。通常，任何人都有权力向学术不端的处理主体提出相应证据以质疑他人的学术诚信。比如，美国一些高校建有学生自治的诚信组织，学生拥有举报他人不诚信行为、调查并处理该事件的权力。在国内，亦有读者举报北大博士生所发表论文抄袭，要求编辑部核实以及学校做出相应处罚的案例。

---

① 王润洁. 国外学术不端问题的应对与预防 [J]. 河南教育（高校版），2009 (5)：36 - 37.

② 张颖. 研究生学术诚信保障体系研究 [J]. 研究生教育，2011 (1)：58 - 61.

2. 学术不端事件的处理主体

作为处理学术不端事件的关键，学术不端的处理主体肩负着宣扬学术诚信、监管学术不端的重要责任与使命。目前，在面对学术不端事件时，美国的大多数高校都是采取由学术委员会受理的方式。虽然各高校所采用的名称不同，但这些机构都严格依据国家所制定的学术诚信保障法规政策以及在此政策指导下自身确立的严格规章来处理研究生学术不端事件。在此值得注意的是，学术不端事件的处理主体具有民主性的特点。以美国杜克大学为例，它成立了专门负责处理学术不端事件的学术委员会。该委员会由12名教师与12名学生构成，主要负责确保及时发现剽窃或未经认可的合作活动，并通过指导或书面警告的形式提醒学生，以此遏制学术不端现象在学生中的蔓延。这种由教师与学生共同组织成立的机构，无疑充分调动了师生的积极性，使他们有效地参与到学校管理中，并且保证了机构的客观性、民主性与自治性。鉴于此，我国高校应建立专门负责学术诚信管理的常设机构、部门，如学术诚信办公室、学术诚信委员会，并充分发挥其主体性作用。

3. 学术不端事件的处理手段

除了需要有专门的学术不端处理主体防止学术不端事件出现外，利用先进的技术手段鉴定学术不端行为亦不容忽视。在欧美国家的高校中，作为论文初步筛选的工具，反学术不端反剽窃系统已成为一种最常用的软件。当前，Turnitin可谓全球最权威的英文检测系统之一，在它的对比数据库中拥有4千万以上的学生论文，120亿以上的网页，以及1万种以上的学术期刊与杂志等。据统计，现在已有数百万用户通过采用此工具进行论文剽窃与引用检测。① 而美国高校则联合网络公司开发了一系列专门应用与鉴别学术主体是否有剽窃行为的软件。教师通过将学生提交的论文与网络上的各类电子论文、专业的书刊数据库进行比对、分析，最后将提供一个详细的结果，不仅标注了抄袭的部分，而且还会给出抄袭部分所占的比例。但是，我们不能忽视这一事实，即除了高端的技术手段外，仍需依靠学术共同体的代表对研究生的不诚信行为进行专业的认定与评判。

四、建立学术诚信奖惩机制

完善学术诚信保障体系的一大关键还在于建立诚信奖惩机制。美国政

---

① 张旻，高国龙，钱俊龙. 国内外学术不断文献检测系统平台的比较研究［J］. 中国科技期刊研究，2011（4）：514－521.

治学家威尔逊与犯罪学家凯琳曾提出著名的"破窗理论",即如果有人打破一扇窗户玻璃却未受到惩罚,那么他就很有可能受到纵容去打破更多的窗户玻璃。这一理论的提出告诫我们,若一个不讲诚信的人未得到应有的惩罚,则极易产生一种侥幸心理,甚至会导致他人进行效仿。因此,我们需建立严厉的惩罚机制,以使学术不端者承担起相应的责任。在美国高校中,对于学生学术不端行为的处罚一般分为两种:①课程处罚。教师以降低当事学生该门课程的成绩或者给予该门课程不及格的评定作为对学生的处罚。通常,这种处罚在以下两种情况下才能实行。其一,学生主动承认了学术不端行为;其二,学生虽然否认了该行为,但教师坚持学生存在学术不端。教师在向学校提交学生成绩之前,应向当事学生书面告知对他的课程处罚结果(若学生仍不认同,其可向校方提起申诉,在学校调查结案之前,该生的课程处罚暂不生效)。②学校处罚。顾名思义,这是一种由学校采取的处罚,即暂停该名学生的学业抑或将其开除。做出此种处罚的前提是,经有关部门认真调查后,确实认定该生存在学术不端的事实,且情节严重,并经投票,听证会陪审团成员一致认同。如果未获得成员的一致认同,则建议给该生该门课程成绩为"F"的处罚。① 在国内,教育部曾表示对学术不端行为的举报,要发现一起,调查一起,处理一起,曝光一起。② 我国各高校严格按照要求执行,面对研究生不诚信事件,经过正当程序认定后,根据行为的性质及严重程度,我国高校将对学生做出相应的处分。当前,对于事实清楚、证据确凿以及已被认定存在学术不端行为的研究生,主要采取取消其通过学术论文、著作与科研项目等成果所获取的奖励等惩处措施,诸如取消奖学金或荣誉证书等;同时,根据情节和后果轻重,分别给予警告、严重警告、记过、记大过、留校查看、勒令退学或开除学籍的处分。③ 虽然我国业已大力加强了对学术不端的惩处力度,但仍需进一步健全系统的惩处机制,促使学术不端现象得到有效改善。相对于较为严厉的惩罚机制,我国高校对于学术诚信的奖励却明显不足。所以,在对学生学术不端行为进行惩处的同时,高校还应加强诚信奖励制度,奖励在治学过程中,遵守学术诚信与学术道德的学者,让每个人都清

---

① 常建勇. 美国大学生诚信管理体系运行机制及对我国的启示 [J]. 中国青年研究,2008(3):108-111.

② 教育部. 关于树立社会主义荣辱观进一步加强学术道德建设的意见[EB/OL]. (2006-05-10)[2013-1-17]. http://www.edu.cn/20050511/3189319.shtml.

③ 王霁霞,张颖,王磊. 我国研究生学术诚信现状及对策研究 [J]. 研究生教育研究,2012(6):20-23.

楚地认识到遵守学术诚信是值得表扬与赞赏的,是一种无限光荣的行为,进而营造出良好的追求学问的氛围。总而言之,通过明晰的诚信奖惩机制,支持、鼓励学术守信者,否定、惩罚学术失信者,为研究生学术诚信保障体系奠定基石。

五、申诉与司法程序

在高校内部,如果学生否认学术不端的指控或不认同教师对其所做出的惩罚,可向学校专门机构请求申诉程序,并提交与申诉有关的证据。在美国,根据规定,学校将组成听证会陪审团或调查委员会,在规定期限内举行该生的听证会,给予学生充分的申诉机会。不同高校内听证会陪审团的构成不尽相同。其大致分为两类,一种为由监察官办公室、教务长办公室或者研究生院院长办公室建立的陪审团;另一种则由适当的教师与学生组成。在校内全部申诉程序结束前,任何人都没有权利对该生采取任何形式的惩罚①。在高校内部处理程序完成之后,如果当事学生仍不服处理结果,其可向学校所属教育行政主管部门提出书面申诉。

在我国,对于研究生的申诉程序,我们应特别注意以下几方面:②

第一,当研究生提出申诉时,学校应当组织并安排相应人员及时受理,并在一定时间内做出最终处理决定。

第二,对于研究生提出的听证要求,学校原则上应当同意,并在一定期间内组织人员组成听证会。实际上,在处理研究生申诉问题上,听证裁判小组充当了类似司法审判者的角色。这就要求听证裁判小组保持中立,确保其客观性。另外,还应确保听证的双方拥有对等的权力与义务,保持听证程序的公开、透明。为达到此效果,听证裁判小组的成员与前期调查人员应属于不同的机构,保证其公正性与合理性。

第三,在申诉与听证过程中,应充分保障申请人的权益。例如,在申请理由充分且合理的前提下,申请人对听证裁判小组成员有申请回避的权利。在听证过程中,申请人具有自行辩护与委托代理人辩护的权利。除此之外,原则上听证与其处理决定应当予以公开。处理决定还需充分写明处

---

① 常建勇. 美国大学生诚信管理体系运行机制及对我国的启示 [J]. 中国青年研究, 2008 (3): 108 - 111.

② 研究生教育的学风与学术诚信保障体系建设研究课题组. 中国研究生教育的学风与学术诚信保障体系建设研究 [M]. 北京: 高等教育出版社, 2013: 158.

理的依据与理由，做到有据可行，有理可依，为其他研究生起到警示作用。

第四，在一定期限内，听证小组应依据听证情况对申诉做出最后决定。对于申诉人认为原处理决定不当的事件，听证裁判小组应将听证决定报告给原处理决定部门，有关部门必须按照相关程序重新进行审核再做出决定。而对于经审查举报不实的，应及时在申诉人所在学校予以澄清，恢复申请人的名誉权等，同时还应对捏造事实的有关人员进行严肃处理。

第五，当学生由于学术不端行为遭到开除、勒令退学等严厉处罚并涉及学生身份事项，并符合《中华人民共和国行政诉讼法》规定的受案范围与条件时，应允许学生提请司法救济，即向人民法院提起诉讼。

第六章 当代研究生学术诚信宏观保障体系的构建

第一节 改善社会不良风气

研究生学术诚信问题不仅是研究生个人的问题,而且是整个社会的问题,是社会风气在学术领域的延伸和表现。改革开放以来,随着人们主体意识、权利意识、竞争意识的觉醒,个人主义和急功近利的思想在社会中漫延开来。社会上的不良风气潜移默化地对研究生的学术行为产生了不容忽视的影响;反过来,作为社会良知"担当者"之一的研究生的学术失范行为不仅直接关系到我国科学发展,危及整个经济和社会的发展,而且还将起到负面的作用,使社会风气朝不好的方面发展。① 一名受过本科教育而且正在高校受更高层次教育的研究生,不仅不应该同流合污,而且还应该主动引导形成良好的社会环境,成为倡导社会良好风气的先锋和主力军,发挥积极的辐射作用,最终推动整个社会的和谐发展。因此,应从改善社会风气、加强立法和制度建设、整顿期刊市场等方面来构建研究生学术诚信宏观保障、综合治理体系,以端正研究生学术风气、规范学术环境,进而推动整个社会的诚信建设。

一、"社会风气"的概念和特征

(一)"社会风气"的概念

关于"社会风气",我国历史上很多仁人志士就非常关注,把它与国家的存亡联系在一起。新中国成立以来,历代国家领导人始终把弘扬良好

---

① 韩延明. 尊重知识产权树立学术诚信——重温教育部关于加强学术道德建设的若干意见 [J]. 临沂师范学院学报, 2005, 27 (1): 1-5.

社会风气作为战略性全局性问题，并将其视为衡量社会主义是否成功发展的重要标志。① 但国内关于社会风气的研究文献相比其他类文献来说并不多。社会风气虽备受民众关注且一直是一个热门话题，但其相关研究却一直未进入学界的主流。到20世纪80年代，随着改革开放带来的社会风气的大变革和对传统风气的大冲击，才有专门的研究中国社会风气的文献出现，研究内容主要包括社会风气的概念和特征、对邓小平改善社会风气思想的研究、不良社会风气的表现及其产生原因、构建良好社会风气的方法和途径等。从既有文献来看，研究者多重视社会风气与党风、道德等方面的联系，对不良社会风气与研究生学术诚信之间的关系等方面的研究甚少。

《汉书·地理志下》中有"凡民函五常之性，而其刚柔缓急，音声不同，系水土之风气"的说法，这说明"风气"一词古已有之，只是这里的"风气"是指居住在不同地域的人群的语音存在差异，与现在的概念定义相去甚远。当代关于"社会风气"的概念，我国学界大致有两种界定，一种是仅仅将其界定为一种行为方式。如复旦大学俞吾金教授认为，"社会风气"是指"社会性（化）的风气"，指在社会公共生活中拥有广泛影响力的行为方式；史瑞杰学者认为社会风气是在一定历史时期或在一定的群体中普遍流行的风尚习惯，具体表现为道德风貌、风俗习惯与历史传统。社会风气属于文体范畴，如果把文化划分为物质文化、行为文化和精神文化的话，那么，社会风气属于行为文化。② 另一种界定则是将"社会风气"与"社会意识"结合在一起，认为"社会风气"是"社会意识和思想"的外化，如陈立旭等学者认为"社会风气是在某种社会意识的驱动、引导下表现出的一种普遍流行的行为，即是表现和外化社会意识的普遍流行的社会行为"；③ 乌兰巴干学者认为"所谓社会风气，是指在某种社会心理驱动下或某种价值取向的引导下，表现出的一种普遍流行的社会行为，是该社会成员某些经济、政治、思想、文化、伦理、审美观念综合凝结和转化而成的群体性的、直接外化或体现体会意识的客观活动，它是一种社会的经济、政治、文化、道德、法制等状况的综合反映，是社会大多数成员或社会群体文明程度的主要标志"④。不管是否将"社会风气"与"社会意识"结合在一起来界定，社

---

① 隋成竹. 道德文化视角下的社会风气探析 [J]. 青岛农业大学学报（社会科学版），2013，25（2）：54-57.

② 史瑞杰. 论邓小平的社会风气思想 [J]. 理论与战线，1998（4）：15-17.

③ 陈立旭，王银庸. 论政治对社会风气的影响和作用 [J]. 中共沙漠省委党校学报，1996（4）：19-21.

④ 乌兰巴干. 论社会风气与精神文明建设的内存关系 [J]. 内蒙古师大学报（哲学社会科学版），2001（2）：32-35.

会风气都有风尚、风貌之意，且是在一定的范围内，即在整体或局部社会，在一定阶段流行的风尚习惯。"社会风气"从词性上来说，是一个中性词，而非贬义词，有好的"社会风气"，也有不好的"社会风气"。因此，对社会风气的评论不能只以不好的方面来进行简单化或以偏概全的界定，而应看到其好和不好的两个方面。

综合上述学者的界定，本书认为，"社会风气"是指社会意识和思想的外化，具体表现为一定历史时期在一定的群体中普遍流行的社会行为。

（二）社会风气的特征

社会风气具有时代性、广泛性、稳定性等特征。

（1）时代性。社会风气是以自然气候作比喻的一种社会现象。像自然气候一样，社会气候总是在变化的，这种变化在某一时期内的主要流向就是社会风气；同时，社会风气是社会意识和思想的外化，而这种社会意识和思想并不是获得性的社会意识，它来源于那个时代的客观世界的发展和变化。因此，社会风气具有时代性，某些社会风气往往只能在某一个特定的时期里才会出现和发展。社会风气的这种时代性也决定了其变化性和相对性。"变化性"是指当社会客观世界发生了变化，某种社会风气也可能继续存在，也可能就此消亡；"相对性"是指某种社会风气在某个时期可能是好的风气，在另一时期可能被视为不好的风气，相反，在某个时期被认为是不好的风气，也有可能在另一时期被视为好的风气。

（2）广泛性。社会气候要被认为是主要流向，就应当是人人都能感受到的、普遍存在在人们的实际生活中的社会现象；如果一种社会现象仅仅是存在于少数人之中，或者较少地被人感知和知晓，那么这种行为及这种行为后面的思想和意识，就不能被称之为"社会风气"，而是个别人自己的生活理念和方式。社会风气应是某一个时代的人们对现实问题形成的统一的认识，即多数人的一致看法和意识。

（3）稳定性。社会风气不是一朝一夕就可以形成的，它的形成，是一个由下至上和自上而下的相互交叉作用下形成的双向性运行过程。"由下至上"，是指社会成员要经过动机引起行为，行为实现目的，目的的实现导致更多的行为主体效法前者这一过程形成的社会风气；"自上而下"是指一定时期的统治者故意地将其自身的意识形态向全社会进行倡导的过程。① 不管

---

① 赵琳. 关于社会风气概念科学内涵的学理性阐释［J］. 西北人文科学评论，2011：237 - 248.

是自下而上，还是自上而下，都不是在短时间内可以完成的，都需要时间的积累和沉淀。同理，当社会风气在某个特定时期形成后，也不会在短时间内消失，其消失也必须经历由下至上和自上而下的相互交叉作用，必将经历社会成员对此行为的统一否认或统治阶级对某一意识的改变这些过程。

二、当前不良社会风气的主要表现

改革开放三十多年来，我国社会市场经济建设取得了举世瞩目的成绩，人们的生活水平得到了极大的提高，许多好的风气逐渐形成和巩固。随着人们主体意识、权利意识、竞争意识的觉醒，人们的主人翁精神和意识日益浓厚，人们勇于开拓、积极进取、奋发向上、讲求实效，个人的才华和能力也不断得到展现，对社会生活产生了重大的影响和促进作用，这是当下我国社会风气的主流。同时，我们也应看到，现在也存在一些不良的社会风气，对当前的社会生活带来了极大的负面影响，应引起我们的高度重视。这些不良社会风气包括但不限于以下几个方面：信仰的普遍缺失而致封建迷信活动和黄赌毒屡禁不止；拜金主义、极端个人主义恶性膨胀盲目追逐个人利益；官僚主义、形式主义、腐败现象在一些地方蔓延；公德意识差，私德水平和职业道德低下，道德功利化意识增强等。

三、不良社会风气对研究生学术诚信的影响

（一）经济利益至上思想对研究生学术诚信的影响

市场经济的竞争性、逐利性本质，激发了人们的创造性和积极性，使社会快速发展。但如果太注重经济建设，而忽略了精神文明建设，就将导致人们在利益的驱使下突破道德底线甚至无视法律的存在，做出种种失信行为。如果这些失信行为在现实中获得了巨大的收益，就将严重挫伤其他坚守诚信的社会成员的积极性。在经济利益至上的社会风气中，人们总是想用最少的付出（包括时间和精力）得到最大的收益（包括金钱和名誉）。这种思想和意识直接影响到研究生，特别是硕士研究生，我国硕士研究生自身具有的特征决定了其更容易受功利主义、个人主义和实用主义的影响。

硕士研究生的特殊性表现在：其一，就业压力更大。一方面，硕士研究生相比本科生虽然专业水平有所提高，但由于其年龄更大，求职期望值更

高,往往处于"高不成、低不就"的尴尬局面;而与博士生相比在专业水平上又没有优势。另一方面,用人单位对人才的要求更高,不仅要求毕业生学历高、能力强,而且要求科研能力突出(特别是高校或其他研究院所)。其二,数量多、质量有所下降。我国硕士研究生从2002年开始扩招,到2010年就已经达到了60万人。虽然硕士研究生的人数在不断增加,但相应的高校师资力量和培养条件都没有跟上,其培养质量有所下降,特别是医学院校,有临床和实验的要求,但很多高校都难以满足要求。其三,高校对该群体的考核机制不合理、不科学。虽然高校对硕士研究生的培养条件没有跟上,但在学术成果方面的要求却没有下降。许多高校都硬性要求研究生必须完成一定数量科研论文并公开发表(有些高校还要求发表在一定等级的刊物上)才具备毕业的资格和条件,并把科研论文作为其评奖评优的依据之一(这种评价往往是依据论文数量的评价,而不是论文质量的评价)。这种单纯的数字指标考核非但不能科学合理地衡量成果,反而会使研究生的读研动机倾向于实际获利而非出于对科研的热爱。就业压力大的学子们,越来越浮躁、急功近利,单纯追求效率而不讲求质量;为了完成学校的硬性科研指标,为了顺利地毕业找到工作,实现所谓的"自我价值",只能走向弄虚作假、学术失范的道路(学术水平较高的学生则选择充当别人的枪手代写论文来筹措顺利就业所需的资金)。同时,我国选择硕士研究生的机制存在缺陷,把一些学术功底十分薄弱的人员选录进了研究生队伍。这部分人基础差,读研期间既没有重视自身学术能力的提高,又缺乏科研培训和学术训练,以致缺乏最基本的科研能力,完全没有能力来完成科研任务,只能借助互联网进行简单的复制、粘贴或用"搭便车"等方式来完成学业。

硕士研究生所受到的压力进一步解释了其学术不端行为发生率较高的原因。所以,学术不端行为不只是某些个人的铤而走险,它与社会的复杂变化有关。

(二) 道德意识淡薄对研究生学术诚信的影响

目前,由于我国正处在社会转型期,经济、文化、社会风气都发生着巨大的变化,旧的道德体系遭受着大的冲击,有的道德规范已经无法有效地对人们的行为进行规范和约束;加之硕士研究生正处于心理成长期,其道德素养尚未成熟,需要得到正确的引导和不断的提升。具体表现在以下几个方面:

其一,学术道德认知水平不高。不少研究生并没有认识到学术失信行为对我国科学发展、经济发展和社会风气的严重影响,学术道德认知水平有限,对有些学术失信行为,如一稿多投(多发)、相互署名等缺少判断力，甚至不反感、不反对，习以为常，认为有其存在的原因和价值。"一稿多投"，是指作者将同一篇论文同时投到多个杂志社，或在该杂志社规定的等待通知时间内就将论文改寄到其他杂志社的行为。而"一稿多发"，则是将同一篇文章不加修改或经简单修改就重复在不同的期刊上公开发表（即一篇论文当数篇论文来发表，其主要目的是凑数）。一稿多投也可能引发一稿多发。不少研究生认为，只要没有造成多发，多投和选择审稿快的期刊就没有违背学术道德；而由于现在的期刊社一般要收到版面费后才予以刊登，故一稿多投的研究生认为自己的行为可以避免一稿多发。关于一稿多发，部分研究生认为该行为系自己的个人行为，并没有侵犯他人的著作权，自己在登记成果时只登记其中一项就不算多发。这种想法折射出这部分研究生的严重的利己主义和个人主义思想，完全忽视了期刊社在正式刊登文章前所做的大量的工作（如收稿、登记、查新、送审等工作）、因一稿多投而造成的不必要的人力和财力的浪费及期刊之间可能因此产生的知识产权纠纷，而仅仅为了提高论文发表的概率就选择了这种利己损人的做法。有学者调查统计，多重发表的发生率估计在百分之几到百分之二十之间。另外，当前在研究生论文中，同学、师兄弟之间相互署名（没有事实上的合作关系）的情况比较严重，部分研究生认为这是一种互助互帮行为，既没有伤害他人利益，也没有违反科学道德。有的研究生则为了提高发表的概率，在没有征求他人（包括导师）同意的情况下就署上他人的姓名且认为这样对他人是有利无害的，而没有认识到这不仅是学术不诚信行为，而且侵犯了他人的姓名权，是违法行为。

其二，学术道德意志薄弱。如对抄袭行为（特别是照抄照搬行为），绝大多数的研究生对其错误是有明确认知的，但落实到自身时，却因为缺少实事求是和吃苦耐劳的精神，不愿意花气力到实验或调研工作中；即使进行了实验和调查，当实验和调查中得不到自己预期想要的数据时，就采取扩大实际样本例数、伪造或修改数据等方式来迎合自己写作论文的需要，不愿意再花精力刻苦钻研。据相关学者统计，29.9%的研究生表示在其科研活动中存在着伪造实验数据的现象，且认为其普遍程度在20%以上的达到31.8%。[①] 又如为了增强自己文献的说服力和可信度，在没有下功夫认真阅读他人文献的情况下，就随意引用他人文献作为自己论文的参考文献，或者甚至凭空制造出某些文献来"充实"文章，缺乏坚忍不拔、百折不挠的意志和精神。

---

① 江新华. 大学学术道德失范的制度分析 [D]. 华中科技大学，2004：27.

其三，学术道德情感较弱。研究生的道德情感较弱主要体现在对学术不诚信的行为和现象持宽容态度。如对研究生中有"枪手、中介"这一现象，有近一半的学生认为并非严重的道德问题；如发现周边有学术失范行为，虽然也会反感和抱怨，但也往往会抱着"事不关己，高高挂起""多一事不如少一事"以及害怕他人打击报复等心态而"袖手旁观"，不予检举和披露，不敢伸张正义。另外，缺乏对学术诚信的监督和处理措施，也是进一步导致研究生漠视他人学术失信行为的重要原因。在现实中，即使学校发现并查实有学术不端行为，校方也往往是考虑到学校的声誉和导师、学生的前途而"大事化小，小事化了"，对学生的处理往往较轻，习惯上总是强调留给学生一个改正的机会等，甚至有的学校还帮助学生蒙混过关。这样毫无惩戒作用的处理方式将产生一种负面的引导效果，其他研究生一方面将会认为学术失范并非严重的问题；另一方面也会心存侥幸，效仿做之，进而对学术失范行为习以为常、熟视无睹。

（三）创新意识缺失对研究生学术诚信的影响

所谓"创新意识"，就是指人们对创新与创新的价值性、重要性的一种认识水平或程序以及由此形成的对待创新的态度。① 我国传统文化有其自身的缺陷，如以儒家思想为代表的儒家文化强调保守，不鼓励冒险，创新意识淡薄；同时，我国的应试教育在一定程度上抑制了青年学者们的好奇心，其对创新抱有一种畏惧心理，没有向传统、权威挑战的信心和能力。在进行学术创作时容易走老路、不敢也不愿动脑筋去发现（发明）新的事物和数据，抄袭行为就反映了这一点。一般而言，全文照搬或大段抄袭的情况并不多见，更多的是改变原有文献的形式或综合几篇文献的内容进行简单的重复和阐述（即用自己的语言把别人的观点表述出来）。研究生们普遍认为这种行为不算是抄袭而是合理的借鉴。除了研究生的道德意识淡薄外，这其中还折射出研究生创新意识不强，习惯于"文献到文献"的研究方法而不愿意认真地进行科学实验和实地调研。

四、学术失信行为对社会风气的影响

研究生的学术失信行为不仅直接关系到我国科学发展，危及整个经济

---

① 孟蕾. 硕士研究生学术诚信问题研究 [D]. 长沙：湖南农业大学，2011.

和社会的发展，而且将使社会风气更加恶化。医学研究生的学术失信行为产生的是大量的没有学术价值的学术垃圾，这些学术垃圾不仅浪费了我国宝贵的医学科研资源，阻碍了医学科学的进步和发展，而且污染了学术环境。如果学术失信行为得不到惩戒，将严重打击实事求是、潜心造学的研究者的研究积极性和热情，将使学术市场陷入恶性竞争之中，将使社会对我国学术领域失去信任；同时，这种科研失信行为将逐渐被社会所认同而成为学术共同体的行为标准。[1]

五、营造普遍诚信、开拓创新的社会风气

（一）发挥政府主导作用

在弘扬良好社会风气的过程中，政府应起到主导作用，成为道德建设的倡导者和引领者，应采取措施大力整治社会不良风气，净化社会和学术环境，真正营造出以"诚信为荣，失信为耻"的社会风气。政府应采取的具体措施包括但不限于以下几个方面。

1. 制定法律和相关制度并严格执行

在我国，对不良社会风气的防治主要是靠单个经济组织和个人的道德来维系的，但仅仅靠社会道德规范是远远不够的，法律的作用不可低估：在很多情况下，严厉的法律制裁增加了失范失信行为的成本，从而使人们的行为更加符合规范和要求。而我国目前针对社会失信行为等不良社会风气的有关法律法规是严重缺失和不健全的，导致在追究大量社会失信、失范行为的责任时无法可依、执行不力，这已成为制约我国建构社会诚信体系的重要因素。因此，政府应承担起治理社会风气的制度供给责任，包括制定法律、法规（包括两个层面：一是加强政府行政人员的道德行为立法；二是有针对性地对社会中存在的道德失范事件和行为制定《公民道德法》），具体的制度、操作规程和行业标准（如制定统一的学术规范制度）等，并积极推动包括研究生在内的全社会的信用信息系统的建设，完善个人信用制度。同时，应建立完善的道德监督机制，发挥社会组织、民众的监督作用，对违反道德法规的政府人员或社会民众给予法律上的严厉惩罚，以达到减少违法活动、净化社会环境的目的。

---

[1] 周光礼. 学术诚信的培养：道德激励与法律保障 [J]. 中国高校科技与产业化, 2010 (5): 15.

2. 加强政府自身诚信建设，树立良好榜样

"政府是社会诚信体系建设的主要推动者，政府自身的诚信建设则是社会诚信体系建设的关键环节，或者说是社会诚信体系建设的首要前提。"① 政府部门在治理不良社会风气中要起到示范带头作用，坚持依法行政，切实加强行政执法力度和强度，做到有法必依，执法必严，违法必究，改变现有的为了维稳就拿钱买"稳定"的现象；维护法律的公信力和执行力，营造公平正义的法治环境；推进政务公开，加强政府人员的道德建设，提高决策透明度，自觉接受社会监督，不断提升公信力。②

3. 加强宣传和教育

良好的社会风气的形成重在引导。政府除了加强自身行为的自律外，还应对广大民众进行正确的道德观和创新意识的宣传教育。政府应深度改革教育理念和教育方法、方式，通过报刊、广播、电视、官方微博、微信、政府官网等多种平台，通过开展专题宣讲、公益广告、文艺演出等多种群众喜闻乐见的形式开展优秀传统道德文化知识的宣传教育活动，将与市场经济体制相适应的、与社会主义法律规范相协调的好的意识形态直接灌输给社会民众，使民众特别是青少年养成爱国、敬业、诚信的道德规范，摒弃并反对不良社会风气，争做良好社会风气的守护者和实践者；尤其是应将学术法律制度的相关内容纳入教育领域的相关课程，通过制度化的教育使学术法律制度的内容得以普及和宣传。③

英国著名思想家赫青黎曾指出："在许多情况下，人们之所以这样做而不是那样做，并非对法律的畏惧，而是出自对同伴舆论的畏惧。"④ 因此，政府应发挥舆论的宣传和监督力量。一方面，应通过多种形式如著作和影视节目宣传先进典型的人和事；另一方面，通过网络和发行量较大的报纸、期刊旗帜鲜明地揭露批判坏人坏事，抵制、批评诸多不正之风，从而在人的心灵产生潜移默化的影响和作用，以正确的人生观和价值观形成有力的舆论导向，发挥舆论宣传的"软性约束力"，在全社会范围内营造良好风气。媒体在报道学术失信案例的同时，应向民众进行普法宣传，让

---

① 刘晓光. 浅议社会诚信体系构建中政府的作用 [J]. 湖北省社会主义学院学报，2008（3）：72.
② 王海容，程文玉. 论我国医疗纠纷防治中的政府责任 [J]. 医学与法学，2014，6（1）：61.
③ 孟蕾. 硕士研究生学术诚信问题研究 [D]. 长沙：湖南农业大学，2011：36.
④ 喻权良. 对妇女家庭暴力的伦理思考 [J]. 池州师专学报，2003，17（4）：30.

民众真正知道学术诚信的定义、范围和应怎样避免学术不端行为。[①] 同时，政府应规范市场经济活动，促进平等竞争环境的形成；用人单位应结合用人单位性质建立科学合理的选人、用人标准，不能单以论文发表的数量来衡量研究生的学术研究能力，从而引导研究生树立正确的择业观和利益取向，形成理性的择业态度。

（二）营造良好的校园风气

研究生教育是我国最高层次的教育，担负着培养创新型人才的历史使命。因此，从学校层面，应营造良好的遵守学术规范、勇于开拓创新的校园风气，把高校建设成为引领文明社会风气的主阵地。亡羊补牢不如防患于未然，与治理相比较，学术诚信观念的树立和培养更为重要。高校应在全国统一的学术诚信标准的基础上，根据学校自身实际情况做出学术规范文件，作为学术诚信教育课程的重要内容进行专题讲授。教师在讲授中要明确学术不端的定义和内容，让研究生能够分清什么是学术不端行为、什么是正确的引用以及怎样正确地引用等。

学校在加强自我监督，接受来自各方面的关于学术不端行为的举报的同时，应加大学术诚信以及创新精神的宣传力度。一方面通过校内内网通报、粘贴海报等方式公开曝光学术失范行为，并对这些行为严格按规定进行惩处，以起到威慑和警示的作用；另一方面则应对严格遵守学术道德，对在科学研究方面作出重大贡献的同学和老师加以表彰，把师生良好的学术道德素养作为其毕业、职称升迁、学术受奖励的必要条件。宣传的方式和途径除传统的方式，如定期举办学术报告、知识讲座、学术论坛等活动外，还应充分利用一个重要阵地，那就是学校图书馆。图书馆在研究生学术诚信教育、预防和监督中承担着重要的职责。[②] 学校图书馆应将学术诚信教育贯穿于新生入馆教育、文献检索课和专题培训讲座等这些常规教育中，宣传学术不端行为的危害，培养研究生的学术诚信意识；购买学术不端检测系统，为学校师生提供检测服务；利用图书馆网站公布电子资源的版权公告，开辟学术诚信教育专栏，介绍学术诚信相关法律法规和典型案例，从学术规范认知、学术诚信自律、学术能力自信等方面培养研究生的诚信品格以及科学研究与创新能力。

---

① 陈冲，郭琛晖. 研究生学术诚信状况调查及对策研究 [J]. 浙江青年专修学院学报，2010（2）：1－11.

② 丁丽鸽. 浅论高校图书馆与大学生学术诚信教育 [J]. 创新科技，2014（4）：48－49.

同时,学校应重视导师对研究生的作用。导师自身的价值观、人生观以及道德观都将潜移默化地对研究生产生巨大而深远的影响,如果导师自身学术态度不端或是存在学术失信行为,那么其所带研究生发生学术失范的行为的可能性就大大增加。研究生导师应以自身严谨的治学态度、高尚的学术道德、无私的奉献精神、实事求是的科学精神来引导和教育研究生从严治学。因此,学校在遴选研究生导师时除应注重其学术水平外,还应考查其学术道德、创新能力和自身修养,使那些科研能力强、师德优良的教师进入导师队伍。学校还应定期培训和考核导师,如导师曾有学术失范的记录(这种负面示范作用超过其他研究生的学术失范行为带来的负面作用),则应将其列入"黑名单",永不选用(当然,对其他教师的学术诚信行为也应有统一的监管制度)。在开拓创新方面,导师应通过自我培养、提高创新意识、鼓励学生掌握外语等技能、创新教学方式、指导学生完成实验任务等途径提高研究生的创新意识和能力。①

同时,高校应在领导重视、全校教职工广泛参与下建立良好的校园物质文化、精神文化、制度文化、教师文化和学生文化,营造高校良好风气,抵制不良社会风气的侵蚀,以保证研究生们的健康发展。②

第二节 加强我国研究生学术诚信的法治建设

孔子言:"人而无信,不知其可也",故"言必信,行必果"。诚信是我国传统文化中要求的做人的最基本原则,也是现代每个人立足于社会的基本道德,是我们赖以生存的基本社会规范。良好的市场经济秩序必须建立在诚信的基础上,因此,各国都把诚信作为法律的基本原则。我国执政党高度重视诚信建设:胡锦涛同志提出了以"八荣八耻"为主要内容的社会主义荣辱观,强调要"以诚实守信为荣";党的十六届六中全会通过的《中共中央关于构建社会主义和谐社会若干重大问题的决定》,明确提出"倡导爱国、敬业、诚信、友善等道德规范",要"加强政务诚信、商务诚信、社会诚信建设,增强全社会诚实守信意识";中央精神文明建设指

---

① 刘静. 研究生学术诚信教育中导师的使命与责任 [J]. 高等建筑教育,2010,19 (5): 23-26.

② 宋卫东. 当代不良社会风气对校园文化建设的影响研究 [J]. 教育教学论坛,2014 (4): 2-4.

导委员会为深入贯彻党的十八大、十八届三中全会精神和习近平总书记系列重要讲话精神，落实国务院印发的《社会信用体系建设规划纲要（2014—2020年）》，大力培育和践行社会主义核心价值观，切实形成诚信建设良好的社会舆论环境，着力推进诚信建设规范化长效化，于2014年7月23日颁布了《关于推进诚信建设制度化的意见》。因此，我们应在加强整个社会诚信建设的过程中，重点关注和抓住学术诚信存在的问题，施以有效的控制和预防。

一、学术诚信离不开法治保障

如上所述，学术诚信是社会诚信的一部分，而且是非常重要的一部分，而诚信在许多领域是属于道德的，故学术诚信与法律之间应该是道德与法律之间的关系。

尽管道德与法律调整的手段不同、制定和调整的主体不同、调整的范围不同，但它们都属于上层建筑，以调整人际关系为出发点，以防止人性的恶性膨胀为目的，对人们的行为进行正确的引导和规范。美国法学家富勒把法律规范定位为社会最基本的社会规范，道德则是更高标准的行为规范。因此可以得出这样一种结论：法律必须要有道德基础，法律应该起源于道德，是对道德的强化。我们应明确的是，不能将公共领域和私人领域作为划分法律和道德范围的标准。私人领域的行为如果成为一个普遍性社会问题，该问题涉及全人类的生存与发展，涉及全人类的利益，涉及社会的基本规范，其社会危害性不容忽视和容忍时，就有可能上升至法律的高度；而原本被视为事关社会基本规范的行为，随着社会的发展不再被视为社会的基本规范或对全人类的生存与发展不再构成根本的威胁，则不再被视为法律，而成为更高标准的道德规范。

科学研究是社会不断前进和发展的动力和源泉，学术诚信关系到科学的发展、人类的进步，是涉及全人类根本利益的领域。首届世界科研诚信大会于2007年在葡萄牙举行，在首届世界科研诚信大会上确定世界科研诚信大会每三年召开一次；2010年，第二届世界科研诚信大会在新加坡召开；2013年，加拿大蒙特利尔市举行了第三届世界科研诚信大会（在此届大会上确定，第四届世界科研诚信大会将于2015年在巴西里约热内卢举行）。第三届大会围绕科研诚信体系建设、科研诚信教育、调查处理科研不端行为举报、维护科学研究的可靠性和科学记录的准确性、科技工作者的伦理与社会责任、如何营造良好的科研环境与文化等问题进行了广泛而深入的交流，这充分说明学术诚信已经成为各国和国际组织共同关注的重要议题。①

学术不端问题不仅是道德问题更是法律问题，不仅要受到道德和舆论谴责，而且要依法承担相应的民事责任甚至刑事责任。有很多国家将学术诚信这一道德问题上升至法律规制的问题，通过相关立法对其进行规范和调整。因此，我们对待研究生学术诚信问题不能仅仅将其视为一个道德问题，而应将对其的管制上升至法律的高度，严肃查处，绝不姑息。

道德约束人们行为主要是通过人的自律和社会舆论的监督来实现的，可见道德约束是非强制性和不具有普适性的，在约束人们行为中的作用是有限的；而法律是由国家制定或认可，并由国家强制力保证实施的，具有强制性。众所周知，法律的作用可以分为规范作用和社会作用。规范作用是从法是调整人们行为的社会规范这一角度提出来的，而社会作用是从法在社会生活中要实现一种目的的角度来认识的，两者之间的关系为：规范作用是手段，社会作用是目的。法的规范作用又分为指引作用、评价作用、预测作用、强制作用、教育作用五个方面。"指引作用"是指法律对个体行为的指引作用，其对象是每个人自己的行为；"预测作用"是人们根据法律可以预知自己行为的后果，从而对自己的行为作出安排；"评价作用"是指人们对他人行为的评价，其评价标准具有规范性、统一性、普遍性和强制性；"强制作用"是对违法犯罪者的行为的作用；"教育作用"的对象是一般人的行为，包括正面教育和反面教育作用。从目前来看，由于我国高校长期以来偏重科学知识培养而忽略了对学术道德的培养，我国部分学术人的自律意识较差，加之学术不端行为较其他失信行为更加具有专业性和隐蔽性，故采用传统的道德或教育手段无法真正起到约束作用，应该充分发挥他律的作用，从他律入手提升学术人的学术道德水平，加强外部监督尤其是具有强制力的法律监督的作用。通过充分发挥法律的指导、教育作用，使科学诚信成为约束每个人的价值观念、行为准则。因法律具有不可随意更改性、强制性和约束性，而使学术人对学术诚信存在一种天然的敬畏感。要在强有力的外在支撑下，强化学术道德规范，提升学术人的道德水平，逐步形成以法律规制为主，以道德教育为辅，制度规范为手段的防控学术失信行为的综合防治机制和体制，提升整个民族的科研

---

① 孙平. 第三届世界科研诚信大会在蒙特利尔举行[EB/OL]. (2013-06-03) [2015-01-30]. http://www.cae.cn/cae/html/main/col164/2013-06/03/20130603104223929592486_1.html.

品行，促进良好道德秩序和社会风气的形成。

二、加强我国学术诚信的立法工作

（一）国外学术诚信的立法现状

对学术诚信需要从制定法律政策等方面加以规范和统一，需要行政主管部门和高校、科研院所对学术人加以教育，需要改变现有的不科学的科研评价体制，还需要全社会共同抵制学术不端行为。虽然用法律规制学术不端行为只是诸多手段和方法中的一种，但其所起到的作用是至关重要的：在学术人自律难以达到效果的情况下，用法律来调整学术诚信行为，能使科学研究走上正常的轨道。因此，国外一些国家针对不断出现的学术不端行为，制定了专门的政策法规。如美国于1980年实施了《健康研究扩展法案》（该法案确立了美国应对科研不端行为的制度框架），1985年制定了《健康研究附加法案》（该法案标志着联邦政府介入学术不端行为的监管），1986年美国公共卫生局制定了"处理科研不端行为的政策和程序"的指导方针，1989年健康与人类服务部对《公共健康服务法案》进行了修订，1993年，美国国会通过《美国健康研究院复兴法案》，要求建立一个科研诚信委员会，2000年12月制定了《关于科研不端行为联邦政策》。根据这些法律和政策，美国许多大学和科研机构制定了具体的实施措施。英国于2004年制定了《科学家通用伦理准则》，日本于2006年4月通过《科学工作者行为规范》（征求意见稿），德国于1998年通过《关于提倡良好科学实践和处理涉嫌学术不端案件的指南》等。① 有些国家，如印度、俄罗斯，尽管未制定专门的科研学术法律，但在其相关法律中对学术诚信问题都进行了规定。

2007年澳大利亚国家卫生和医学研究理事会（NHMRC）、澳大利亚研究理事会（ARC）和澳大利亚大学校长委员会（AVCC）联名发布了《澳大利亚负责任的科研行为规范》（*Australian Code for the Responsible Conduct of Research*）。该规范指出，每个研究所在注重科研成果数量的同时，还应强调科研的质量和原则性；研究人员应该只参与那些他们能胜任的，而且符合道德标准的工作，在科研工作中应注意保密和安全。该规范对数据的存储

---

① 周光礼. 学术诚信的培育：道德激励与法律保障[J]. 中国高校科技与产业化，2010（5）：15.

和保管、著作权、出版权、学生及研究培训生的指导及潜在的利益冲突作出了全面的规定,同时对"不正当科研行为"作出了明确的定义、分类,对"不正当科研行为"的处理程序也作出了相应的明确的规定。

各国依照情节轻重采取相应的处理措施,给予学术不端者如警告、收回科研费用、取消学术界的相应资格等惩罚;而对于严重不良学术行为引起的法律后果,各国则根据本国相应的法律进行法律制裁。如在2005年年底发生的震惊世界的黄禹锡造假一案中,不仅首尔大学解除了黄禹锡的教授职务,韩国政府取消了授予他的"最高科学家"称号,而且黄禹锡还受到了刑罚制裁:依法判处其有期徒刑1年6个月,缓期2年执行。① 在美国,一旦对"研究不端行为"的指控被查证属实,学术不端者在一定的年限内(18个月到10年之间)不能获得美国政府资助的研究项目,也不能在美国卫生与公众服务部设立的任何执行委员会、评审委员会担任职务,也不能担任这些机构的工作;对涉及刑事犯罪的,将移送司法机关处理。如果在科研资助申请书中发现有"研究资料的捏造、篡改和抄袭"的话,申请人将被追究"欺诈盗取政府资金"的责任。德国马普学会制定的制裁规范明确了学术不端行为可能触及的制裁或处罚:其一,劳动法律后果,具体措施是以书面形式通报并进入个人档案,它意味着学术不端行为人将从本单位被除名。其二,学术惩罚,具体措施包括取消博士学位、取消教师资格等。其三,民法惩罚,主要是偿还原物,被申诉原科研工作无效,赔偿他人和科研机构的财产损失等。其四,刑事处罚。对构成侵害他人隐私,造成他人身体和生命损害,财产损害等违反国家刑律的行为,要予以刑事法律的制裁。其五,取消科学出版物以及对媒体或大众发布的新闻。因科学不端行为而出现错误的科学出版物,如果还未出版就必须马上取消;如已出版就必须将错误更正过来。如出现严重的科学不端行为,马普学会将通报其他受牵连的研究机构或科学组织和受到影响的第三方,并且让大众了解情况②。

(二) 我国学术诚信法治的缺失

研究生学术失信的原因是多方面的,既受社会大环境浮躁心态的影响,又有学术界在评价机制上的不完善因素,但不可否认法治和制度的缺

---

① 佚名. 韩国教授论文造假案续:黄禹锡二审被判刑1年半[EB/OL].(2014-02-27) http://world. huanqiu. com/exclusive/2014 -02/4865799. html.

② 徐昂. 德国马普学会制定《科学不端行为的处罚规则》[J]. 科学新闻,2002(7):32.

失是造成学术失信的原因之一，正是法律法规和制度的不健全让不法分子有空子可钻。因此，需要运用法律来确定监督管理机构的性质、地位和权力，加强监管力度，对学术不端行为进行严惩，以保障学术研究的健康发展。法治的缺失既包括立法的缺失，又包括法律意识的缺失。

1. 我国研究生学术诚信法制的主要缺失

(1) 存在严重的法律空位现象。

据笔者不完全统计，我国有关学术诚信的法律（广义）有：《关于科技工作者行为准则的若干意见》《国家科技计划实施中科研不端行为处理办法（试行）》《关于加强我国科研诚信建设的意见》《关于加强学术道德建设的若干意见》《高等学校哲学社会科学研究学术规范（试行）》《关于树立社会主义荣辱观进一步加强学术道德建设的意见》《国家重点学科管理暂行办法》《关于加强和改进高校哲学社会科学评价办法（试行）》《学术规范与学风建设实施细则》《关于惩处学术不端行为的若干意见》《关于进一步加强和改进师德建设的意见》《关于在学位授予工作中加强学术道德和学术规范建设的意见》《关于严肃处理高等学校学术不端行为的通知》《关于切实加强和改进高等学校学风建设的实施意见》《学位论文作假行为处理办法》《科学技术进步法》《科学技术普及法》《专利法》《著作权法》《高等教育法》《教师法》《国家科学技术奖励条例》等。

从上述法律可以看出，我国有关学术诚信的立法主要是散见于各种法律、法规、部门规章及规范性文件中，对学术诚信直接进行立法的只有《教育部关于严肃处理高等学校学术不端行为的通知》《国家科技计划实施中科研不端行为处理办法（试行）》《学位论文作假行为处理办法》等3部法律，且这3部法律所调整的范围并未涉及整个学术界：有的调整的是科技计划项目实施中涉及的学术不端行为，有的调整的是高等学校的学术不端行为，有的调整的是学位论文作假，而忽略了高校学生的其他学术不端行为，皆没有涵盖所有学术失信的主体和范围。

这些规范性文件因制定时间早，很多条款和标准已经不能适应现在的科研实际工作的需要，且对学术不端的定义、包含的内容、处理程序、承担的责任等作了各不相同的规定，缺乏统一、明确的标准和监督办法、惩处机制，甚至存在相互矛盾的情况。学术不端行为的防范与处理的管理主体多样（涉及科技、教育的行政主管部门，又涉及高校、科研院所）、内容专业性强，故应对现有的法律法规、规章及规范性文件进行梳理和整合，制定专门有关学术诚信的统一的法律法规或部门规章，以防止管理主体各自为政、各行其是。①

（2）法律效力低。

在我国，按照宪法和立法法规定的立法体制，法律位阶共分六级，从高到低依次是：宪法、基本法、普通法、行政法规、地方性法规和部门规章。从现有的立法来看，《科学技术进步法》《科学技术普及法》《著作权法》《高等教育法》《教师法》属于狭义的"法律"，《国家科学技术奖励条例》属于行政法规，但没有任何一部"法律"和行政法规是有关学术诚信的专门立法，只是在其极少数法律条文中有所涉及；《国家科技计划实施中科研不端行为处理办法（试行）》《学位论文作假行为处理办法》属于部门规章，其他的"法律"皆为规范性文件。从严格意义上讲，这些规范性文件并不具备法律效力，但是鉴于其在指导和规范学术行为、推动科技事业发展中起到的不可替代作用，实际仍发挥法律的某些作用，可视为"软法"范畴。但是，低位阶规范性文件的大量存在，使学术诚信立法严重缺乏权威性和稳定性。②

（3）法出多头、内容不统一。

对上述涉及学术诚信的法律进行分析我们可以发现，其立法主体多样，有全国人大常委会、国务院、科技部、教育部和国务院学位委员会等。由于人大常委会所制定的有关学术诚信的一般法律和国务院制定的《国家科学技术奖励条例》，直接针对学术诚信的规定非常少，因此，对学术诚信进行规范调整的主要是各个部门的规范性文件。这些规范性文件是各个行政管理部门针对自己管理领域内存在的问题和亟须立法规范的事项起草颁布的，其立法主体不同，立法针对的对象和事项以及侧重点也就不同，这是可以理解的。但这种立法模式使部门规章（或规范性文件）不可避免地带有部门化的倾向。由于科研人员所从事的科学研究活动与多个部门之间都会产生法律关系，而各个部门立法对同一问题的规定又不尽相同，使科研人员无所适从，从而影响科研人员认知和遵守法律，影响执法人员对法律的执行。同时，由于法出多头，因此存在一个立法衔接的问题：一方面是涉及学术诚信内容的各部法律之间的衔接问题，如对同一概念的界定，对同一行为的分类及下位法对上位法规定的制度的具体落实和细化；另一方面是涉及学术诚信内容的这部分法律与其他法律之间的衔接

---

① 徐和平，袁玉立. 学术不端行为的行政法律规制探讨 [J]. 学术界，2011（10）：48－56.

② 王海容，邹雨轩，向令. 略论我国医疗救助立法的缺失 [J]. 泸州医学院学报，2013，36（6）：39.

和协调问题,如涉及民事侵权部门应与民事法律相对接,严重违法触犯刑法的行为受刑事法律的规制而应与刑法相对接等。

(4)内容不完善,且处罚力度不够。

有关我国学术诚信,分散的立法中只是有少数条文有所涉及,且这些条文都是"点到为止",表明一种应然的状态,但未进行具体的规定和细化。如《著作权法》仅对作者的署名权、发表权、修改权及保护作品完整权作了原则性的规定。《专利法》则只是原则性地规定了发明人或者设计人的非职务发明创造专利申请权应受到法律的保护。在仅有的3部专门的有关学术不端立法中,采取的是"宜粗不宜细"的立法理念,虽然具有较强的适应性和灵活性,但是操作性不强,过于原则性,[①]给实践带来了诸多不便,也影响了法律对学术不端应产生的作用和效果。如对学术不端的定义、学术不端包括的行为的具体构成和处罚程序、措施、限度等内容都鲜有涉及,且由于文件的制定部门并不享有实质上的立法权,导致所有专门立法都未系统规定相应的法律责任和监督管理机制。没有明确学术不端的监督机构及其职责,尤其是监督机构享有的职权和措施,从而导致学术诚信监管缺位。

同时,现有立法存在违法成本低,法律处罚的力度明显不够的情况。如在《民法通则》和《著作权法》中,规定学术不端行为要承担的民事责任只有"停止侵害、消除影响、赔礼道歉、赔偿损失"。纵观这些责任,只有"赔偿损失"可能会对责任人造成心理上的负担,但在实际判案中,赔偿金额往往较少,这些赔偿与抄袭所得到的利益相比是微不足道的;加之上述两部法律调整的是平等主体之间的法律关系,如果被侵权人未发现自己被侵权或发现后因种种原因(主要原因是法律论据不充分、诉讼成本高、赔偿金额少)而放弃诉讼权利的,从民事法律的角度就难以追究学术不端者的责任,难以有效地规制学术领域"经济人"的投机取巧行为。在《关于切实加强和改进高等学校学风建设的实施意见》中,对学生学术不端的行为,规定按有关学位、学籍规定处理,即最高承担"撤销学位"的行政责任,且这些惩治学术不端行为的措施,更多的是由高校内部来进行自纠的,而在现实中往往会出现学校害怕荣誉受损而采取"大事化小、小事化了"的情况。除了少数人被取消学位、撤销行政职务外,大多数学术不端行为者仍然在原来的岗位上工作或是顺利毕业,很少有人主动辞职或

---

① 王海容,邹雨轩,向令. 略论我国医疗救助立法的缺失 [J]. 泸州医学院学报,2013,36 (6): 39.

者受到其他实质性的处罚。据学者王平调查显示，65%的院士认为科学界的不端事件只有少数被揭发出来了，而且35%的院士认为，已揭发出来的不端事件只有极少数得到了处理。① 大部分国家在该国的著作权法中都规定了侵占他人著作权所应承担的刑事责任。而在我国现行的《刑法》中没有关于学术不端的专门性罪名，对严重的学术不端违法行为只能以侵犯知识产权罪、合同诈骗罪追究其刑事责任（我国新刑法第二百一十七条规定，侵犯著作权的主观方面表现为故意，以赢利为目的，且违法所得较大或有其他严重情节才构成著作权犯罪，否则无论该行为再恶劣再严重也不构成上述罪名），如果该行为不符合上述罪名的构成要件的，根据罪刑法定罪原则无法对其进行定罪量刑。惩罚力度太小导致的结果是：前面的违规者没有受到系统完善的调查，也没有受到严厉的惩罚，反而让后面的违规者意识到违规成本的低廉，导致学术不端行为的滋长。

(5) 立法质量有待提高。

从仅有的3部专门针对科研诚信的法律来看，仅有《国家科技计划实施中科研不端行为处理办法（试行）》属于部门规章，是真正意义上的"法律"，另两部法律都属于规范性文件，即对学术不端行为的法律规制，缺乏高位阶的法律、法规和部门规章，在实际操作中是低层次的规范性文件在调整学术诚信涉及的法律关系。从整个学术诚信立法的情况来看，整体上缺乏统一性，立法缺少全局统筹，多应急政策，少长远规划，② 立法质量不高，不仅没有解决立法原本想解决的问题，甚至形成负面的规范引导，损害了法律权威。

2. 研究生法律意识的缺失

随着经济的发展和多年的法治宣传，我国公民的法律意识和权利意识也经历了一个从蒙昧到苏醒的过程，尤其是近年来达到了一个新的高潮，法治观念和法律责任意识都得到了极大的提高。但由于普法教育在广度和深度上还不够，目前包括研究生在内的学术人的法律素质状况不容乐观，存在着法律知识缺乏和法律信仰缺失的现象，主要体现在：对法律权威性的漠视，恣意地违反法律、践踏法律和破坏法律。法律知识欠缺，中国科学技术协会2009年发布《第二次全国科技工作者状况调查报告》，该报告称"近半数科技工作者没有系统学习过科研道德和学术规范相关知识，自

---

① 王平. 同行评议活动中的制度性越轨行为 [J]. 自然辩证法通讯，2000 (4)：9-10.
② 王海容，邹雨轩，向令. 略论我国医疗救助立法的缺失 [N]. 泸州医学院学报，2013，36 (6)：39.

认对科研道德和学术规范知识'了解很少'和'基本不了解'者达38.6%，女性、年轻人、低学历者和低职称者对学术规范了解情况相对较差"①。

（三）完善我国学术诚信立法

首先，在坚持"立足国情、以人为本、标本兼治、科学协调和可持续发展"理念的基础上，以教育部2009年颁布实施的《关于严肃处理高等学校学术不端行为的通知》和科技部2006年颁布的《国家科技计划项目实施中科研不端行为处理办法（试行）》为参考，科学立法，尽快出台专门惩治学术不端的行政法规，待条件成熟后再提请人大立法。该行政法规的内容应包括：立法宗旨、基本原则、依据、学术诚信定义和要求；学术不端行为的分类和认定标准；学术不端主体应负的法律责任（包括民事责任、行政责任和刑事责任）；学术不端行为的监督主体及其职责（建议设立统一的专门性的学术不端监督和惩治机构）；学术不端行为的监督程序和复议程序。

其次，用司法解释的形式在《民法通则》《著作权法》《刑法》等相关法律中完善惩治学术不端的内容，并注意与专门惩治学术不端的法律之间的衔接，构建纵横结合的法律体系，构建我国和谐完备的学术诚信法律制度，为规制、协调学术关系提供依据和保障。②

最后，进一步完善相关的配套标准和措施。对上述立法中涉及的但不便于在法律中作出过细规定的相关规定，以国家制定统一标准的形式予以规范；同时，应进一步完善相关措施，如建立个人诚信档案或学术不端数据库，最终形成健全的学术诚信法律体系，使学术诚信规范有法可依、有章可循。

在上述的专门的有关学术诚信的法律或行政法规中，必须强调并细化的有：①学术不端的类别和认定标准。在设计类别时，法律条文应用概括性的语言将可能新出现的不端行为囊括进去，但对认定标准的制定就必须用明确的、没有歧义的语言来加以描述。②惩处的具体内容和程序。应在明确监管机构的性质和职责的基础上，特别注意惩处程序的公平公开公

---

① 王慧. 法律责任意识培养对防治学术不端的作用研究 [D]. 内蒙古：内蒙古科技大学，2012：19.
② 王海容，程文玉. 论我国和谐医患关系的法律基础 [C] // 卫生法学与生命伦理国际研讨会文集. 高春芳. 中国卫生法学会，2014.

正,做到整个调查处理过程的全透明。为保证监管机构的中立性和公正性,有学者提出可以参照陪审制度,成立公众评判团队,由学术不端监管机构的上级主管部门随机选定一定数量的人,对监管机构作出的认定和处罚裁定进行最终表决。① 但笔者对此建议在实际中的可操作性持怀疑态度。③完善救济制度。有学者建议构建仲裁、行政复议与行政诉讼等两大类救济制度,② 以避免因监管机关滥用职权而损害守法者的合法权益的情况发生。④明确学术不端行为人的法律责任,特别是刑事法律责任。在我国现行《刑法》中并未设有学术不端行为的罪名。本书认为,为对学术不端行为造成震慑、警示的作用,应借鉴美国的做法(即学术不端行为不仅仅会受到行政、民事法律的制裁,往往还会因诈骗而构成犯罪受到刑事处罚),在我国《刑法》中设立独立的罪名,规定科研人员或者相关人员因剽窃、捏造数据等形式故意进行学术造假,情节极其严重的,应承担相应刑事责任,③ 以此加重学术不端的违法成本,更好地规范学术诚信行为。

三、 加大法律宣传普及,培养、提高研究生法治意识

并不是有了良法就一定有良好的社会秩序和社会关系,法治的关键在于遵守和执行。因此,应培养、提高研究生的法治意识,引导研究生遵守法律、依据法律来维护自身合法权益。通过形式多样、切实可行的普法宣传教育工作增加研究生的相关法律知识,提高研究生的法治意识。研究生法治意识提高的前提是知晓并掌握一定法律知识,"知法才能懂法,知法才能守法"。只有知法,才能知道哪些行为是违法或犯罪的,自己又拥有哪些权利;只有这样,才知道自己的合法权益是否遭受侵害,在遭受不法侵害时,才懂得如何运用法律来保护自己的权利。大多数研究生,特别是医学专业的研究生的法律知识欠缺,其法律意识还处在法律心理阶段,即对法律只有表面的、直观的感性认识,而没有形成高水平的法律思想体系。因此,向研究生普及法律知识,特别是有关学术诚信的法律知识,是培养其法治意识的前提条件。对研究生进行普法的方式有:①学校在法律课程中加入学术法律制度内容,由任课教师进行宣贯;学校聘请法学专家

---

① 窦靖伟. 论学术不端行为的法律规制 [J]. 河南财经政法大学学报, 2012 (3): 182 – 186.
② 徐和平, 袁玉立. 学术不端行为的行政法律规制探讨 [J]. 学术界, 2011 (10): 48 – 56.
③ 胡志斌, 刘紫良, 孙超. 学术不端行为的刑法规制研究 [J]. 学术界, 2011 (10): 39 – 47.

就学术法律制度内容作专题讲座；以知识竞赛的形式对学术法律制度的相关内容进行宣传。②营造良好的学术氛围。充分利用电视广播，QQ群、贴吧、论坛、微博等网络交流工具，宣传相关学术法律知识，也可以就相关违反学术法律制度的案例进行分析或者讨论。在宣传法律知识的同时，引导研究生把法律知识内化为法律素质，培养并提高其守法意识、用法意识和护法意识。

第三节　加强学术道德制度建设

20世纪90年代到20世纪末，我国只是偶尔发生学术不端行为，学术不端者没有较大的学术影响，由此引起的负面影响也比较有限，仅有少数有学术良知的学者率先关注学术领域存在的问题（但大多都被视为"吹毛求疵"）。从21世纪开始，学术不端行为不仅数量迅速增长，而且影响越来越恶劣，引起了整个社会的高度重视和政府管理部门的介入。教育部、科技部以及中国科学院等制定颁布了一系列应对和处理学术不端行为的规范性文件，成立了专门的查处机构，并思考和探索预防学术不端行为的制度建设。当然，学术道德制度的建立并不能完全杜绝学术不端行为的发生，我们只是通过构建一个完善的科研诚信制度，来减少学术不端行为的发生，维系科学界的学术道德。正如新制度经济学代表人物道格拉斯·C.诺思所说："制度是一系列被制定出来的规则、守法程序和行为的道德伦理规范，它旨在约束追求主体福利或效用最大化利益的个人行为。"①

一、"制度"和"学术制度"的概念

（一）"制度"的概念

关于"制度"一词，各个学科有不同的解释。文化人类学将其定义为"文化惯例"；社会心理学将其定义为"明确的、既定的公共心理状态，本质上与社会舆论没有差别"；新制度经济学则把制度理解为"人类相互

---

① 刘水林.法律经济分析方法论的一个研究提纲［J］.法律科学（西北政法学院学报），2003（2）：68.

交往的规则。""它抑制着人际交往中可能出现的任意行为和机会主义行为。"① 本书主要采用新制度经济学对"制度"一词的理解和界定。

(二)"学术制度"的概念

"学术制度"是指由自然科学共同体和社会科学共同体构成的社会学术共同体,用以规范其成员行业的规章,它由内在学术制度和外在学术制度构成(外在学术制度又包括学术法律制度、学术评价制度和学术奖励制度)。

二、我国学术道德制度的不足

(一)联动查处制度的缺失

根据教育部 2009 年 3 月 19 日颁布的《关于严肃处理高等学校学术不端行为的通知》,各高校对包括研究生在内的本校有关人员的学术不端行为负有查处的直接责任。各高校要建立处理学术不端行为的工作机构,充分发挥专家的作用。故目前在我国,对研究生学术不端行为的查处主要是由其所属高校负责的。如清华大学在其《清华大学关于学术不端行为的处理办法(试行)》中规定:清华大学学术委员会下设学术道德委员会,负责评估学校有关学术道德方面的方针政策和学术道德方面存在的问题,受理学术不端行为的举报,组织相关调查和认定学术不端行为。经校学术道德委员会确认被举报的不端行为属实之后,由相关行政部门对被举报人给予相应处分,包括警告、记过、记大过、降级、降职、撤职、开除公职留用察看、开除。如果该学术不端行为构成违法,则移送司法机关处理。

从国家层面来看,我国尚无统一的对研究生学术不端行为进行查处的一个综合性、协调性的机构。尽管国家版权局或地方人民政府著作权行政管理部门是法定的知识产权监察机构和处罚机构,但上述机构进行查处的前提是该学术不端行为必须是著作权法第四十七条所列举的侵权行为,同时损害公共利益(没有相关规定来界定何为"损害了公共利益"),法律没有规定其他学术不端行为的查处主体。尽管教育部在 2006 年批准成立了教育部社会科学委员会学风建设委员会(以下简称"学风建设委员会"),但从该委员会的章程我们可以看出,该机构是"全国高等学校哲

---

① 江新华. 大学学术道德失范的制度分析 [D]. 武汉:华中科技大学,2004:46.

学社会科学学术规范、学术道德、学术风气建设的指导机构和咨询机构"，而非专门的查处机构，对学术失范、学术不端行为，该委员会只是"选择典型事例，通过组织调研、专家鉴定、召开听证会等方法，提出研究咨询意见和建议，供有关单位参考"而已。

根据多位研究学者的统计，学术不端行为发生率在千分之三左右，更高的统计数据甚至达到百分之一。即便按照最低的千分之三发生率来计算，我国的学术不端行为的数量也是惊人的；而且随着研究生就业压力的增大，学术不端行为的发生数量也可能随之增大。因此，我们应当认识到，仅仅依靠高校和科研机构来减少甚至消除学术不端行为是不可能的，而应构建国家—省级—大学三级学术诚信制度。

（二）统一学术规范制度的缺失

在美国，不管是教师还是学生，想要在公开期刊上发表论文，就必须严格遵守出版界和期刊界公认的规范稿件最常用的标准——《芝加哥手册——写作、编辑和出版指南》。该指南是美国学术界普遍认可的一种技术性标准，包括三个主要部分：第一部分为对手稿的一般要求，如手稿的章节划分、文字处理以及版权许可等；第二部分为体例（style），是该书最重要的部分，详细列举了标点使用、词的拼写、人名地名以及专有名词、数字、外文、引文、图片及文字说明、图表、计算、缩写、注释、征引书目以及索引等；第三部分基本是针对出版社而言的，诸如版面设计、字体、印刷和装帧等等。① 有这样一本指南在手，就可以避免在写作时"触底线"，也可以对他人的文章是否存在学术失范做出判断。除此之外，各个学术领域都还有自己的规则，虽然主要内容与指南大同小异，但却针对本领域的特殊规定做了详细的说明。

在我国尚未制定学术界普遍认可的这种技术性标准（我国现有的学术规范大多由学术管理部门而非学术共同体制定，且这些学术规范自身还存在不明确、不具体、可操作性差、规范范围有限等问题，尚未得到学术界的普遍认可和适用），甚至对"学术规范"这一概念的界定都未达成共识，这往往使那些力图严守学术规范者由于无标准可参考和适用而感到无所适从。在实际中，除少数人是明知故犯外，有相当一部分学者和绝大多数研究生涉嫌学术不端是因为对学术规范不了解、不熟悉而导致的。

---

① 王笛. 编辑中国学术界的"《芝加哥手册》"[EB/OL]（2002-02-11）http://shc2000.sjtu.edu.cn/yuanxing/no55.htm.

（三）统一的学术不端认定制度的缺失

学术不端认定制度主要包括认定标准、认定主体、认定程序、认定结果及惩处和认定后的权利救济。如上所述，我国没有统一的、明确的、可操作性的学术认定标准（不管是法律还是学术规范都缺失）。学术不端的认定主体可大致分为两类：对于《著作权法》第四十七条列举的侵权行为，同时损害公共利益的，根据我国《著作权行政处罚实施办法》的规定，应由国家版权局或地方人民政府著作权行政管理部门作为知识产权监察机构和处罚机构。然而，从已经曝光的涉及知识产权的侵权案件来看，上述机构并没有发挥应有的监督和处罚职能（如王铭铭案、莫菊初案、杨建安案都是由他人检举揭露而被媒体曝光，由被检举人所在高校处理，且惩罚力度不足以警示违规者）。对于未涉及他人知识产权的学术不端行为，根据《关于严肃处理高等学校学术不端行为的通知》等规范性文件的规定，则由各高校进行查处。各高校应依照国家法律法规和有关规定，建立健全对学术不端行为的惩处机制，制定切实可行的处理办法，故在实践中是各高校自行制定学术不端行为的调查、监督和惩处制度，没有统一的版本和模板。从已曝光的案件来看，高校的这种监督职责也是欠缺的，如东北财经大学袁新抄袭案、华中师范大学胡春林抄袭案等都是他人发现并予以检举的（在实际中，也有校方监察发现的学术不端行为，但校方未予以公开曝光），打击力度弱，效率低下。虽然大多数高校都引进了电子查重系统对研究生毕业论文进行查重，但一方面该查重系统只能查出大段无修改的抄袭，对稍作修改的文章和数据与图表的抄袭就无法进行监督；另一方面该查重针对的只是毕业生论文，对论文以外的学术活动（包括学生平时的作业、发表的论文）都没有涉足。同时，由于各高校有关学术不端惩处的机构设置不一、权责不明确，对研究生学术不端者的监督、认定、调查、处理"各自为政"，导致在实践中对相同或类似情况的处理却有着大不相同的处理结果（甚至有的学术不端者受到其所在学校的庇护），在处理校际间的学术不端行为时就会处于难以适从的境遇。

（四）学术诚信制度的可操作性和执行力不强

在我国《著作权法》中，不仅对"学术不端"的概念没有清晰的界定，而且对其中最严重的、常见的抄袭和剽窃也没有做出具体的界定。人们无法弄清合理借鉴与抄袭、剽窃之间的关系和界限。因此，一方面，人们可能因为"无知"而"犯错"；另一方面，因法律上的依据不充分，导致在实际中，除了全文或大段抄袭外，很少有被抄袭者将抄袭者诉诸法庭或予以揭发（即便原作者发现某作品是在自己作品的基础上进行的低级的"整合"和"改装"也不敢轻易检举）。在我国其他有关学术不端的规范性文件中，也存在界定不清晰、操作性不强的问题。如《关于严肃处理高等学校学术不端行为的通知》虽然明确了负责查处学术不端行为的主体，但对学术不端行为的认定标准、查处学术不端行为的程序都没有作出规定。对学术不端行为的法律责任，则规定"要根据学术不端行为的性质和情节轻重"来给予处罚，但该条没有列出"性质和情节轻重"的评判标准，对什么行为是不端行为，对不同程度的不端行为处以什么样的惩罚没有明确规定。由于该通知的内容模糊不清、条款不明，各高校在实际中难以把握和细化，有的高校甚至采取直接套用该通知的行文方式，模糊规定，不仅导致学生无法充分全面了解制度的内容，而且给校方的自由裁决留下了很大的空间，容易导致认定不公平。同时，某些高校只是制定和颁布了学术诚信的相关制度，既没有大力宣传，也没有公开该制度的实施情况，导致该校学生甚至不知晓该制度的存在，更不用说用制度的有关规定来约束自己的行为了。

（五）学术诚信制度相关配套制度的缺失

如上所述，我国学术失信现象，不仅与学术诚信自身制度的缺失有关，而且与学术评价制度、研究生管理制度的不健全密切相关。

三、完善我国学术道德制度的几点建议

（一）统一"学术不端"的名称和内容

在我国学术界，对"学术不端"尚无统一的名称和标准，有的称之为"学术腐败"，有的称之为"学术失范"。即使在教育部、科技部等部委出台的规范性文件中，对于"学术不端"的名称、定义和分类也不完全一致，如《教育部关于严肃处理高等学校学术不端行为的通知》中，用的是"学术不端"一词，且把学术不端行为分为7大类（抄袭、剽窃、侵吞他人学术成果；篡改他人学术成果；伪造或者篡改数据、文献，捏造事实；伪造注释；未参加创作，在他人学术成果上署名；未经他人许可，不当使用他人署名；其他学术不端行为）；而科技部在其出台的《国家科技计划实施中科研不端行为处理办法》中，所用的名称是"科研不端"，且在将

"科研不端"定义为"违反科学共同体公认的科研行为准则的行为"的基础上将其分为6大类（两个分类也是有相似、交叉、又有不同之处）。虽然各部委的目标是相同的，然而定义和分类的差异却是增加了理解和沟通的成本，不利于学术诚信制度的顺利实施。

本书建议在立法中（不管是行政法规还是部门规章，但都应在各相关部委达成一致意见的基础上）明确一个统一、明晰、可操作性的"学术不端"的名称（名称应既涵盖自然科学中的不端行为，也涵盖社会科学中的不端行为）、定义（既包括"捏造、篡改和剽窃"的行为，也包括学术腐败和其他违反科学道德的行为）和分类（应以"附录说明"等方式对某些"边际行为"进行认定，如"抄袭"和"合理借鉴"之间的区别，"一稿两投"中哪些情形不属于学术失范等）。各高校以法律为依据，根据各高校的实际情况进行细化，制定相应的学术不端的具体规范和实施细则。

（二）具体的制度构建

1. 建立联动查处制度

很多国家不仅在大学里有专门负责处理学术不端行为的机构，而且在政府层面设立了专门的查处机构，如美国在其政府的卫生部助理部长办公室下设研究诚信办公室（该办公室由1989年成立的科学诚信办公室和同时期健康与人类服务部成立的科学诚信复核办公室在1992年5月合并而成），专门调查和监督那些得到健康与人类服务部资助的相关单位和研究项目（但不包括其他政府部门或民间的研究项目），并与大学、专业团体进行广泛合作以开展诚信和伦理道德教育。我们可借鉴该做法，除了各高校内部设立专门机构外，政府要设立相应的执行机构，即在省级政府和中央政府设立专门的科研诚信办公室或者委员会（实行三级管理制）。

各高校要建立学术法律监督和查处的专门机构，一般的学术不端行为由行为人所在的大学进行处理（即大学是实施科研诚信的主要阵地）。大学对该行为处理后报省级学术诚信办公室备案（如果被处理者对处理结果不服的，可向省级机构申诉，由省级机构进行调查并作出最终处理）；如有大学无法处理的学术不端行为指控（要么是大学无法处理，要么是影响过大，已经超出了一个大学能够容纳的范围），就由省级学术诚信办公室处理，该办公室将处理结果报国家学术诚信办公室备案（如果被处理者对处理结果不服的，可向国家级机构申诉，由国家级机构进行调查处理并做出最终处理）。国家学术诚信办公室在大多数情况下只是一个监督者，总体监督高校和科研院所主持的项目是否存在学术不端行为。当然，设立上述机构的同时应有一套与之相对应的法律法规,以确定该机构的职责、权利义务、调查程序、处罚措施以及被调查人合法权益的保障等,使整个机构的运作变得有法可依、有章可循。

2. 完善学术不端监督制度

一是要成立专门的监督机构和投诉机构。各高校和政府成立的专门学术管理机构除加强自身的监督职能外,还应接待群众的投诉,使民众在有质疑时,能顺畅表达自己的意见并能得到及时的回复。二是借鉴美国高校的做法,指定专人处理与学术不端问题相关的事务,其中包括处理学术不端的举报、策划本校诚信教育的方式内容、制定和修改本校的相关政策制度、监督政策的执行和成果等。此人可由学校的副校长或学术诚信办公室主任担任,这样就能够充分发挥高校在行政上的管理作用。[①] 三是要拓宽投诉和举报的渠道。科研人员和科研单位应通过网络、电视、报纸等平台向公众公布除需要保密的信息以外的科研成果,主动接受社会的监督和检查。民众可以通过信件、网络、热线等方式向专门的学术管理机构投诉和举报。四是充分利用互联网的技术优势,建立一个具有检测和监控功能的中文网站。随着互联网的发展,截至2012年12月底,我国网民规模已达到5.64亿,网络舆论监督力量日益强大。通过建立网络平台,可以对学术不端行为进行讨论、批评和曝光,如方舟子于2000年3月设立的"新语丝"网站、中国政法大学法学院杨玉圣教授创办的"学术批评网"等在监督、威慑学术不端行为方面发挥了重要的作用。但因上述学术批评网站系个人建立,其建设受到人力、物力和学科领域的限制,故应由政府出面创办官方"打假"网站,建立一个既具有检测功能,又可畅通民众监督渠道的网站。

3. 完善学术不端查处制度

我国学术诚信制度还应当通过立法制定全国统一基础性的学术不端行为处理程序,在此基础上,高校、学术团体、科研机构等结合实际情况,进一步制定细化规则,该细化规则应注意与相关法律中关于学术不端行为的相关规制的衔接问题。在高校行政管理范围内对学术不端行为进行监督和处理,对于超越这一界限的,则交由司法机关先行处理。[②] 高校对学术

---

① 杨上上. 美国治理学术不端行为的经验与启示研究 [D]. 河南:河南师范大学,2011:30.

② 夏晓丽. 法治视野下的高校学生学术不端认定研究 [D]. 合肥:安徽大学,2014:27.

不端行为的具体认定程序可大致分为启动、初步调查、深入调查、通知、判决等阶段。在设计我国学术不端行为具体调查程序时，应特别注意启动程序、救济途径和调查过程的公开性、保密性。由于我国高校自查能力有限，故应充分发挥举报人的作用：高校应公开透明举报制度、畅通举报渠道。在救济途径方面，除被举报人有权在认定过程中为自己申辩外，还可以启动申诉程序和听证程序，请求高校重新审查和向上级主管部门提出异议、投诉，对特定的处罚，被处罚的研究生还可以向法院提起诉讼，请求判定处罚无效。在公开性、保密性方面，我们可借鉴美国的做法：在认定学术不端行为时保护原告、被告，追求高证据标准。即在进行学术不端行为的调查过程中，成立一个由科学家发挥主导作用（调查等工作主要由科学界承担）的中立调查专家组展开调查（同时，有预案应对在调查过程中可能出现的法律问题，即科学家加法律顾问的模式），同时注意保护原告和被告的隐私，不向媒体做过度的披露以防舆论的不当干预和影响，在调查结束后，才对调查的原因、程序、结果予以公布。

对违反学术诚信规范的研究生，除一律不允许再参加各种奖励的评比外，还应根据情节的轻重给予警告、严重警告、记过、留校察看、开除学籍、取消学位申请资格、撤销学位等制裁措施（如涉及犯罪，应移送司法机关，绝不受"家丑不可外传"思想的影响）。严格惩处学术不端行为的同时，还应健全硕士研究生学术诚信奖励制度，对于遵守学术诚信规定的，应积极宣传表扬，并给予荣誉和物质奖励。

4. 制定统一的学术规范制度

目前，我国学界并没有形成统一的"学术规范"的概念。本书借用学者叶继元对"学术规范"的定义，即"学术规范"是指学术共同体根据学术发展规律，参与制定的有关各方共同遵守而有利于学术积累和创新的各种准则和要求，是整个学术共同体在长期学术活动中的经验总结和概括。①

我国现有学术规范最大的弊端就在于其缺乏可操作性，对写作中常见的问题没有一个统一标准。鉴于此，当务之急就是学术界编写一部中国的"芝加哥手册"，对学术写作和编辑所涉及的各个细节进行详解，如明确规定手稿的章节划分、文字处理、版权许可等，详细列举标点使用、词的拼写、人名地名以及专有名词、数字、外文、引文、图片及文字说明、图

---

① 叶继元. 学术规范通论［M］. 上海：华东师范大学出版社，2005：5.

表、计算、缩写、注释等。① 当然，此部手册不可能在短时间内完成或马上被学术界认可，但至少学术界和政府相关部门应着手开始此项工作，最终形成一部（或几部）被我国学术界公认的学术规范标准。在此基础上，各高校、科研院所、各学会根据学科的特殊性编写自己的规范制度并通过首课讲授学术规范制度、新生入学时签署学术诚信承诺书等形式，加强对学术规范制度的大力宣传和贯彻，使学生明确学术诚信的重要性，学术不端的形式以及怎样避免出现学术不端行为，明确调查和处理的正确程序和手段，明确自己的权利义务，明确学术不端行为会受到怎样的处罚，以及要承担什么样的后果等。

5. 建立大学生个人诚信档案制度

教育部从2007年起便要求各考研招生单位建立考生的诚信档案，将考生的诚信档案作为高校录取考生的重要参考依据之一。研究生考生诚信档案的主要内容是考生参加全国统考发生违规行为的简要事实及处理结果。考试中作弊考生的档案记录应及时通报其所在学校或单位。同时要求，考生的电子档案要含有考生历年参加全国统考的考试诚信记录信息，并按有关规定在考生特征标志信息项中，对有违规记录的考生统一用字母"W"加以标注。② 可见，该诚信档案记录的只是学生在全国统考中的违规行为，主要用途是作为高校录取考生的重要参考依据之一；在研究生求学阶段，该诚信档案便流于形式。笔者建议从大学本科开始建立个人诚信档案，该诚信档案不仅仅只记录全国统考的情况，而且对该生所有考试情况及科学研究情况以及思想品德表现进行全面记录，从总体上客观反映大学生在校期间的信用情况，并作为研究生录取工作中一项重要的参考依据。该个人诚信档案在研究生在读期间也应继续详细记录该生的道德品行、经济信用、学业诚信和毕业就业诚信，作为该生日后就业、出国留学的凭证。

6. 改革学术考核评价制度

在日益加剧的竞争中，学术研究成果数量成了各高校资源的表征之一。为了完成这些硬性的指标，部分高校不仅通过与利益挂钩的形式（与教师的职称评定和年终考核直接相关）将这些指标落实到教师身上，而且

---

① 魏琴，蒋德璋. 美国社会科学学术规范体系介绍和浅析［J］. 陇东学院学报，2013，24（3）：133.

② 佚名. 考生诚信档案将是考研录取重要参考依据之一［EB/OL］（2006-12-29）http://www.233.com/kaoyan/Express/20061229/085926459.html.

通过与利益挂钩的形式（将论文发表的篇数和或论文刊登的期刊作为研究生毕业的前置条件）将这些指标落实到研究生身上。这些指标更多关注的是科研成果的数量而非研究生真正参与科学研究活动的学术价值；评价方式未对研究生学术活动的规律和特点做出科学的分析和判断。在研究生扩招后高校资源未紧跟配置完善，高校硬性要求短时间产出科研成果（特别是需要大量社会调研和长时间思考的人文社科类学科）根本就是"强人所难"和"隐性逼迫"。

同时，在高校教师评价指标体系尚不完善的情况下，各高校仅仅根据自己的意愿和要求，对研究生的评价指标体系进行自我"设计"和"构建"，是难以保证其科学性和合理性的，也是难以得到大多数人的认可和支持的，"迫使"一些研究生以学术不端的方式短、平、快地出产品。因此，只有科学合理的学术考核评价机制在一定程度上才能激励研究生积极主动遵循学术规范、遵守学术道德。

研究生学术评价制度的补正，可采取以下几个方面的改革：首先，研究生的学术考核评价指标应多元化，即以考查研究成果为主的同时，还要考察其参与学术交流和学术课题研究的情况；其次，要按照不同专业、不同学科领域知识活动的规律和特点要求学术成果的数量和评价指标，不可"一刀切"；再次，对学位论文的字数不作过多的要求，以免引发抄袭或剽窃等学术不端行为；最后，在考查研究成果时，不再以发表论文的数量和刊登的期刊性质来进行评价，而是通过综合考察论文的被引用次数、网上下载率等情况，进行更科学的评价。

第四节 加大学术期刊防控学术不端的力度

一、美国学术期刊防止学术不端行为的成功经验

美国期刊的审稿程序非常严格，这在一定程度上有效地防止了学术不端行为的最终"得逞"。以拥有《实验医学杂志》《普通生理学杂志》《细胞生物学杂志》三种期刊的洛克菲勒大学期刊社为例。该期刊社成立了由来自世界各地的生物医学领域的专家组成的审稿委员会，审稿委员会的委员们不仅要对交到期刊社的文章的价值、意义、重要性进行审查，而且要对文章的真实可信度进行审查。因图片的抄袭和造假不能通过查重系统得到答案，故该期刊社安排专人通过先进技术对作者所投文稿中的图片逐一

进行扫描分析；通过分析发现图片有造假的，文章将不被录用。同时，期刊社还要求作者在发表论文时必须同时附上与该论文有关的原始数据和其他相关信息，并将这些原始数据及信息放在网上，以便读者对文章有更详细和深入的了解。为了防止一稿多发，该期刊社尽量缩短文稿的出版周期，一般在4～6周审理完文稿。① 美国的《科学》杂志在2006年黄禹锡造假事件后，采取了更为严格的论文审查程序，即对可能与人们直觉相悖的科学发现或有可能引起媒体或政界强烈关注的具有轰动效应的研究成果，除采取常规审查外，还另外加审一次。

二、学术期刊学术失范的成因

（一）学术评价机制不科学

目前，我国学术评价制度过于量化和功利化，将论文发表量特别是在核心刊物上刊出论文量与科研人员的考核、收入、职称和研究生的毕业资格等利益直接挂钩，诱发了对核心期刊的"寻租"，"异化"了核心期刊的功能和作用。

"核心期刊"是文献计量学上的一个概念。② 评选核心期刊的本来目的是为各图书馆采购期刊提供参考和为读者快速检索期刊信息提供依据，因为遴选体系自身的缺陷（如对期刊质量评价不周全、未将全部期刊放在同一层面进行评价、公布时间具有滞后性、对交叉学科的期刊未做科学划分等）具有局限性，被遴选上的期刊并不代表就是"优秀"期刊，在核心期刊上发表的文章也不代表就是"优秀"文章；但因我国现有学术评价制度不完善，没有一个公认的标准来科学衡量学术成果的价值，在本学科具有权威性的核心期刊就被各科研机构赋予了重要的职责甚至被"神话"：许多科研单位规定科研人员必须发表一定数量的核心期刊才能通过年终业绩考核，在职称评定时才有资格入围；学术成果评奖、基金项目评审等以在核心期刊上发表若干论文为必要条件；研究生必须发表在该学校认可的核心期刊遴选体系中的期刊上发表一篇或若干篇论文才能有论文答辩资格，否则不予毕业或发给学位证。核心期刊功能异化引发出诸如学术不端等负

---

① 顾泉佩.基于访美交流考察论美国学术期刊的办刊理念及思考［J］.学报编辑论丛，2011：2.
② 李英芝."核心期刊"被用于学术评价的两面性［J］.四川图书馆学报，2007（4）：71.

面效应。①

（二）作者自身道德自律能力下降

如上所述，在不良社会风气的影响下，部分科研人员和在读学生自身的道德自律能力下降，为了获得利益不惜铤而走险，做出抄袭、剽窃、篡改数据、买卖论文、一稿多发、不当署名等学术不端行为，给出版单位造成了人力和财力的巨大浪费，严重影响了期刊质量，损害了期刊信誉。

（三）期刊受利益的驱使

总的来看，我国大多数学术期刊能够坚守学术道德的底线，②但近些年，个别学术期刊为了经济利益，不仅用改刊期的方式增加发文量，而且不坚持学术标准，搞人情稿、职位稿、亲属稿；在质量上把关不严，甚至与论文代写代发中介合作获取回扣，发表了一些学术水平较低的、甚至是抄袭的、不当署名的、一稿多发的论文，造成了极其恶劣的社会影响，成了学术不端行为者的"帮凶"。

（四）编辑的责任心和能力有待提高

一方面，编辑的责任心有待提高，对查重工作，有的编辑认为抄袭和一稿多投是作者自己的事情，应由作者负责，与期刊无关，故将查重工作看成是多余的工作而不愿意去认真查重。如《第三军医大学学报》因84篇稿件存在学术不端行为而退稿，后来发现其中有34篇稿件又在其他期刊上公开发表，而这公开发表的文章中有5篇属抄袭文章（有3篇文章甚至抄袭率达到70%）。如果编辑责任心强，在作者投稿之初严格按照查重程序对文章进行查新，就可以发现问题并及时处理，免去今后的麻烦。③

（五）期刊中介缺乏有效监管

我国现有的学术评价机制和竞争激烈学术期刊市场催生的另一个产物就是代写代发论文。目前，国内论文代写代发情况已十分严重，但我国法律没有明确的规定对此现象进行有效的管控。论文代写代发存在以下问

---

① 张慧. 浅论正确认识和利用核心期刊 [J]. 陕西教育（高教版），2013（11）：61.
② 武晓耕. 学术期刊的"市场化"分析 [J]. 中国科技期刊研究，2013，24（6）：1183.
③ 汪勤俭，郭建秀，栾嘉，等. 84篇因学术不端退稿稿件追踪分析与思考 [J]. 编辑学报，2012，24（2）：131-133.

题：一是有些论文代写代发机构打着与某期刊合作的旗号骗取作者的金钱，要么拿钱后就不再理会作者，要么就是"克隆"一本伪造的期刊。受害者发现受骗后，往往无法维护自己的合法权益：公安机关因涉案金额小而不予立案；有关主管部门也因为没有证据以及人力不够而没有办法进行查处；相关杂志对此也是无可奈何，只能在网上或期刊上发布相关通告。如我国科学院自然科学期刊研究会曾公开发布通告，说其属下各期刊未与任何代写代发论文网站有任何形式的合作，但在网络上仍有代写代发机构"代理"该类期刊。① 二是大多期刊中介机构代理论文写作业务，助长不良风气，滋生学术腐败。三是代写代发的论文通常没有实验作为基础，数据基本上都是虚构与杜撰的。

三、建议和对策

（一）在学术评价机制改革中重塑核心期刊的作用和功能

核心期刊被运用于科学学术评价只是核心期刊作用的一种延伸，但在我国核心期刊的功能和作用却是被"神话"和"异化"，其根本原因是我国尚未有一套被学术界公认的、科学的、合理的科研评价机制。故要让核心期刊的功能回归，只能从我国的科研评价体制改革入手。虽然目前我国学者努力探索并提出了有关学术评价体系构建的相关建议，但科研评价体制的改革并不是一件容易的事情，它自身就是一项科学研究，不可能一步到位。在学术评价机制改革中，我们可以从以下几个方面努力来重塑核心期刊的功能。首先，政府应采取积极的措施应对核心期刊的功能异化。目前，我国行政管理部门对核心期刊评选采取的是"不参与、不评论、不过问、不承认"的"四不"政策，但作为政府主管部门，其有责任和义务管理和引导核心期刊的评价工作。国家新闻出版广电总局应联合其他相关部门（如人事部等）共同制定核心期刊评价标准，介入评价过程，以创造平等竞争的学术环境。其次，科研单位的领导应重新认识核心期刊的"本来面目"，尽快走出对"核心期刊"认识的误区。在对本单位科研人员和在读研究生进行科研评价时，不再以核心期刊发表论文数量作为"硬杠子"和主要标准（甚至唯一标准），而应通过考查文章的被引用率和影响因子

---

① 刘清海. 从来稿基本信息着手发现学术不端的线索 [J]. 编辑学报，2014，26（5）：449-451.

来确定其学术价值。最后，研究生就读期间的学术水平的考查应由其导师来完成。高校对研究生发表论文量不再作"刚性"要求，研究生的毕业不再与论文发表量挂钩。只要研究生完成其导师交付的作业和任务并通过其导师考核，完成其在研究生就读阶段的科研工作，即可参加毕业论文的答辩。当然，学校应制定相关政策奖励和鼓励研究生撰写、发表高质量的论文。

（二）学术期刊积极应对学术不端行为

1. 整治学术期刊市场

对学术期刊的管理和整顿，政府有不可推卸的责任。从 2010 年开始，（原）国家新闻出版总署开展了期刊违规刊发质量低劣论文专项治理工作。为进一步优化学术期刊出版环境，2014 年 4 月，国家新闻出版广电总局下发了《关于规范学术期刊出版秩序 促进学术期刊繁荣发展的通知》，明确提出将开展学术期刊资质认定和清理工作。①

2014 年 5 月，总局印发了《关于开展学术期刊认定及清理工作的通知》，开始对全国学术期刊进行认定和清理。经过严格的审定，2014 年 12 月 10 日，总局在其官网上正式公布了第一批认定的学术期刊名单。在《总局就学术期刊认定工作答记者问》中，总局有关负责人提出，在学术期刊名单正式公布后，总局将严格规范非学术期刊出版理论版、学术版及收取论文发表费等行为，对败坏学术期刊声誉、以牟利为目的的所谓"学术期刊"坚决进行清理，规范期刊出版秩序；向社会公示区别学术期刊和非学术期刊，对学术期刊进行动态管理和分组管理等。②

2. 联合抵制学术不端行为

同专业、同学科的期刊除应统一学术不端行为的标准外，还应进行有效的资源共享。一方面，同专业、同学科的期刊可以共同签署抵制学术不端行为的联合声明，以相互通报行为不端者的有关情况。我国已有多种期刊签署了这样的声明，如 1999 年，7 家历史类期刊就签署了《关于遵守学术规范的联合声明》，2003 年 16 家音乐类期刊发表了《关于加强学习道德建设的联合声明与建言》，但由于加入的期刊数量太少，还不足以达

---

① 晋雅芬. 严格资质 正本清源 提升质量——总局有关负责人就学术期刊认定工作答记者问 [N]. 中国新闻出版报, 2014-12-10: 1.

② 晋雅芬. 严格资质 正本清源 提升质量——总局有关负责人就学术期刊认定工作答记者问 [N]. 中国新闻出版网, 2014-12-10.

到同学科期刊互通有无、共同监管抵制的效果。另一方面，学术期刊编辑部应对发表的论文进行三次相似度检测，第一次是在收到稿件之初，第二次是在正式发表之前，第三次是在接到举报或发现撰写者存在学术不端嫌疑时。对被确认为学术不端的文章，应积极联系并通知作者所在单位和其他期刊社（通过建立共享数据库等方式）；如果已发表，则通过各大数据库取消刊载在刊物上的文章。

3. 引导学术规范

我国应在政府主导下，由包括学术期刊在内的整个学术共同体共同来构建我国的学术规范。学术期刊在我国学术规范的构建中，不仅扮演着撰写者的角色（美国的《芝加哥手册——写作、编辑和出版指南》就是由芝加哥大学出版社的一批资深编辑撰写的），而且在学术规范的实践的推行中将起到重要的引导作用。正如《中国社会科学》总编辑秦毅强调的："规范学术研究，建立良好学风需要各个方面的共同努力，而编辑出版工作是把住失范作品出口的关键环节，因此学术期刊责无旁贷。"[①] 学术期刊有责任在自己的刊物上对学术规范进行宣传，开辟专栏进行学术批评和学科评论，营造良好的学术氛围；期刊编辑在日常工作中有责任和义务发现并拒绝粗制滥造、抄袭剽窃的文章，有责任对不符合学术规范的稿件进行指正并要求作者作出修改，从而达到引导学术规范，整顿学术界学术风气的目的。

4. 加强编辑责任心，提高编辑防范能力

编辑是文章发表前最后的"守门人"，故编辑自身的素质与期刊刊登的稿件质量间应成正比关系。编辑自身素质表现在对学术规范的把握、对有价值稿件的遴选、对学术权力的自控等方面。编辑责任心的提高，一方面来自于自律，另一方面来自于法律、制度的他律。

编辑防范学术不端行为能力的提高，关键在于其自身学术水平的提高和对学术规范掌握程度的提高。编辑自身学术水平高，便可在编辑过程中把粗糙的、学术价值低的、低级重复的稿件排除出去；对学术规范掌握程度深，便可发现虚假注释、不实参考文献和其他不规范行文。当然，在实际的操作中，编辑必须借助一定的工具对来稿进行不端文献检测，必须认真选择审稿专家，与作者保持联系，必须要求作者做出诚信承诺（来稿必

---

① 张曙光，鲍宗豪，刘瀚，等．"创新时代的哲学社会科学"笔谈 [J]．中国社会科学，2003（1）：96．

须附单位介绍信并承诺文章无抄袭剽窃行为、无一稿多投等学术不端行为；基金项目资助课题的研究成果，应要求作者提供该基金项目的证明等）。

（三）严厉打击"非法中介"

期刊代写代发中介存在的前提是我国大多数学术期刊收取版权费。学术刊物适当收取版面费用于补助办刊并非就是"罪大恶极"，其具有一定的合理性和现实可行性。但我们可从以下几个方面规范学术期刊市场，其一，国家有关主管部门对版面费收取的金额作出统一规定；其二，版权费不能要价太高；其三，对期刊编辑部超出版权费收取标准"乱收费"的现象出台相关规定进行严厉打击；其四，有关主管部门明文规定，除版面费外，期刊编辑部不得收取其他任何费用；其五，畅通举报渠道，发动群众对期刊"乱收费"现象进行监督。通过上述举措，从根本上截断代写代发中介与编辑部（及其编辑）之间的利益链条，使中介无生存空间。同时，公安机关应及时受理受害者的报案，对中介的欺诈犯罪行为予以严厉打击。

第七章　当代研究生学术诚信微观保障体系构建
——基于诚信教育的视角

诚实守信是中华民族的传统美德，也是社会的基本道德规范。然而随着社会的发展，这种优良品质渐行渐远，说假话、假文凭、假证件、假发票、假彩票、考试作弊、偷逃税款、骗取保险、虚假广告、假球黑哨、假医假药等时有发生。社会上诚信缺失的情况非常严重，以致产生了广泛的负面影响。高校研究生是我们祖国未来建设的中坚力量，是文化创新的先锋队伍。然而不幸的是，近年来关于高校研究生学术诚信缺失的报道日益增多，高校研究生学术不端的行为加剧。出现这种状况的原因是多方面的，以下拟从高校、研究生导师和研究生自身三个方面进行分析，并提出相应的解决对策。

第一节　加强高校学术诚信教育体系建设

古人说："民为邦本。"一个国家的基础稳固不稳固，全看国民有没有知识。国民如果受过相当的教育，能够同舟共济，努力为国家负责，国基一定稳固。中国伟大的教育家陶行知先生也曾说：人民贫，非教育莫与富之；人民愚，非教育莫与智之；党见，非教不除；精忠，非教育不出。可见，教育是立国之本，只有人民的素质提升了，国家才有兴旺强盛的可能。高校在教育中承担着特殊的使命，针对当前日益严重的研究生诚信缺失现象，必须加强高校学术诚信建设，正本清源，营造一个良好的学术环境。

一、重视学术诚信文化建设

（一）高校学术诚信文化建设的现状

高校作为我们意识形态和思想舆论导向的前沿阵地，在弘扬社会主旋律、倡导社会主义核心价值观方面发挥着重要作用。然而，目前我国高校的思想政治工作不重视对学术诚信体制的构建，不重视对学术诚信理念的培育，也不重视对学生诚信道德和品质的教育，使当下高校学术环境和学术氛围欠缺，长远看来，不利于国家和民族的发展。

1. 高校学术诚信文化缺失对研究生学术诚信保障的影响

文化是一个民族的灵魂，是一个国家兴旺发达的不竭动力，也是创造力的重要源泉。文化能够对人们产生潜移默化的影响，正所谓"近朱者赤，近墨者黑"，讲的就是这个道理。环境影响着人，同时环境也在塑造着人。改革开放以来，随着我国经济突飞猛进的发展，我国教育事业也在逐步改进，由精英化向大众化转变。研究生招生规模扩大的同时，高校学术氛围却愈发欠缺。在市场利益机制的导向下，一切向"钱"看齐，真正沉下心来做学问的人少之又少。大多数本科毕业生选择读研要么是因为期望在毕业后能有个更高的起点以谋求一份好的工作，要么就是逃避现有的工作压力，真正因为兴趣和对知识的渴求读研的并不多。带着这种利益主导的价值观到高校就读的研究生，势必会对高校学术氛围产生不利影响。再加上高校本身对学术诚信问题的忽视，不注重培养学生的诚信品质和创新意识，长此以往，必然大大降低研究生毕业生的质量。

2. 高校研究生学术诚信文化缺失的表现及原因分析

（1）主要表现。

高校学术诚信文化缺失多会导致学术失信行为，亦称学术不端行为。根据教育部2009年4月发出的《关于严肃处理高等学校学术不端行为的通知》的文件，学术不端行为的表现主要有：抄袭、剽窃、侵吞他人学术成果；篡改他人学术成果；伪造或者篡改数据、文献，捏造事实；伪造注释；未参加创作，在他人成果上署名；未经他人许可，不当使用他人署名等行为。上述学术不端行为，在研究生中或多或少、或重或轻都有所表现。除此之外，根据研究生的情况，学术不端行为还有一稿两投或多投、重复发表论文或一个成果多篇发表、杜撰参考文献、考试作弊、雇佣"枪手"代写论文或作业等现象，其中一些行为还相当严重。造成研究生学术失信从而产生学术不端行为的原因应该是复杂且多方面的。从内因来说，是由于研究生诚信自律意识淡薄；从外因看，有制度缺陷的因素，也有社会环境的诱因。

（2）原因探析。

①在教育理念上学术诚信教育缺失。

从政府相关文件来看，"对研究生学术能力的重视甚至超过对研究生学术道德素质的重视"。在《中华人民共和国高等教育法》第二章第十六条第三款中明确规定："硕士研究生教育应当使学生掌握本学科坚实的基础理论、系统的专业知识，掌握相应的技能、方法和相关知识，具有从事本专业实际工作和科学研究工作的能力。博士研究生教育应当使学生掌握本学科坚实宽广的基础理论、系统深入的专业知识、相应的技能和方法，具有独立从事本学科创造性科学研究工作和实际工作的能力。"《中华人民共和国学位条例》第五条对硕士学位授予的规定是："在本门学科上掌握坚实的基础理论和系统的专门知识；具有从事科学研究工作或独立担负专门技术工作的能力。"第六条对博士学位授予的规定是："在本门学科上掌握坚实宽广的基础理论和系统深入的专门知识；具有独立从事科学研究工作的能力；在科学或专门技术上做出创造性的成果。"由此可见，我国研究生教育的核心是对学生研究能力和工作能力的培养。重"科研能力"，轻"科研素质"的教育理念必然导致研究生教育实践中重"智"轻"德"的做法。在研究生培养规模不断扩大的今天，很多研究生培养单位重"数量"，轻"质量"，盲目追求规模、效益，并且认为研究生已经具备了自我认知能力和自我调控能力，没必要进行道德教育。由于在教育理念上忽视对研究生应具备的科研道德素质的教育，致使研究生学术诚信教育严重缺位。

②在制度建设上学术诚信教育缺失。

制度是规范人们行为的规则，它不仅规范、限制人们的行为，还对人们的行为起着指引、导向的作用。由于在思想上忽视研究生学术诚信教育，必然造成制度建设上的学术诚信教育缺位。

在研究生招生制度上不重视诚信考核。众所周知，研究生招生与本科生招生最大的不同是要经过初试和复试两个环节。其中的复试亦即面试，是对考生的全面考核，理应包括思想道德素质。然而几乎所有的招生单位在复试中都是重点考核学生的专业能力、外语听说能力、思维反应能力及文化素质等，很少触及道德层面。

在研究生评价制度中侧重量化考核而忽视道德素质。目前，在评价制度体系中评价指标量化已经普遍化、规范化。对研究生的学业评价也是采取的量化指标，也就是研究生在学习期间只要修完必要的学分、完成规定的论文数量、通过论文答辩，就可获得学位，顺利毕业。学生在校期间评优、评奖等也都实行量化。在这种评价体制下，学生发表论文只是为了取得好的分数，至于文章的质量好坏、是否存在学术不端行为则无人考察。为了完成这些量化指标，那些研究能力较低的学生，甚至有一定研究能力但为了得到更理想的分数的学生，突破道德约束，选择了有悖学术诚信的做法。

③在教育环节上学术诚信教育缺失。

研究生课程中没有涉及科学精神、学术诚信等内容。根据国家对研究生课程设置的相关规定，目前各高校及研究生培养单位开设的有关思想道德教育课程涉及的内容主要是马克思主义理论方面，至于什么是科学精神、在科研中如何诚实做学问、如何尊重他人的科研劳动成果等学术道德内容基本没有，更谈不上设置专门的课程系统地对学生进行学术诚信、学术规范教育了。

导师的教育作用没有得以很好的发挥。研究生在读期间接触最多、联系最为密切、影响最大的当数其导师。作为导师不仅要传授给学生科学研究的技术、知识，还要教育学生遵守科学研究的道德准则。但实际情况不是这样。一方面，有些导师忙于自己的科研、教学和其他事务（特别是个别在多所高校或研究院、所挂名的导师），对学生的学习生活情况很少过问，对学生的思想状况了解更少；如果学生是在职学习的，他们又有自己的工作事务，师生之间交流接触的机会就更有限，在这种有限的交流中，对于有关科学精神、学术诚信等问题，导师给予的只是强调或提示，谈不上真正的教育作用。另一方面，如果导师本身的道德素质不高，做出过违背学术诚信的事情，不但发挥不了对学生的正面教育、引导作用，反而把学生引向了道德的反面。

（二）加强高校学术诚信文化建设的措施

千里之堤，毁于蚁穴。我们必须高度警惕社会生活中的学术不端现象，并及时地加以制止，有效遏制其负面影响，绝不能等到事情到了无法挽回和补救的地步才来后悔。中国古代强调"人无信不立"，今天中国社会主义核心价值观也明确将"诚信"纳入公民个人层面的价值准则，可见，诚实守信一直都是我们中华民族宝贵的精神财富。在加强高校学术诚信文化建设的过程中，既要从中国古代优秀的文化中汲取营养，又要以社会主义核心价值观引领风尚，营造良好的诚信氛围。

1. 弘扬创新文化与质量文化

高校作为国家人才培养的后备基地,在社会主义现代化建设中起着重要的作用。文化是维系一个民族生存和发展的精神纽带,是一个民族的"根",高校文化则显露着一所学校的人文底蕴和精神风貌。在当前注重科技和文化竞争的国际形势及注重发展质量的国内发展现状下,高校文化建设必须紧密结合国际国内大背景,尊重知识,尊重人才,鼓励学术创新,培养创新型高校文化。同时,还要塑造质量文化,就像我们呼唤绿色、低碳的发展道路一样,高校学术研究和学术创作也要讲求质量,坚决杜绝高校学术"重数量、轻质量""滥竽充数"等行为。

当前,应弘扬创新文化和质量文化相结合的高校文化主旋律,要以社会主义核心价值观为指引,以学术道德为底线,彻底根除学术造假和学术腐败现象,为学术创作营造良好的氛围。

2. 弘扬科研诚信优良传统

科研即科学研究,一般是指利用科研手段和装备,为了认识客观事物的内在本质和运动规律而进行的调查研究、实验、试制等一系列的活动。科学研究为发明新产品和新技术提供理论依据。可见,科学研究最需要的是科学精神,是实事求是的精神,是对真理不断追求和探索的精神。如果我们今天在科学研究和学术创作中背离了这种精神,那就有悖于科研本身的优良传统,歪曲了它本身崇高的意义。著名学者、北京大学教授范文澜先生曾说:做学问,要有"坐冷板凳、吃冷猪头肉"的精神。因为古人学问成就高了,就可以入先贤庙,接受后人供奉,但是还只能"坐冷板凳、吃冷猪头肉",这里比喻做学问要有守住清贫的心理准备,在"坐冷板凳"中追求真知,并以此为荣、以此为乐。若将学术和利益、金钱等同起来,不会也不能做好学术。做学术除了需要上述那种甘于寂寞、勇于追求的精神,还必须有科学研究应有的谨慎精神,正所谓"板凳要坐十年冷,文章不写一句空"。做学问来不得半点虚假,逐字逐句都要仔细推敲,每一论点都须严密论证,脚踏实地,才能一步步地攀登真理的高峰。以科学精神为导向,弘扬科研优良传统,为学术诚信保驾护航。

3. 加强校风、学风建设

校风即学校的风气,它体现在学校各类人员的精神风貌上,体现在学生的学风、教师的教风、学校干部的作风、各班级的班风上,还存在于学校的各种事物和环境之中。学风一般指学校全体师生在治学精神、治学态度和治学方法等方面的风格,是全校师生知、情、意、行在学习问题上的综合体现。良好的学风是优良校风的必要前提，优良的校风又反过来促进良好学风的形成。在当前高校校风学风建设中，要注重校训的作用。校训是一所高校的灵魂，是校风学风的高度凝练和集中概括，也昭示着高校的精神风貌，如清华大学"自强不息、厚德载物"的校训，武汉大学"自强弘毅、求是拓新"的校训，中山大学"博学、审问、慎思、明辨、笃行"的校训。中国以儒家为代表的传统文化具有许多优良的品质，如慎独、正心、诚意、修身、齐家等，校训的选择应当从中充分汲取养分，践行"君子"的品格。积极向上的校训对于培养学生归属感和认同感、促进良好校风学风的形成具有不可估量的作用。在学术诚信的校风学风建设中，应当以校训为突破口，以校训促校风，以校风促学风，形成良好的学术环境。

4. 净化学术环境

学术界一向被认为是"净土"，是思想碰撞和交流的场所，是追求真理的代名词。然而近年来，学术腐败和学术不端行为日益增多：剽窃、抄袭他人学术成果；利用手中金钱和权力获得名不副实的学位、证书；侵吞挪用科研经费等。造成这些现象的原因是复杂的，学校关于学术论文和学术成果的硬性规定、个别师生利欲熏心等，都是造成当前学术环境不容乐观的原因。在某种程度上，学术界的腐败比政治腐败和经济腐败危害性更大。学术界作为传承和发展文化的领域，它担负着传承和发展优秀传统文化的重大使命，关系着我国自主创新能力的培养及科教兴国战略的实施。它的腐败直接标志着学术道德的沦丧，为人师者师德和人格的缺陷，不仅会贻误后代，破坏优秀文化的传承和发展，损害国家良好的文化形象，更会导致我国传承几千年的优秀传统文化精髓的丧失，从根源上影响大众道德信仰的树立和人格的健全。中国古代伟大的思想家孔子曾说："其身正，不令而行；其身不正，虽令不从。"对于学术界来说，如果连传统文化的精髓都不能继承，那又何谈推动中华文化走向世界，从而使我国迈入世界文化强国之列呢？如果要毁灭一个民族，就先摧毁这个民族的文化。学术界在传承优良传统文化、增强国家文化软实力、推动优秀文化走向世界的过程中意义重大，所以学术环境亟待净化，必须严抓严管，健全学术奖惩制度和体系，杜绝一切学术腐败和学术不端行为，使学术创作能够"呼吸"新鲜空气。

二、重视学术诚信师资队伍建设

任何一所学校吸引人的地方或者说其独具竞争力的地方必然是它的教

育质量，质量是高等教育的生命线。而提高教育质量的关键在于教师，教师队伍建设是关键。正如法国教育学家埃米尔·涂尔干所说："教育的成功取决于教师，教育的不成功也取决于教师。"可见，教师在教育中扮演着重要角色，师资队伍的好坏，是决定学生培养质量的关键因素。所以，高校学术诚信建设，还必须依靠师资队伍建设，高水平的师资队伍不仅是教学质量的保证，也是形成良好学习风气的重要推动力量。

（一）高校师资队伍对研究生学术诚信保障的影响

高校师资队伍对研究生学术诚信具有重要影响，这种影响一方面表现在教师对研究生的诚信教育和道德教育方面，这是基础性影响；另一方面表现在"上行下效"，即教师的以身作则方面。既要传播知识，又要对学生道德情操进行启迪，塑造学生的健全人格，高校教师面临的是科学文化素质建设和思想道德素质建设的双重任务。教师如果严于律己、治学严谨、兢兢业业，那么学生就会仿效老师的行为，严格要求自己；反之，如果老师师德欠缺，弄虚作假，那么必定不会给学生带来好的影响。研究生是我国文化创新和科技创新的中坚力量，高校教师如果不狠抓学术诚信和学术道德，那么随之会带来学术诚信文化的缺失、教育质量的下降，广大研究生的诚信道德滑坡，将直接影响祖国未来的繁荣和发展。高校教师必须对学术诚信予以充分重视，在自己的教学和科研生活中做好榜样，并接受学生监督，构建良好的学术环境和学术氛围。

（二）高校师资队伍建设的现状

随着我国经济的发展，加之国家和教育部的高度重视，相比过去几十年，高校的师资力量已经得到了很大改善。然而，当前高校师资队伍仍然存在很多问题，如年龄结构不合理、学术梯队断层、学缘结构不合理等。对研究生学术诚信来说，高校师资队伍主要存在着以下三方面的缺陷。

首先，缺乏高水平的学术大师引领研究生学术诚信。高水平的学术大师不仅以他们渊博的学识影响着广大研究生群体，而且以他们高尚的学术道德感染着研究生群体。钱穆先生曾说："大师者，乃是通方之学，超乎各部门专门之上而会通其全部之大义者是也。一个部门学术之有大师，如网之在纲，裘之有领，一提挈而全体举。"可见，学术大师在其学术领域起着"网之纲""裘之领"般的作用。除此以外，学术大师在追求真理的道路上必然是兢兢业业、是非分明、严于律己、勇于探索的。但当前高校由于各种原因导致学术大师缺乏，不利于引领研究生诚信道德和培养研究生学术钻研精神。

其次，缺乏高水平的研究生导师指导学生。我国研究生普遍实行导师负责制，在研究生诚信教育中如何发挥好导师的作用至关重要。导师对研究生的帮助不仅体现在生活帮助上，而且表现在学术引导和道德培养上。高水平的研究生导师以其深厚的学术造诣成为研究生学习的榜样，而相比其他老师来说，导师也较了解自己的学生。高校应当充分把握研究生教育的这一特点，促进导师和学生间的交流，以导师优良的学术品质影响学生，树立研究生正确的学术道德观念，从而促进研究生学术诚信体系的构建。

最后，缺乏专职的研究生辅导员队伍管理学生。目前，我国的研究生辅导员缺乏稳定性，即缺乏专职的辅导员队伍，有些高校甚至没有设立研究生辅导员。据调查，56%的研究生辅导员希望在两年内换岗，80%的兼职研究生辅导员表示工作满一年后就卸任。研究生辅导员虽然具有教师和国家干部双重身份，但一不能上台讲课，二不能从事干部管理工作，使这个岗位具有很大的不稳定性。但研究生辅导员在学生思想政治工作、心理辅导和就业方面起着重要作用，我们必须转变观念，努力建设一支高水平的专职辅导员工作队伍。这样既有利于促进师生之间的交流，也有利于系统化地对研究生群体进行诚信教育，从而让研究生形成良好的学术道德。

（三）加强高校师资队伍建设的措施

高校教学管理的核心是教师队伍建设。教师是组织和实施教学内容的主体，教师是教学活动的组织者、实践者，是教学方法的设计者、实施者。一流的教学内容、一流的教学方法、一流的教材、一流的教学管理首先要有一流的师资队伍。研究生学术诚信体系的构建有赖于高校师资队伍的建设，这种建设既包括学科专业建设，也包括导师队伍和管理队伍的建设。

1. 加强高校学科专业建设，提升学术研究能力

目前，国内各高校的学科专业建设是高校结构调整的核心，学校的办学质量和办学特色，甚至整个学校的生命力都体现在学科专业建设中，各类高校都在努力做好这个调整工作。各个学校办学资源不同，要完成的社会职能也不同，那么学校的办学目标定位也应该是不一样的。高校的办学目标定位对学校改革和发展的作用是非常大的，它不仅是学校进行改革、保持竞争力的基本依据，而且对学校的资源分配、资源的有效利用起着重

要的作用。因此,学校的学科专业建设首先要考虑学校的办学目标定位。

除此之外,一些特殊的地域条件、经济条件和人文环境在学科专业建设时也应当予以充分考虑,如在热带地区建设热带农业学科,在经济发达地区建设金融和管理学科,在人文和历史底蕴厚重的地区加强对人文历史学科的建设,结合实际情况发展优势学科。

学术研究能力的培养是高校师资队伍建设的又一重要因素。高校应当鼓励学术创新,倡导思想自由,不能单纯死板地以论文发表数量来论优劣。可将科研型教师和教学型教师分开来,分别以科研成果和教学成绩对教师进行评定。这样,科研创作者可安心搞科研,教学工作者可安心进行教学,长远来说有利于高校教育质量的提升。

2. 加强高校导师队伍建设,提升导师学术水平和管理能力

高校师资队伍的建设还必须依赖导师队伍的建设,不断提升导师的学术水平,加强导师和学生的沟通,提高导师的管理能力。研究生与本科生的最大区别是本科生按班级组织教学,而研究生则是单个培养,一人一个相对固定的指导老师。严师出高徒,对于研究生来讲,显得更为突出。研究生被录取后,从培养计划的制订、课程学习、论文工作直到学位论文答辩等多个环节,都离不开导师的精心指导。导师的思想道德、工作作风、学术水平、治学态度以及科研方法等,无不潜移默化地影响着研究生。

(1) 建立完善的导师遴选、聘任制度。

遴选硕士生导师可以促进高校教师队伍建设和学术梯队的建设。在遴选导师过程中,应采取多种积极的促进办法。对只有一个导师的专业或方向,在导师退休年龄前就提前提醒其尽快配备助手和接班人,同时向其明确能继续指导研究生的年限,允许他们与新老导师衔接时重叠存在,同时计算工作量。通过解决落实导师遴选中出现的问题,促进导师队伍的尽快成长。遴选研究生导师,有利于促进导师在学科前沿获得科研成果,同时有利于硕士生做出高水平的论文。导师重在"导",特别是在指导硕士生进行论文课题研究时,能够引导研究生在学科前沿刻苦钻研,有所创新,有所突破。把符合条件的教师及时地充实到导师队伍中来,让他们挑起培养高层次人才的重任。在遴选过程中,应特别注意新老交替和稳定队伍两个方面。不是晋升了副教授就都能指导研究生。副教授是指导研究生的必要条件而不是唯一条件,要根据导师标准全面衡量。掌握好新老导师的比例,不能使新增导师比例过大,导师队伍要相对稳定,同时要注意向有才干的青年教师倾斜。

导师聘任多指从外校聘请教师指导研究生，目前我国导师聘任制度导致了一些问题，如导师与研究生交流过少，"放羊"式管理等。针对这些问题，我国研究生导师聘任制度应从以下几方面改进：第一，借鉴西方国家导师聘任制度的有益元素。西方国家导师聘任的条件不是看中教师的职称，而是注重教师在某一学科内独特的创新思维方式，独立从事科学研究的能力。第二，建立导师聘任上岗后的培训制度。导师对研究生的培养大多是根据自身以前的经验，这样固然可行，但是导师指导学生也是一个不断摸索的过程，不应当模式固化。建立导师上岗聘任培训制度，不仅为新导师提供了岗前培训，而且为现任导师提供了进修的机会。第三，健全导师聘任后的监督制度，我国高校导师聘任制度相对严格，然而，对聘任后导师的监督制度却不够健全。健全监督制度实质上是建立一套动态评估、跟踪评估的制度，既有利于导师队伍素质的提高，也有利于研究生培养质量的提升。

（2）提升研究生导师队伍素质。

在研究生阶段，由于培养方式的变化，导师是对研究生影响最大的人。导师负责制使导师在整个研究生培养阶段肩负着重要的责任。导师对研究生的培养主要包括促成研究生正确价值观的形成、对研究生学术能力的培养和对研究生学术道德的培养。价值观即是为谁服务的问题，这个问题至关重要，导师必须帮助研究生端正态度，树立正确的价值观。学术能力的培养和学术道德的培养必须双管齐下，绝对不能偏废任何一方，否则研究生教育就不能算是合格的教育。当前，研究生导师必须提高专业素质，树立高尚的职业道德和情操、严谨求实的科学态度和实事求是的作风，以良好的学术能力和高尚的道德，为研究生做出典范。

3. 加强管理队伍建设，提升管理人员专业化管理水平

长期以来，高校中管理队伍的专业化问题得不到应有的重视。在理论界，从20世纪60年代起，学者们就开始研究教师的专业化问题，认为这是教育改革的重要方向，但是这些观点只看到了教学人员专业化在教育领域所起到的重要作用，忽视了高校中行政管理工作专业化的意义，忽视了机关行政人员的专业资格制度对大学发展的长远作用。有的学者将高校行政管理人员也纳入"教师"的行当中。实际上，高校管理人员无论是在知识范围还是工作范围都与教师有着显著的差别。不仅如此，大多数高校不重视对行政管理队伍的建设，很多领导甚至把校内教学人员的家属安排在行政岗位上，以此来吸引更多的专家学者到本校安家落户。大学的发展要

求管理人员应当具有良好的政治素养、高尚的思想品德和职业道德、丰富的专业知识和教育管理知识以及运用现代管理工具的能力。要提高管理人员的素质，主要应从以下两方面着手：第一，要以科学的方法严格选拔和任用管理干部。高校在招聘和录用干部时，应当在坚持公开、公正、平等、择优原则的基础上，引入竞争机制，并运用管理学、心理学、领导科学等相关原理和方法，对候选人进行客观全面的人事测量和评估，以素质论人才，做到用人设岗以效益为先。第二，要加强对现有管理人员的培训。针对部分党政管理人员知识结构比较单一的现象，可以通过鼓励其自学或集中培训等方式促使其不断加强现代科学技术知识、管理理论及系统教育理论的学习和研究，以便使其改善知识结构，培养较深厚的科学文化素养、较丰富的现代管理经验、较高超的研究解决实际问题的能力。

三、 重视研究生学术训练，加强培养过程管理

若要根治当前研究生教育中的各种弊病，除了外在的校园环境建设、师资队伍建设和管理队伍建设外，还必须对研究生加强学术训练，不断提高他们的学术能力。研究生阶段的学习导师虽然起着重要作用，但是最主要还是要靠自身的努力，正所谓"师傅领进门，修行靠个人"。我们的教育目的并不是期望每一位研究在毕业后都能致力于学术研究，但是培养严谨求实的作风，无论在他们今后的工作还是学习生活中，都是必不可少的。所以，学术规范教育和科研方法训练，是其通往学术之路的必要条件，更是其人生道路上顺利前行的必要条件，应予以重视。

1. 开设学术规范课程

学术规范主要包括学术道德规范、学术法律规范、写作技术规范和学术评价规范。无规矩不成方圆，做任何事情都要遵循一定的规则。当前部分高校过高估计了研究生的能力，认为他们不需要进行学术规范教育、学术写作规范教育及学术道德教育，在客观上增加了研究生学术失信的几率。学术规范课程的开设，符合当前研究生的学习实际情况，有利于规范他们的学术行为，提高他们的学术能力。

（1）开设学术规范课程的必要性。

据相关调查显示，我国大部分高校对研究生进行学术规范和学术道德教育的主要途径都是让研究生自学教材，只有很少的一部分高校开设有专项课程帮助研究生学习相关知识。高校对研究生学术规范课程开设的不重

视是造成研究生学术诚信失衡的重要原因。课程是教育的最重要的载体，只有通过专门的学术规范教学，才能引起广大研究生的重视，并形成相应的学术规范和学术道德理念，进而在自己的学术生涯中时刻以这一思想观念为指导，进行学术研究和探索。2015年1月教育部公布《关于改进和加强研究生课程建设的意见》文件，文件要求着力培养研究生的知识获取能力、学术鉴别能力、独立研究能力和解决实际问题能力。结合课程教学加强学术规范和学术诚信教育。针对当前研究生在学术领域出现的各种弊病，只有开设相关专项课程，才能将学术道德和学术诚信的观念根植于他们的头脑之中，从而从思想源头上根除他们的投机取巧心理并防止学术失信行为。

（2）开设学术规范课程的途径。

研究生学术规范课程不同于其他理论或者实验课程，理论和实验注重培养人的学术思维能力和科学研究能力，而学术规范课程更多的是通过向研究生讲授相关学术规范和行为以形成他们良好的思想品德，达到改造自身主观世界的目的。所以在高校研究生中开设学术规范课程一方面要注重向传统课程吸取经验，制定课程教学大纲，并在开课前向学生公布并提交管理部门备案，作为开展教学和教学评价工作的重要依据，而且应对课程各个教学单元的教学目标、教学内容、教学方法及考核形式做出详实安排，对学生的课程准备提出要求和指导。另一方面研究生学术规范课程又和传统的课程讲授有很大区别。一般来说，传统课程主要是老师向学生讲授知识和理论，以达到"传道、授业、解惑"的目的，而研究生学术规范课程不仅要讲授相关资料搜集、论文撰写、论文修改和论文发表等相关学术规范，更重要的目的是向广大研究生传递一种严谨求实的学术作风，一种诚实守信的高尚品德。所以，这类专项课程的开设绝不能流于形式。教师在授课过程中，除了讲述基本的学术知识以外，必须与历史和现实相契合：一要充分发掘中华民族的悠久历史文化，如商鞅改革立木为信；二要结合大量国内外关于守信的例子，如海尔的砸冰箱事件，使广大研究生意识到诚信对于他们今后的学术生涯及工作生活的重大意义。在课程讲授中，教师还可以通过小组活动、主题班会和诚信影片放映等多种方式，寓教于乐，激发广大研究生的兴趣，引起他们的共鸣。总之，在课程中一定要注重实效性，坚决避免"形式主义"。

2. 开展学术规范教育

（1）弘扬"大学精神"，重塑"知识分子情怀"。

"所谓大学精神，无非就是知识分子的精神，无非就是人的精神。治学与做人，或未必能合而为一，但在实践上却每每精神相通……无论身在大学之内或大学之外，对人事对学问苟能坚持独立之精神、自由之思想、诚实之信念、宽容之态度、悔过之意识，则大学精神存焉。"由于"大学的功用在于人类古今知识的传承与发展"，故"学术真诚的品格就必须成为大学精神的根本"。

大学之魂就在于大学精神。大学精神彰显着知识分子的骄傲和自豪，承载着知识分子的使命和责任，它是知识分子追求的至高境界，他激励着知识分子为教育、科学事业献身。在革命战争年代，无数知识分子为了心中的理想和抱负，情愿遭受迫害，甚至失去宝贵的生命，究其原因，就在于他们内心所存的那份大学精神，那份迫切想要为国家和民族求得统一发展的知识分子情怀。所以高校应充分发扬大学精神，以便在市场化和利益化的浪潮中重塑知识分子情怀，使他们能够清晰地认识自身的历史使命，报效祖国。可以充分利用讲座、报告会、校园网、校园节日庆典等形式，对研究生进行大学精神的传承和教育，使研究生始终铭记知识分子的强国之责任，诚信做人做学问之品格，科学研究独立、创新之宗旨，将"大学精神"逐步内化为研究生的自觉意识，使"大学精神"成为研究生学术创作过程及人生成长路上的精神支柱。

（2）建立和完善研究生学术道德教育机制。

以美国为例，美国大学一直将学术道德教育视为人才培养中的一个重要内容。"美国大学联合会明确提出，大学领导人的重要任务就是确保校园内的研究在伦理道德和诚信上达到高标准。"院系负责人、教师都有责任对学生不诚信的学术行为进行监督、调查和教育，以促进学生的学术诚信。美国大学都制定了学生学术诚信条例。条例对考试作弊、论文抄袭等学术不诚实行为，从定义、表现形式到处罚规则和申辩程序，都做了详尽的规定。除此之外，许多大学还建立了荣誉守则制度，要求新生一入学，就对信守荣誉守则作出承诺，否则不得注册入学。一些大学每年还举行"学术诚信周"活动。

制度是行动的保证。高校研究生的学术道德教育应强化制度建设，大学的领导者必须加以重视。应将教育部发布的《关于树立社会主义荣辱观、进一步加强学术道德建设的意见》作为高校制度建设的指导方针，制定一系列切合实际的教育措施，创造道德他律的制度环境；通过学术规范课程和学术活动强化研究生树立诚信意识；成立学术道德委员会并联合研究生处对研究生的学术行为进行指导和监督，并做出成果评价，奖励学术创新，加大对学术失范的惩处力度。

（3）鼓励研究生参加创新性科学研究和社会实践，培养实事求是的学风。

认识的过程告诉我们，客观世界使我们产生了感性认识，感性知识发展则成为理性认识，而理性认识只有运用于实践才有意义，理性认识源于实践，又对实践起着指导作用。同样，理论也只有为社会实践服务才有意义。在实践中我们可以将自己的体会和经验即感性认识转化为理性认识，从而不断地完善理论。某些社科类研究生自己不进行社会调查研究和实践，不经过艰苦细致的材料搜集积累阶段，而只是从别人的材料和观点中确立研究的课题。这样的做法虽然也可以起到完善相关理论的作用，但是很难发现新问题、新材料和新的思维方法，难以提出新的观点和认识，并且缺乏实际的可操作性，严重阻碍了学术创新。因此在今天应大力倡导实事求是的态度和脚踏实地的精神，培养广大研究生的探索精神和吃苦耐劳的品格，进行创新型科学研究和社会实践活动，既有利于他们锻炼他们搜集资料、整理资料的能力，又有利于发现新问题，总结新认识，从而进行学术创新，对他们的学术能力的提升有很大的帮助。

3．加强对重点环节的考核与管理

除了重视研究生学术训练，构建研究生学术诚信机制外，还必须加强对重点环节的考核与管理。重点论这种辩证的思维方法告诉我们，在研究复杂事物的发展进程时，要着重把握它的主要矛盾，在研究任何一种具体的矛盾时，要着重把握它的主要方面。反对把各种矛盾情况或各种矛盾方面同等看待，在实践中平均使用力量，而陷入均衡论的错误，使问题得不到解决。在研究生学术失衡这一大矛盾中，应当从主要矛盾即研究生学习阶段的各个重点环节入手，严格要求，使他们形成良好的行为习惯。具体措施有如下几点。

首先是规范课程作业标准，严格要求课程作业质量。当前大部分教师在研究生阶段对于课程考察的方式不再采取考试形式，而是更多地以课程论文等方式进行考察。这样的方式有效避免了传统考试考察中出现的平时不注重学习积累，到最后才"挑灯夜战、奋起突击"的现象。但某些学生却投机取巧，以"剪刀加糨糊"的方式从网上拼凑以完成任务。针对这一现象，任课教师应当采取灵活多变的考察方式，注重启发创新思维，着眼于培养研究生的学术写作能力，严格要求课程论文质量。

其次是灵活要求研究生的学位获得条件。一些高校对获得研究生学位有学术要求，如发表论文数量等。这固然是好的，更严格的学位获取要求必然使广大研究生去多读书，多学习，多进行创作，但是也不能一概而论，否则，就会有一些人采取歪门邪道，纯粹为发表论文而发表论文，实在是有悖"大学精神"。高校可以对研究生学位条件采取灵活的考查方式，如将读书笔记、读书心得、学术交流会议、学术论坛等和论文发表数量结合起来作为衡量尺度。读书破万卷，下笔如有神。对于研究生来说，多读书，多沉淀才是正确的选择，在一知半解的情况下勉强去发表论文只能是制造"文字垃圾"，无益于学术思维的培养和学术创新的提高。

最后是认真撰写毕业论文。硕士论文是对研究生阶段的总结，是三年学术思维和学术实践训练的凝练成果。它应反映出作者广泛而深入地掌握的专业基础知识、独立进行科研的能力，所研究的题目应有新的独立见解，论文应当具有一定的深度和较好的科学价值，对其专业领域学术水平的提高有积极作用。较之学士论文，硕士论文应当具有一定的理论深度和更高的学术水平，更加强调作者思想观点的独创性，以及研究成果的实用价值和科学价值。更高的学术目标使导师和研究生都肩负着更为重大的责任。研究生在读研期间既要多看书开阔自己的视野，为自己学位论文的撰写奠定基础，又要经常与导师沟通，促进思想和学术交流。在毕业论文的撰写过程中，无论是选题、文献综述、开题报告、论文中期的修改和最后的定稿都需要导师倾注大量的心血。导师在整个过程中除了严格要求论文规范与质量之外，还应当提供必要的帮助，适当地给予学生鼓励和关怀，帮助毕业生在其研究生学习阶段划上完满的句号。

4. 重视科研方法训练和科研能力培养，提升抗拒学术不端的实力

研究生处于中国人才金字塔的顶层，是实现国家富强、民族振兴的重要力量。然而当前研究生缺乏科研方法知识和系统的科研训练，研究生的科研素质得不到切实的提升，并最终导致研究生科研能力和创新能力普遍偏低。毛泽东同志曾说："我们的任务是过河，但是没有桥或没有船我们就不能过。不解决桥或船的问题，过河就是一句空话。不解决方法问题，任务也只能是瞎说一通。"可见，正确方法对于解决问题的重要性。只有让广大研究生了解相关的科研知识，并且以正确的科研方法加以训练，研究生的科研能力才能真正得到提升。科研能力的上升使他们有能力专心致志地从事学术和科研工作，并且时刻以做学问那种求真务实的精神来反对各种学术不端，净化学术环境。

（1）加强研究生科研方法教育的内容。

一是系统讲授文献查阅和处理的方法。众所周知,在本科阶段大部分高校已经开设了文献信息检索课程,在研究生阶段可以进一步讲授文献查阅和收集方法,如运用计算机互联网、请教有关国内外专家和学者、参加学术讲座等。此外,还可以向学生介绍一些行之有效的检索方法,如直接检索相关领域内的综述性论文。这样,不仅可以了解此领域的研究动态和最新研究成果,还可以依据参考文献查阅重要的论文资料。文献的收集和处理在文献调研中是相辅相成的。研究生不应只像蚂蚁一样进行简单的收集,也不应像蜘蛛那样光会用手头的文献构筑资料网,而应像蜜蜂一样,在汇总文献资料的基础上,从不同角度对其进行深入分析和研究,把握有关领域的研究现状、发展趋势、尚待解决的关键问题等,从而确立有价值的研究问题。其次要介绍基本的理论研究方法,培养学生的分析思维能力、发现新问题、寻找突破点、运用归纳演绎等方法以及得出新观点、新结论的能力。邀请国内外著名专家介绍其创新经历和科研体会,举办科技创新和学术事例展,力争详尽真实地再现中外著名科学家的重大发现或发明的背景、问题的发现、思维的起点和方式、灵感的诱发点等,使研究生直接感受其创新过程,领悟其成功经验和创新内核。

(2)提升研究生科研能力的对策。

第一,要注重外语学习,提高专业素养。当前,英语作为一门语言不仅仅是学校里的一门课程,而且应当是了解其他国家知识和文化的重要途径。作为广大研究生来说,熟练掌握英语是获取最新学术信息的重要渠道,也是进行学术交流的重要渠道。研究生的英语学习可以在班级内或者学院内以定期举行研讨会的形式进行:一方面,可以分别翻译专业相关英文学术著作。在翻译的过程中,研究生不仅可以提升自己的阅读和翻译能力,而且能够熟悉专业相关的重要的学术词汇。在研讨会上,学生可以分别就自己所翻译的部分进行交流,教师在最后再进行综合评价,此种方法对研究生英语学习的提升效果显著。另一方面,可以让研究生在规定时间内翻译自己学术领域内的最新英文文献,这样,不仅可以帮助研究生学会英文文献检索查阅的基本技能,深刻体会学术论文的撰写模式,还能直接了解学术前沿动态,是教学相长的好方法。

第二,加强学术交流。这种学术交流即包括生活中和其他同学、其他专业之间的交流,也包括积极参加各种国内、国际的学术论坛。经常与别人分享和交流彼此的看法,这样才能碰撞出思想的火花,特别是和不同专业的同学交流,因为人们看待问题的方式都和他们的专业知识相关,从不同视角思考问题会让我们受益匪浅。再者就是多参加一些国内国际的学术会议和学术论坛，特别是那些按照国际标准举行的学术会议。学术论坛和学术会议是了解学科前沿、追踪学科发展最新动态的最佳平台。积极参与学术交流活动可以帮助研究生在学术活动中培养探究能力，有利于研究生及时了解各自专业领域的前沿学术动态，掌握学科发展趋势。

四、重视学术行为的考核与奖惩

制度即大家所共同遵守的办事章程和行动准则，是为了实现某种特定社会目标而存在于组织或者社会之中的规范体系，制度的第一要义便是要求成员遵守，并按照它的章程来办事。良好的制度不仅可以很好地实现组织目标，而且可以约束社会成员，维持良好的组织秩序。制度在树立高校优良学术作风、建设研究生学术诚信体系的方面，发挥着不可替代的重要作用。相比高校较为健全的行政制度、职称制度等，高校的学术行为考核奖惩制度似乎还未形成正式的体系。

学术行为奖惩制度不仅能激发广大师生进行科研和学术研究的积极性，"鼓励先进，鞭策后进"，而且能肃清歪风邪气，形成良好的学风校风，增强高校的学术竞争力和学术影响力。当前，高校健全学术行为奖惩制度势在必行，而且这种奖惩制度涵盖的群体不仅应当包括老师，而且应当包括广大学生，这样，诚实守信的学术理念才能自上而下地得到贯彻施行。

（一）完善和统一学术规范标准

学术规范就其分类来说，可以分为两方面：一是形式上的，主要是指一般学术领域内约定的规范，即引文注释的规范，引用参考文献和学术著作的规范，引用他人学术观点的规范等；二是内容上的学术规范，这就涉及学术道德和学术品质等。形式上的学术规范是标准，内容上的学术规范的完善和统一相对说来更为复杂，但是两者都是学术规范制度建设中的有机组成部分。需要注意的是，在学术诚信体系机制的构建中，作为他律的学术规范制度建设固然重要，但是广大师生的自律则更为重要。他律毕竟还是要通过自律来起作用，人们如果自己内心没有仔细思量过此问题的重要性，就算建立再严密的制度也无济于事。优良的学术规范可以促进宽松、自由的学术环境的形成，具有不同学术观点的学者因为有共同的学术规范而可以进行有序的交流，从而促进"百花齐放、百家争鸣"的学术盛景，而良好的学术氛围反过来又有益于学术规范发挥更好的作用。

学术规范，先在建设，重在践行，贵在自律。当前，高校建立和完善学术规范制度是首要任务，正如把权力关进"制度的笼子"才能使之受到约束一样，学术行为也必须受制度的约束和检验。高校在学术规范课程中应当将形式上的学术规范教授给学生，并在平时的课程论文中严格要求，切实践行，在此基础上，加强对研究生的学术规范教育，培养他们的学术自律精神，必能在形式上的学术规范和内容上的学术规范间形成合力，有效地促进学术诚信体系的构建。

（二）完善学术行为考核评价制度

学术考核评价制度是对学术研究成果进行科学评价的基础和前提，而学术成果的创新性和价值性是学术考核评价的永恒主题。但是，当前我国学术考核和评价体系中出现了严重的异化现象，并且越来越成为学术发展和学术创新的桎梏。首先是过度重视学术成果的量化评价。量化是好的，在一定程度上发表论文数量越多就代表着学术成果越丰硕，但是一些重大的或者具有创新意义的学术成果往往需要耗费大量的时间和精力潜心钻研，不可能很快地取得成果，而那些热点问题或由著名学者署名的文章由于颇受大众关注更易发表出去，由此来进行学术考核评价有失公正。其次是学术评价主体的身份错位。由于分工所带来的专业化，一项研究成果只有同行才能较为真切地了解到它的理论价值和现实意义，所以同行审议具有较高的可靠性。但是在现实生活中，考虑到时间、成本和利益等多方面的因素，大部分学术考核并未做到同行评审，往往趋于行政化，由此得来的学术考核评价同样可靠性很低。最后是被评价者精神压抑严重。在现有的学术考核评价体系下，被评价者承受着"不发表就出局"的巨大精神压力，本来是兴趣所在的学术科学研究，成了糊口的必要手段。伴随着这样巨大的压力，广大学术工作者必然洞悉学术界的潜规则，体会到掌握学术资源的重要性，客观上不利于学术的正常发展。

针对以上所出现的种种学术异化现象，我们必须及时采取措施，从而促进中国学术的健康发展。要建立以学术为核心、以价值为标准、以具有相关专业学术背景的专家和学者组成的同行评议制度为依托，同时引入第三方的学术评价与监督体系，从而真正实现学术评价回归学术本身；改进评议专家选择机制，优化评议委员会组成结构。建立候选专家库，对相关专业领域专家、学者的个人信息资料进行备案、存储和保存，方便进行科学客观的学术考核和评价；要尽快将现行的单一匿名评审转变为复式匿名评审的评价机制，即改变只对学术成果本身进行评审的传统匿名评审机制,使匿名评审成为既对学术成果本身进行评审,又对整个学术成果形成过程和形成行为、学者学术道德进行评审的综合评审机制。

(三) 加大学术失范行为检测力度

必须加大对学术失范行为的检测和惩处力度,让广大科研工作者意识到学术失范的严重危害。当前,部分师生为眼前利益所迷惑,走上了学术不端的道路,只有建立严格的惩处机制,让他们清醒地认识到学术失范虽可以带来一时的好处,但却是以自身的长远发展为代价的。"为天地立心,为生民立命,为往圣继绝学,为万世开太平",这是中国古代知识分子最为崇高的情怀,然而流传到现在,这种崇高的精神早已不复存在,"无抄不成文,无抄不成书"是对现在学术界最好的概括。为此,必须高度重视学术规范,加大学术检测、学术监管和学术规范力度。对于课程论文要严格要求,对于学术和学位论文必须严格检测,把好关,加大对学术检测的投入力度。还要依靠研究生群体加强对学术规范的监管,因为学术失范者通过弄虚作假所得正是学术守范者所失,客观上会在学术领域内造成不公正现象,因此应充分发挥广大研究生的监管作用。学术守范者不仅会因学术失范者对整个研究生群体声誉的毁坏而欲对其深恶痛绝,也会因失范者对自己切身收益的直接冲击欲对失范者除之而后快。揪出失范者会给守范者带来收益,若没揪出则给守范者带来损失,故守范者对揭露失范者、反研究生学术失范有着相当高的积极性和主动性。同时研究生在自身学习和研究的过程中,会查阅大量的文献资料,在对这些资料的阅读过程中很容易发现学术失范现象。在反学术失范问题上,研究生群体既具有反学术失范的动力,也具有反学术失范的便利条件,因此应当予以充分重视。

(四) 相关部门积极配合,形成学术诚信保障的合力

建设学术诚信体系还依赖于各相关部门的积极配合,才能形成学术诚信保障的合力。就班级来说,老师应当发挥好表率和模范作用,在上课过程中向学生传达严谨的治学精神和刻苦钻研的科学精神,感染广大研究生群体,以形成良好的班风学风。学院层面,学院领导既要充分重视研究生学术精神的培养,还要对研究生进行多元化评价,不要再单纯以论文发表数量来衡量研究生素质,这样极易造成学术失范和导致研究生综合素质的降低。学院还要重视发挥辅导员的作用。辅导员是除了任课老师以外和研究生接触较多的老师,不要认为辅导员仅为传达学院和学校通知等行政任务的中介,应当充分发挥辅导员的作用,多和研究生沟通,定期开展学术

交流实践、学术知识竞赛等活动来引起广大研究生对学术诚信的重视。

在学校层面,科技处可以成立专门的学术成果鉴定委员会和学术道德委员会,负责对高校师生的学术成果鉴定和评价。学术成果鉴定委员会须由具备良好学科专业基础和能力的科研学者组成,这样才能对学术成果中的创新点和价值性进行客观评估,绝不能过于行政化和形式化,否则只能流于形式,起不到实质效果。学术道德委员会成员除需具备良好的学术修养以外,还需具备刚正不阿、襟怀坦荡和认真负责的品质。现阶段,一些学校虽然也有相关的学术道德监管机构,但是监管人员多本着"多一事不如少一事"的态度,疏于或懒于监管,多半是"等到出了事再采取措施",没有充分发挥学术监管机构的作用。所以,学术道德委员会在成员构成上不仅要严格挑选,而且在执行上必须不折不扣,这样才能树立良好的学术精神,构建学术诚信体系。

五、 加大对研究生培养院系的管理

研究生培养院系是高校进行教育教学工作的基本组织单位,是连接学校和学生之间的纽带。一方面,培养院系要结合学校的长远发展目标制定具体的培养计划;另一方面,学生分属不同的培养院系则使他们产生了心理上的归属感,这种归属感继而使他们产生集体荣誉感,从而多将自身行为与院系形象联系起来,客观上有利于树立良好学术道德和加强科研学术竞争。

(一) 加大对培养院系管理的必要性

除进行社会实践、调查研究以外,研究生活动领域多局限于院系范围之内,所以加强院系管理对研究生学术诚信道德的树立具有重大的意义。"法令既行,纪律自正,则无不治之国,无不化之民。"可见,法令和纪律是治国化民的根本。然而当前我国高校的培养院系为了学校的社会排名、学校规定的科研任务和社会知名度等,过分注重科研和学术作品的数量,认为学术成果越多就代表学校的学术实力越强劲,这种短期内大规模地出成果的学术行为必然是以牺牲学术质量为代价的。培养院系以"发文章论英雄",不重视对研究生进行基本的诚信道德教育,也未设置专门的学术负责人和机构对学术成果进行管理监测,使学术不正之风愈来愈散播开来。

培养院系对导师学术行为缺乏监督和考核,甚至放任不管。研究生阶段普遍实行导师制，导师直接对学生负责，但是这种负责不仅仅只是体现在对学生学位论文的指导上，而且体现在平时的学习和生活指导上。但现实情况中部分导师由于自身原因很少与学生交流沟通，加上培养院系基本没有相应的监督考核机制，使导师制作用不能显现；培养院系对学术不端行为处罚不严甚至处于放羊状态，就算处罚也是在造成恶劣影响的情况下才进行。没有一套严厉的打击惩罚机制，使大部分人认为有空子可钻，可以打"擦边球"，滋长了投机风气，不利于学术诚信体制的构建。

（二）加大对培养院系管理的措施

鉴于院系管理不当出现的各种学术诚信问题，高校必须加强对培养院系的管理。现代系统科学认为，任何事物都是以系统的方式存在的。任何一个事物，无论其范围大小，在特定的条件下，都可以看成是一个系统。所谓系统，就是由一定数量的相互联系的要素所组成的、具有特定功能的有机整体。系统中各要素相互联系，相互影响，各要素最优是实现系统整体目标最优的必要前提，而系统整体目标的最优是各要素优化的必然结果。在学术诚信体制构建过程中，各培养院系作为高校这一系统的各组成要素，只有完善其管理才能实现高校的长期发展目标，学校的长远发展反过来又有利于促进各培养院系的发展。

1. 明确培养院系的工作职责

科学道德是指从事科学研究活动的主体，在进行创造性研究活动的整个过程中，处理个人与他人、个人与社会、个人与自然之间的关系时所应遵循的原则和规范。科学道德是分层次的，最低层次的要求就是尊重他人的劳动和创造，诚实守信。科学研究需要淡泊明志、宁静致远的精神，但是正如李铁映先生在《关于学风问题的思考》一文中指出当前学术界"浮躁而急功近利；缺乏学术道德；教条主义严重；理论脱离实际；缺乏健康的学术争鸣与批评"。科学精神和科学道德是科学的全部生命力所在，培养院系导师必须加强对研究生的科学道德教育，一方面，要传达正确的义利观，让他们怀着不计功利的心潜心修学；另一方面，要鼓励他们要不断开拓进取，善于提出新观点，解决新问题。培养院系还要着力考察导师的学术行为，对科研和学术成果严格检测。教师作为人类灵魂的工程师，大部分都具有高尚的品德，但是当前部分高校老师，甚至博导，不思进取，恣意抄袭或剽窃他人学术成果，造成极其恶劣的影响。对此，培养院系应当把好关，不要片面注重学术成果的数量，要对学术过程进行充分监督和考核，杜绝一切学术不端行为，树立良好学术风气。

2. 加强学校培养院系的考核

学校对培养院系的考核角度应当多元化，不应再以就业率、学术成果数量等为代表的传统考核指标为主，要注重培养院系的综合发展状况。首先是学风建设。学风是培养院系学习风气、精神风貌的集中体现，在长期积淀过程中形成，将优良的学风和踏实的干劲结合，则能相得益彰，有利于树立院系良好形象，加强培养院系的竞争力。其次是导师队伍建设和管理人员队伍建设。当下的研究生教育体系中，导师起着至关重要的作用，高水平的导师队伍是培养高素质人才的先决条件。今日的师德水准就是明天的国民素质，作为研究生来说，他们的人生观和价值观正处于形成阶段，提升导师队伍的整体素质，既是对现在（高等教育）负责的表现，更是对未来（科研队伍水平）负责的表现。最后是将学术失范率作为院系考核的重要指标。学术失范率是学术失范人数占院系总人数的比例，是学术规范的重要反映。在严格考核院系学术行为的前提下，将学术失范率纳入对院系的总体考评中，有利于院系加强学术规范和学术道德建设，严厉惩处学术失范行为，树立良好学风校风，营造良好的学术环境。

六、加强科学精神的宣传与培养

科学精神在研究生人文素养的培育中居于核心地位，当前的研究生教育中要加强对科学和精神的宣传和培养。一方面，科学精神能够集中体现科学工作者的人文素养。一般说来，科学精神主要由四个要素构成，即批判的理性、合理的怀疑精神、谦恭的心态和持之以恒、百折不挠的毅力。这几方面几乎反映出了这个职业群体从事科学工作所必备的素养，如对科学事业的忠诚、对客观规律的尊重、对实事求是的信奉、对科研道德的崇尚、对勇于创新的追求等。所以加强对研究生科学精神的培养，就抓住了问题的实质与核心，就能使他们的科学道德水平不断得到提升。另一方面，科学精神是一种与科学实践融为一体的人的精神境界，这种精神对科学研究的价值最终是能够从科研成果中体现出来的。具备科学精神的科学工作者能够以其为指导，实事求是，百折不挠，攻克一个又一个的科学难题。

1. 加强科学道德宣讲

科学道德是社会道德在科研活动领域的体现，主要是指科学研究者在开展研究时应当遵循的基本的伦理和道德规范。当前，我国大部分学术研究者都能够本着求真务实的科学态度和实事求是的科学精神，不屈不挠地进行科学探索，然而部分研究学者科研道德缺失，科研诚信意识淡薄，导致学术不端行为愈来愈蔓延开来，严重污染了学术环境。对此，高校应当加强科学道德知识的宣讲，多开展学术讲座和知识竞赛等，普及学术规范和科学道德知识。在宣讲过程中要抓住学生的心理，注重激发学生的学习兴趣，多听取学生意见，这样才能起到最好的宣传效果。科学道德宣讲不仅要注重实效性，而且还要和我们当前的网络传播媒体结合起来，制作科学道德短片或科学道德小故事等，通过微信、微博、论坛等新媒体广泛予以宣传，既可以普及科学道德，还可以净化网络环境。

2. 树立优秀典型

榜样的力量是无穷的，特别是身边的榜样。树立榜样的目的并不是要每个人都成为榜样，而是在向榜样的学习过程中，塑造良好的学术氛围，培养求实的科学道德和科学精神。学术道德榜样在引领学术风气、鼓励后进方面起着特殊的作用。正如信仰是人类最伟大的情感一样，榜样是引领着人类前行的巨大力量。人一旦有了信仰，就会为这一抹希望而不懈努力奋斗，哪怕抛头颅洒热血也毫不畏惧，只为心中那坚定的信念。同样的，只要有了榜样，在前行路上就会有方向的指引，就会有奋斗拼搏的强大力量。树立优秀的科学道德榜样和模范，不仅是尊重科学、尊重知识的表现，更是完善研究生品德、提升研究生人格修为的重要手段。

3. 树立严谨治学的榜样

严谨治学指对科研和学术问题具有实事求是的态度和精神。对于自然科学来说，失之毫厘，谬以千里，所以，更需要严谨的精神。对于社会科学来说，其实整个社会就是最大的"实验室"，同样需要谨慎的态度。严谨治学对教师来说，有两个内容：一是刻苦学习、求知，勇于探求新理论、新知识，做到锲而不舍，学而不厌，掌握渊博的科学文化知识；二是认真细致地向学生传授科学文化知识，坚持真理，求真务实，做到诲人不倦。古语有言："慎而思之，勤而行之。""举大事必慎其终始。""慎重则必成，清发则多败。"严谨治学的榜样有利于培养广大师生不骄不躁、踏实肯干的治学态度，沉下心来读书做学问。高校应多树立这些具有正能量的模范，并充分挖掘传统文化中的严谨精神，采取灵活多样的形式广泛地加以宣传，使严谨的精神荡涤每位学子的心灵。

第二节　树立导师的模范榜样作用

一、明确研究生培养过程中的导师责任

作为学术界未来的中坚力量，研究生能否坚守学术诚信将影响教育事业和社会风气。鉴于研究生培养实行导师负责制，因此，构建研究生学术诚信体系和弘扬治学精神很大程度上有赖于导师作用的发挥。导师不仅是研究生学术上的引导者，更是品德上的学习对象。古之圣王，未有不尊师者也。研究生阶段，学生不仅尊重导师，而且会自觉地向导师的行为品质靠拢，故导师的言行对学生有着巨大的影响。所以，导师一方面要恪守职责，切实履行对研究生的导向、监督和教育责任；另一方面要注重自身的学术道德和形象，起到良好的模范榜样作用。

（一）导师的导向责任

1. 导向责任的含义

导向责任是指导师在研究生学习期间，对研究生学术上和生活上的指引作用。这种导向责任的含义是多方面的，不是简单的学术指导，也不是简单的生活帮助。导师不仅要帮助研究生打下过硬的专业素质基础，还要培养研究生健全的道德人格。导师的导向责任概括起来主要有思想导向责任、学术导向责任和心理导向责任。研究生教育注重培养"德才兼备"的人才，有德无才是庸才，而有才无德则会成为社会的毒瘤，势必危及社会。研究生导师应当从思想上给学生以正确的导向，引领学生树立正确的思想和观点，强化其社会责任感，培养高尚的道德情操。导师要及时了解研究生的思想动态，本着理论与实践相结合的科学态度，积极矫正不良的思想动向，培养学生的健全人格。导师还要对研究生开展正确的学术导向。研究生教育不是简单为了混学历或文凭，更多的是培养一种独立思考的能力，一种求真务实的学术态度和一种奉献社会的精神。导师对研究生的学术导向就体现在对学生学术规范的培养、学术道德的培养和创新意识的培养。除此之外，导师还须帮助研究生充分认识自身的专业前景、专业发展，增强对专业的归属感和认同感，从而明确目标，早作打算。导师还要注重对研究生心理状况的导向。在巨大的学术和就业压力下，研究生心理上也承受着巨大的负担。导师应积极和学生谈心，减轻学生的心理负担，这样既有利于研究生的发展，又有利于新型和谐师生关系的构建。

2. 导向责任的目的

导师导向责任的良好发挥，直接关系到研究生今后学术和工作前景。导向的目的就是为了减少研究生在学习和生活过程中的迷茫感，明确自身定位，为未来自身价值的实现做铺垫。明确导师的导向作用不仅有利于培养研究生的优良学术规范和创新学术意识，更是培养研究生健全人格所必不可少的重要途径。

（二）导师的监督责任

1. 监督责任的含义

监督责任是指导师在研究生培养方案的指导下，对研究生的在校行为进行督促和管理，以期达到预定培养目标的过程。"监督"一词本义是"监管"和"督促"，所以，监管是首要的、第一层面的要求，更深层次的是"督导和促进"作用的发挥，即学术创新精神和学术道德的培养。所以，绝不能简单认为监督责任就是循规蹈矩，"监督"的最终目的是"促进"。导师良好的学术作风和学术形象是这种监督责任得以有效发挥的前提，前文已经论述过，此处不再赘述。

导师的监督一方面体现为对学术上的监督，另一方面也体现为对生活上的监督。学术上主要是对研究生的学术行为的监督，包括课程作业、论文发表、学术交流和毕业论文等。可以引入竞争激励机制来更好地发挥导师的监督作用，如将研究生质量作为考察导师的一个重要指标，对于表现差的导师减少指导名额或者取消指导研究生资格，这样必能大大激发导师的责任心和积极性。生活上的监督则是指要注重培养研究生的良好行为和道德，着力指导，及时矫正研究生学术或道德上出现的不端行为。

2. 监督责任的目的

导师的监督责任的履行是为了提升导师个人素质，履行教师责任，彰显奉献精神。监督责任的良好发挥有助于提升导师的个人素质。首先，我国目前的研究生虽然实行导师负责制，但是对这个指导过程的具体实效考评程序十分欠缺，导师对研究生可以采取"放羊式"管理，也可以认真负责地予以指导，指导方式的选择很大程度上取决于导师个人素质，所以，监督责任的有效履行是提升导师素质的重要途径；其次，教师有义务对学生的行为进行监督，导师监督责任的有效履行是教师责任的体现，是这个岗位赋予他的神圣职责；最后，导师监督责任的履行必然需要导师从其他方面抽出时间和精力对学生进行指导，而这种耗费是无偿性的，所以，有效履行监督责任也彰显着导师伟大的奉献精神。

（三）导师的育人责任

1. 育人责任的含义

《师说》开篇就讲到："古之学者必有师。师者，所以传道授业解惑也。"可见老师对一个人的成功成才起着重要的作用。老师的责任，首先在于"解惑"，即解答学生的疑惑；再次是"授业"，即组织教育和教学工作；最高层次的责任就是"传道"，即向学生告知学生道德和规律，实现教育的育人功能。导师的育人功能体现在对研究生学术能力的提升，对思想政治素质和学术道德的提升，对研究生心理健康的优化，更体现在对情意能力的提升。此处主要对最后一点即对研究生情意能力的提升进行论述。情意教育，就是指以培育积极、健康的情绪、情感、意识和意志为目标，以尊重学习者的本性、兴趣、要求、爱好、动机为依据，以诱发、引导为主要教学手段的一种教育理念或教育方式。研究生教育的方法应该定位于启迪而非灌输，理喻而非说教，陶冶而非设定。因此，导师对研究生的指导，一方面应该充分考虑学生的情感态度、心理状态与主体能动性。没有情感的碰撞就不可能激发学生"爱智"的情趣，正如列宁所说的："没有'人的感情'，就从来没有，也不可能有人对真理的追求"。另一方面要注重培养研究生自我控制能力和自我实现能力，使其认识到生命最重要的意义在于自我实现，树立正确的价值观和人生态度；使其不断进行自我反省与检视，不盲目行动，勇于追求真理；使其增强多元文化社会生活中的智慧，增强热爱生活的情感和抗挫能力。

2. 育人责任的目的

育人功能是教师最重要的目标，特别是研究生导师。研究生导师面对的是中国教育金字塔的顶端群体，所以必须予以高度重视。一方面，要进行必要的思想政治理论和道德教育，向其灌输正确的价值观；另一方面，要给予研究生充分的思想自由，倾听其内心的声音。导师育人责任的有效履行是教师的本职工作，有助于塑造教师群体的优良形象；导师育人责任也是高等教育的特殊要求，培养人格健全、能力过硬的高素质人才正是高等教育的目标，导师育人作用的充分发挥是实现这一目标的助推器；导师育人作用更是构建研究生学术诚信体系，践行学术诚信观和学术道德观的必然要求。

二、加强导师对研究生学术诚信的示范作用

（一）加强导师对研究生学术诚信的示范作用的含义

导师是研究生学习期间的重要榜样，导师言行有形无形地对研究生起着重要的指导示范作用。正如一辆火车一样，火车头如果偏离了轨道，那么车头后的车身也必然随之偏离轨道，导师与研究生就是这种"车头"与"车身"的关系。导师对研究生的学术诚信示范作用即导师的学术行为、学术作风和学术品德为研究生带来的正的示范效应，它能够促使研究生向导师看齐，不断鞭策自己，以取得更高的学术成就。所以，如何发挥好导师的榜样示范作用，对于研究生成才具有重大意义。

（二）加强导师对研究生学术诚信的示范作用的目的、意义

1. 目的

常言道：好笋出好竹，好师出好徒。不管是端正导师科研态度、提升导师素质，还是加强对导师队伍的学术诚信建设都不是最终的目的。导师的良好学术行为和道德要影响到学生，使研究生也树立这种观念，并时刻以这种观念来要求自己，这个过程才算完成，从这个意义上讲，导师的育人作用也才能说是完全得以发挥。

2. 意义

导师的学术诚信示范作用，一方面可以提升导师自身的素质，因为只有在自身的科研和教学工作中严于律己，刻苦钻研，着力创新，并在学术过程中合理吸收不同意见，兼收并蓄，才能不断巩固自身的学术基础，树立自身良好的学术形象。另一方面发挥导师的学术诚信示范作用，也有利于扩大导师在研究生中的诚信影响，向研究生传递更多的正能量，帮助研究生端正自己的学术品行，树立正确的人生观和价值观，从而为构建研究生学术诚信体系奠定基础。

（三）加强导师对研究生学术诚信的示范作用的表现方式

导师对研究生学术诚信的示范作用不仅体现在平时的课堂教学之中，也体现在导师的科研过程之中，更体现在导师的生活过程之中。在课堂教学中，导师要思路清晰、条理清楚地向学生讲授基本理论知识，要怀着如履薄冰的教学心态，做到谨小慎微，巨细无遗，切不可不懂装懂，向研究生讲授不准确的知识，这也对导师平时的学术修养和学术积累提出了更高

的要求。在科研过程中,导师要在科学精神的引领下,实事求是地进行学术或科研活动。理论工作者要善于总结已有理论和经验,并结合当前社会的重大问题展开研究,使理论研究摆脱高高在上、空中楼阁和无病呻吟的困境;实验工作者要精益求精,准确地获得第一手数据并对其展开分析,以指导实践。在生活过程中,导师要发扬艰苦奋斗、不骄不躁的作风,一方面要履行知识分子的职责,沉下心来做学问,多读书多总结,并多和研究生交流;另一方面更要和持有不同意见的人交流意见,海纳百川,博采众长,彰显一个学者应具备的胆识和魅力。

三、加强导师对研究生学术道德规范的监督作用

导师不仅要对研究生的学术道德规范进行引导示范,还要对研究生道德规范进行监督约束,将导向性和强制性措施结合起来,才能形成立体网络以纠正研究生学术道德观的偏差,树立正确、积极向上的学术道德观念。导师对研究生学术道德规范的监督作用体现在对自身的严格要求上,因为这样才能以身作则,使其对研究生进行的学术道德规范导向教育具有说服力。导师对研究生学术道德规范的监督作用还体现在注重导师与研究生的学术性联系、加强导师对研究生的监督管理和加大导师对研究生学术不端行为的惩处力度等方面。

(一)学校可以强化导师与研究生学术性的联系

学校要强化导师与研究生之间的学术性联系。某些导师虽然职业责任感很强,但是由于客观上忙于工作或科研,必然疏于对研究生的管理,学校必须以政策形式将导师与研究生之间的学术联系和学术交流确立下来,这样有利于从制度层面改善当前导师对研究生管理欠缺的种种问题。首先就是读书任务的制定。导师在给学生制定读书任务的同时,自身也要对相关书籍内容进行了解,以便在读书交流时能充分解答研究生的疑惑,并针对书中观点交流不同理解和认识,切实提高研究生的交流和表述能力。学校最好以政策形式规定读书交流一个月不能少于两次,这样既不会影响导师的工作生活,对研究生学术能力的提高也能产生实际效果。值得注意的是,读书不能仅仅局限于专业相关书籍,还要适量阅读文学作品,这样在今后的写作过程中才不至于文笔太过晦涩,也才能言必有中、赋予文字活力。其次是学校要明确导师对学生写作任务的布置。专业素养是慢慢积累的过程,阅读一段时间后就要善于总结。写作任务的制定有助于锻炼研究

生清晰写作思路、锤炼写作语言和磨炼写作技巧，为今后的学术生涯夯实基础。导师应当对研究生的写作提出批评和改正意见，使研究生认识到自己的不足。最后学校要规定导师对研究生的班级或院级的学术汇报任务。学术汇报应言简意赅，用言语表达自身头脑中的思想，这是一种技巧，更是一种能力，导师要注重培养学生的这种能力。

（二）学校要做好导师的学术规范工作

学校要做好导师的学术规范工作。导师只有严格遵守学术规范，本着求索精神，不断深入研究，才能树立良好的自身形象，才能发挥学术上的带头示范作用，从而影响研究生的品行。就像对待研究生一样，学校也要对导师的学术业绩展开考核评估，奖励先进，敦促后进。但是尤其值得注意的是，必须高度重视学术成果的质量，否则这种评价考核体制必然走向自身的反面，成为学术腐败和学术不端行为的温床。对于违反学术规范的导师，学校必须予以严惩，不仅要取消其指导研究生的资格，还要在学校范围内进行通报批评，杜绝其造成的恶劣影响。学校从导师层面加强学术规范工作，有益于提高导师的学术水平、扩大学校的良好社会影响以及研究生学术诚信体系的构建。

（三）学校要做好导师的监督管理工作

我国研究生普遍实行导师负责制，相比本科教育而言，更多地强调精英化教育，这样的教育模式有利于培养我国社会主义现代化建设所需要的高素质人才，原本是一项很好的制度。但是实际情况是：由于缺乏对导师制实施过程的实效跟踪和监督管理工作，再加上部分导师由于工作繁忙或素质欠缺，对研究生的监督管理严重欠缺，使导师制不能很好地发挥作用。为此，学校必须加强导师对研究生的监管，严格将研究生学术行为与导师评估挂钩。如果研究生表现优秀，则向导师提出表扬或者发放物质奖励，相反，研究生如果违反学术道德，做出学术失范行为，导师也要相应地受到批评惩处。除此之外，对于那些终日不思进取、碌碌无为的研究生也要对其导师提出点名批评。学校必须完善导师评估和研究生学术表现之间的直接利益相关机制，这样更能激起导师的责任意识，使其明确自身的职责，敦促研究生不断进取。

（四）加大对研究生学术不端行为的处罚力度

研究生学术不端行为造成的影响较为恶劣，如若不对其加以大力惩处力度，其他心怀不轨或投机取巧者必然趋之若鹜，势必造成学术界的乌烟瘴气。对于研究生的学术失范行为，不仅学校和管理院系要对其做出处罚的决定，导师也要注重平时学习生活中对研究生的学术规范和学术道德教育，防患于未然，并严厉惩处学术不端的研究生。对于学术不端者可以通过要求写书面检讨、通报批评等方式予以教育，情节特别严重者可以代其向学院递交延缓答辩或者毕业申请，如此才能引起研究生本人的高度重视，杜绝一切学术不端行为，构建研究生学术诚信体系。

四、 加强导师对研究生学位论文的全过程管理

导师要加强对研究生学位论文撰写的全过程的管理，帮助研究生理清写作思路，优化写作方法，从选题到答辩导师都要本着认真负责的态度，进行全过程的指导。硕士论文不仅是对研究生三年学习过程和学术成果的最好总结，也是导师对其学生指导实效的最好总结，是反映导师教学育人水平的重要指标。所以，导师必须高度重视研究生毕业论文的写作，遵守学术规范，力求学术创新，狠抓学术质量，以此来促进研究生良好学术素养的形成。

（一）加强对研究生学术科技写作理论与方法的指导

导师对学术论文写作的指导一般包括三大部分，即论文选题、论文结构与大纲以及论文的写作规范。论文选题就是按照一定的原则或标准，运用一定的科学方法选择和确定研究的课题。选题不仅是论文写作的起点，决定着论文的价值，而且关系到论文写作的成败。选题要本着需要性原则和可能性原则，即选题注重学科发展满足社会实践的需要，而且具备完成该项课题的条件，经过努力能够出成果。论文结构与大纲就是指论文的主要阐述的内容以及将这些内容有机联系起来的方式。论文写作规范即论文撰写过程中题目、正文、附件、注释等的规范化。导师必须使研究生明确上述主要写作规范，除了注重格式的规范性以外，还要注重内容的创新性。学位论文要立足社会实践，着眼于学术创新，各项内容之间要紧密衔接，力求写出一篇高质量的硕士学位论文。

（二）加强导师对研究生学术活动的监管

对于研究生学位论文，导师除了进行理论上和方法上的指导之外，还

要对论文的撰写过程中展开实时的监督，严格把关，谨防学术失范行为的产生。导师的正确指导和有力监管是学位论文质量的重要保证，虽然这个监管过程可能要耗费一些时间和精力，但是如果导师亲身参与进来，势必会增强研究生的进取心和责任意识，使论文质量跨上一个新的台阶。

1. 论文写作要严格把关，杜绝抄袭、剽窃行为发生

导师对于研究生学位论文的写作要严格把关，杜绝抄袭或剽窃他人学术成果等学术失范行为的发生。如果研究生在学位论文上有抄袭或剽窃行为而导师未发现的，导师也会承担"连带责任"，受到相应的学术处分。特别是针对我国学术界的腐败问题，对硕士研究生的毕业质量相应地也要求得越来越严格。当前高校学位论文都是通过答辩之后再做查重处理，此时若超过了额定的重复率，那么不仅学位论文答辩过程作废，而且导师也会因为未发现研究生的学术不端行为而受到惩处。所以，导师必须对研究生的整个论文撰写过程严格把关，防患于未然。

2. 加强对实验过程的监管

对于理工科的研究生来说，导师虽然不必亲自参与实验过程的每一步，但是也必须加强监管，确保所得实验数据的准确性和有效性。因为和人文学科毕业论文不同，理工科研究生毕业设计主要是源于实验室中的实验数据，并且要对这些实验数据进行分析然后得出结论，阐明意义。但是整个实验过程相当繁琐，有时一个小的细节的失误会导致得出的实验数据迥然不同，所以部分缺乏耐心或科研道德的研究生就在实验未完成或实验结果与预期相差很大的情况下，伪造实验数据，以完成"任务"。所以整个实验过程导师必须进行监管，实时关注实验进度，确保实验的科学性和实验数据的准确性。

3. 加强导师对研究生科研过程中各环节的训练

科研过程一般包括七个环节，即提出问题、猜想与假设、制订计划与设计实验、进行试验与搜集证据、分析与论证、评估、交流与合作。导师要在平时的教学中加强对研究生各个科研过程的训练，使他们具备敏锐的发现问题的眼光，善于从实际生活中确立研究的起点。不仅如此，导师还要培养研究生的猜想和推理能力，要求他们在每项试验开展之前要敦促研究生制定相关的试验计划并做出准确的预期，在试验过程之中要一丝不苟，进行试验数据的收集与整理，得出实验数据之后要进行分析和论证，并且写相应的实验报告、试验效果评估等。导师要使研究生明白"要练惊人艺，须下苦功夫"的道理，注重平时科研过程中的技巧训练，争取在实

事求是的基础上得出实验数据,保证毕业设计实验的质量。

第三节　加强研究生的自律意识

一、加强学术道德自律

研究生是构建学术诚信体系中最重要的一环,因为不管是改善学校管理、健全规章制度,还是优化导师队伍构成、提升导师素质,都是为培养高素质的研究生毕业生这一目标而服务的。所以,不仅学校和导师要加强对研究生的监督和管理,研究生自身也要加强对学术规范的学习,树立正确的道德观,强化学术道德的自律意识,加强学术道德的自我教育,增强学术道德自我修养,展现新时代高素质人才的良好精神风貌,为社会主义现代化建设添砖加瓦。

（一）树立正确的学术道德观

学术道德观就是学术主体在从事学术活动的过程当中通过其道德认识、道德情感和道德行为表现出来的关于学术道德准则、学术道德信念、学术道德判断、学术道德选择、学术道德评价等问题的根本看法和观点。研究生学术道德观可以归纳为学术责任感、学术独立意识、学术公正意识、学术诚信意识和科学精神五个方面。研究生树立正确的学术道德观就是要切实遵循以上五个方面的要求,时刻铭记自身的责任,培养独立思考和独立进行学术研究探索的能力,树立学术公正意识,站在客观公正的角度上,尊重他人劳动成果,不为谋求自身利益而损害他人的利益,树立诚实守信的道德观念,弘扬实事求是、批判宽容的科学精神。

（二）强化学术道德自律意识

自律,就是自己约束自己,换句话说也就是要自己要求自己。我们的自律并不是让一大堆规章制度来层层地束缚自己,而是用自律的行动创造一种井然的秩序来为我们的学习生活争取更大的自由。中国古代的道德哲学一向重视人的自身修养,强调自律精神。如"吾日三省吾身:为人谋而不忠乎?与朋友交而不信乎?传不习乎?"意思就是我们每天都要三次反省今天所做过的事情,以纠正错误,得到提高。再如古代将"慎独"作为一个人修养的最高境界,意即在人们在独自活动无人监督的情况下,凭着高度自觉，按照一定的道德规范行动，而不做任何有违道德信念、做人原则之事。慎独是一种修养，慎独是一种情操，慎独更是一种精神境界。研究生要继承中华优秀文化中的丰富营养，强化自身的学术道德自律意识，将学术道德内化于心，外化于行，恪守学术道德底线，做学术道德的传承者和学术创新的耕耘者。

（三）加强学术道德自我教育

自我教育是学校德育的一种方法，要求教育者按照受教育者的身心发展阶段予以适当的指导，充分发挥他们提高思想品德的自觉性、积极性，使他们能把教育者的要求变为自身努力的目标。自我教育要注重培养受教育者自我认识、自我监督和自我评价的能力，善于肯定并坚持自己的正确的思想言行，勇于否定并改正自身错误的思想言行。研究生学术道德自我教育就是在导师的指导下，发挥研究生的积极作用。尽管自我教育主要靠研究生自身来实现，但是导师必要的指引仍是不可缺少的。研究生学术道德自我教育必须践行学术道德观念，对自身的学术行为做出正确的评价，对学术守范行为要坚持肯定，对违反学术道德的行为要善于自我批评，并及时改正，充分发挥自我教育的功能。

（四）增强学术道德自我修养

自我修养是指一个人按照一定社会或一定阶级的要求，经过学习、磨练、涵养和陶冶的工夫，为提高自己的素质和能力，在各方面进行自我教育和自我塑造，是实现自我完善的必由之路。此处所讲的自我修养主要指道德修养，即研究生的学术道德修养。道德不同于法律，它对人们没有强制的约束力，所以道德水平全仰仗个人修为。增强学术道德自我修养要求研究生在学习探索过程中严格要求自己，不醉心于功名，不贪恋于荣誉，慎思笃行，不断提高自身的学术道德修养水平。

二、树立真诚的学术态度

学术研究的态度表现在学术研究的全过程，从论文的选题、研究、写作到发表，都体现了一个研究者的学术态度。研究生作为我国高素质人才的重要组成部分，亟须树立真诚的学术态度。一个人的态度对他的行为具有指导性的或动力性的影响，态度反映个人对事物的基本看法。从社会心理学角度讲，人们在做一件事情时都会对其效果进行评估，如果这件事成功的几率比较大或者能充分引起主体的兴趣，给主体带来积极的心理反应，那么主体就会相应地树立昂扬积极的态度，从而达到事半功倍的效果；反之，如果一件事情主体对其预期不高，或者完成这件事情给主体带来的心理满足感不高时，主体就会采取消极态度。因此，一方面要提高研究生的能力，使他们可以独立进行学术研究和探索，并且能借此获得心理满足；另一方面也要对学术上表现优秀者予以奖励，充分发挥社会心理学激励机制的作用。

（一）强化科研能力训练，提高学习能力

科研能力是指属于各学科领域研究者共同具备的一种能力，主要指从事具体科学研究工作的能力，包括创新能力、观察能力、思维能力、实际操作能力等。创新能力是指能够利用现有的知识和技术，在特定的环境中改进或创造新的事物，并能获得一定有益效果的行为能力；观察能力是指获取外界信息的能力；思维能力是指人们通过分析、综合、概括、比较等方法将感性材料加工为理性材料的能力；实际操作能力则是指人们在一定原则和方法的指导下，对某项过程的实施能力。可见，这些能力都是深深植根于现实生活之中的，人并非生来就具有以上的能力，而是在后天的学习生活中逐步培养起来的，所以，研究生必须加强科研能力的训练，提高学习能力，砥砺操行。

（二）端正学习态度，树立正确的学习动机

学习态度是指学习者对学习较为持久的肯定或否定的行为倾向或内部反应的准备状态，而学习动机是指引发与维持学生的学习行为，并使之指向一定学业目标的一种动力倾向。研究生学习时须端正学习态度，认真完成课程作业，虚心求教，不耻下问，有"刨根问底"的精神，养成学术钻研和探究的好习惯，绝不能怀着混文凭、混日子或无所谓的态度在学校虚度光阴。再就是要树立正确的学习动机，杜绝完成任务的错误倾向，始终满怀求知欲，为获取真知而不懈努力，在学术历练中汲取营养提升自我。

（三）树立良好的社会风气，营造良好的学术环境

社会风气是指社会整体所呈现出的习尚和风貌，是一定社会中的风俗习惯、文化传统、行为模式和道德观念等的总和。良好社会风气的形成非一朝一夕之功，而是在社会生活的长期过程中成型的。社会风气对人们的行为方式产生着重要的影响，也对人们的思维方式影响颇深，如中国古代

就有"路不拾遗、夜不闭户"之说来形容良好的社会风气。社会风气背后起支配作用的就是社会的核心价值观念，即被社会成员所最为珍视的品质。良好的社会风气对营造良好的学术环境起着积极的作用，诸如诚实守信、拼搏进取、奋发创新等积极向上的社会价值必然也会影响到学术界，从而扫除各种学术污浊之风，促进学术界良好氛围的形成。

三、坚持实事求是的学术行为

实事求是指从实际对象出发，探求事物的内部联系及其发展的规律性，认识事物的本质，通常指按照事物的实际情况办事。实事求是是一种态度，更是一种精神品质，学术上的实事求是不仅指遵循客观事物的发展规律，正确对待问题并得出结论，更注重一丝不苟、坚持不懈、为追真理而不断克服艰难险阻的勇气和毅力。树立实事求是的态度是坚持实事求是的学术行为的必要前提。实事求是的学术行为能够促进学术繁荣和发展，促进学术界百花齐放、百家争鸣，它要求我们勇于探索、追求真知、锲而不舍地攀登科学的高峰。

（一）深切理解和把握学术规范的内涵

研究生要加强对学术规范的学习，深切理解和把握学术规范的内涵，并在自己的学术实践中遵守践行。学术规范由以下四个方面组成：首先是学术道德规范，这是学术规范的核心，包括学术研究主体在研究过程中所树立的实事求是、刻苦专研、团结协作的精神以及政治责任感，以及客观公正的学术批评精神和学术评价态度；其次是学术法律规范，指学术活动中必须遵守宪法、著作权法、保密法等相关法律法规的要求；再次是写作技术规范，指学术过程有关选题、论证、观点等内容和形式的规格与要求；最后是学术评价规范，既要对学术成果坚持科学评价原则。关于学术规范的分类可能还不够详尽，但是总体引导方向不变，只要研究生本着科学求实的态度，实事求是地做学问，就绝不会"违规"。

（二）树立至真至诚的学术态度

科学的是指导人们认识世界和改造世界的强大理论武器，如果这种指导方向产生错误必将导致实践的错误。科学反对一切虚假的、经不起论证的东西，所以研究生必须树立至真至诚的学术态度，按部就班，戒骄戒躁，使得出的一切结论能够经受住质疑。至真至诚不仅是一种处世哲学，更是一种学术态度。与人交往，只有胸怀坦荡，敞开心扉，才能获得他人的信任，别人也才可能对你报以同样的真诚。做学术也是一样，若弄虚作假，投机取巧，不思进取，利欲熏心，则不会取得任何实质性的进步，相反终将坠入深渊。研究生必须明确真诚的学术态度是取得学术进步的重要条件，并在学术实践中身体力行。

（三）为自己的学术生涯掌舵

研究生要坚持实事求是的学术行为，为自己的学术生涯掌舵。只有树立科学的学术态度，坚持求实的学术行为，学术之轮才能坚持正确的航向，才不会偏离航线。如果学术不端者或者学术投机者通过不正当手段获得了荣誉或者物质报酬而未被发现，必将助长他们的这种投机心理，在这种歪曲的价值观的指引下越走越远，最终只会自食恶果。所以在学术生涯之初，研究生就要开好头，明确知识分子使命，树立求真务实的学术态度，坚持实事求是的学术行为，坚持正确方向，不懈努力，才能驶向成功的彼岸。

（四）为诚实守信的社会良知负责

研究生还要坚持实事求是的学术行为，为诚实守信的社会良知负责。中国古代的先贤们都十分重视"信"，孔子曾说"人而无信，不知其可也"，荀子讲"言无常信，行无常贞，惟利所在，无所不倾，若是则可谓小人矣"，朱熹也曾说过"信犹五行之土，无定位，无成名，而水金木无不待是以生者"。中华民族将"信"视为人之根本，长期以来都有着诚信守信的优良传统。研究生坚持实事求是的学术行为，踏踏实实读书做学问，也是对五千年以来文化积淀的社会良知负责的表现。

（五）勇于遏制学术不端行为

此外，研究生还要勇于遏制学术不端行为。这种遏制行为体现在两方面：一方面，研究生自身要遵守学术规范，坚持实事求是的学术行为，认真读书，潜心研究，确保自身行为的端正。另一方面，研究生更要加大对学术不端行为的检举揭发力度。中国固有"各人自扫门前雪，不管他人瓦上霜"的传统，以及长期"多一事不如少一事"的心理，使研究生间缺乏对学术不端行为的有效遏制。针对这一状况，研究生要明确自己肩上的学术责任感，勇于和各种学术不端行为作斗争，要把塑造学术界良好风气当做己任，时刻践行。

第八章　当代研究生学术诚信保障体系构建的实践探索

前面章节中,我们从社会保障和学校保障两个维度探讨了研究生学术诚信保障体系的构建,本章将以四川大学和四川医科大学两所高等医学院校的实践工作为例,探讨医学研究生学术诚信内部保障体系的构建。

众所周知,医学研究是对人体健康与疾病本质及其规律展开的研究,其研究结果将被临床医学所遵循。医学研究生教育的目的是为医院培养救死扶伤的高级专门人才、为高等医学院校和医学科研机构等培养从事医学教学和科学研究人才。医学研究生教育承载着国家未来医学事业发展的重任,培养研究生的科学探索和寻求真理的能力成为医学高等教育研究生阶段的核心任务[①]。学术诚信是研究生道德教育的重要组成部分,其成功与否关系到研究生学术品格乃至人格成长的好坏,特别是医学院校研究生,毕业后他们将进入临床一线工作,拥有良好的学术道德和医德医风更是至关重要。近年来,受到诸多因素的影响,高校研究生学术不端行为日益严重,研究生学术诚信保障体系缺乏问题突出,严重地影响了研究生培养质量,构建科学合理的研究生学术诚信保障体系势在必行。

第一节　医学研究生学术诚信保障体系构建背景

一、医学研究生培养规模迅速增长

2003年起,我国研究生开始扩招,当年全国高校共招收研究生26万人。2012年我国研究生计划招生规模达584 416人,招生规模比2003年

---

① 宋峰,郑茂,邹亮,等. 加强医学研究生科研诚信教育探析 [J]. 基础医学教育,2013,15 (4): 445.

增长了 1.17 倍，其中博士生 67 216 人，硕士生 517 200 人，招生规模分别增长了 37.9% 和 1.35 倍。10 年间研究生规模翻了一番。

就四川医科大学而言，2003 年是该校研究生教育发展的一个关键之年，学校一次性增加二级学科硕士学位授权点 6 个，获得临床医学硕士专业学位研究生教育资格，并逐年开始扩大研究生招生规模。至 2014 年，学校已经发展成为具有基础医学、临床医学、中西医结合、中医学、药学、护理学、中药学 7 个一级学科 42 个二级学科，拥有临床医学、口腔医学、公共卫生、公共管理、法律、护理 6 个硕士专业学位授权点的医学教育体系比较完备的医学院校之一。2014 年该校招收硕士研究生 509 人，较 2003 年的 100 人足足增长了 4 倍多，现有在校硕士研究生 1 309 人，在校硕士研究生规模均较 2003 年也增长了 4 倍。

研究生招生规模迅速扩大给研究生教育带来了不良后果：一是研究生生源质量呈现下滑趋势，同等学力考取研究生的还占有相当部分的比例；二是高校教学资源、科研条件和师资队伍等教学资源"捉襟见肘"。2008 年，五年一次的全国科技工作者状况调查表示，我国 15.7% 的研究生导师指导的在读研究生在 10 人以上（含 10 人），还有近 1% 的导师指导的在读研究生在 20 人以上，甚至达到了 30 人。而美国高校中每个导师同时指导的研究生人数一般为 2~3 人，5~6 人就已属较高水平。三是研究生培养由精英教育逐渐趋同于大众化教育，导致了研究生培养质量有所下滑。从 2013 年研究生毕业情况来看，北京大学、中国科技大学、清华大学等 10 所高校的研究生毕业人数，都超过了当年的本科生毕业人数，硕士研究生就业形势不容乐观。四是高校研究生培养管理中的问题不断凸显，研究生学术失范、学术不端、考试作弊、论文抄袭等现象时有发生。建立健全研究生培养过程质量保障体系、研究生学术诚信监督与保障体系等工作必须抓紧进行，才能尽可能避免因扩招带来的负面影响。

二、医学研究生科学道德培养的特殊性

医学研究生科学道德培养具有自身特点。医学道德系统中医学教育的双重目标是让医学生既具有扎实的专业水平和学术道德，又具有较高的医学道德素养和人文伦理品德，这是世界性的教育走向，也是时代要求医学教育发展的总体趋势与方向[①]。医学研究生是高层次医学人才，更应直面

---

① 刘立军. 生态位视角下的校园文化与医学道德教育研究 [J]. 卫生职业教育，2011 (16)：21-23.

生命，无论临床技能型研究生还是基础科研型研究生，都需要对生命负责。医学研究生的学术成果无论哪方面都是与伦理与道德密不可分的，都是需要对每个生命体完全负责的。医学研究生的科学道德缺失不单是对道德本身的不尊重，更是对生命的蔑视和伦理道德的缺失。无论古今，医学研究生的道德要求是一贯的，是高于其他专业的。这就使医学院校研究生的培养既具有本专业的特点，又具有其他专业研究生培养要求的共性。

医学研究生道德缺失将产生严重后果。医学研究生的学术研究关系到国家医疗卫生事业的发展，关系到国家公共卫生安全技术的发展，其学术成果在未来有可能会成为治病救人的技术标准。医学研究生学术道德的缺失，是人民大众所信赖的医学工作者道德底线的坍塌，不仅仅是信任的危机，更是对生命的不负责任；不仅仅体现在教育法规和学术规范方面，更是体现在生命去留和国家安全的角度；不仅仅是学术的问题，也会导致更多医学人才在医德上的缺失。

三、医学院校研究生学术诚信保障体系缺乏

（一）研究生培养过程监控和学术诚信监管体系缺乏

近年来，随着研究生教育规模的扩大和研究生培养模式的多样化，医学研究生培养质量监督和保障体系尚在建设过程中，研究生培养管理机制不完善，对研究生学术诚信问题监管不得力，缺乏系统监控措施。一是研究生教育实行导师负责制，近年来，由于扩招，一个导师带多个研究生，导师既要教好书，又要育好人，使很多导师压力较大，于是有的导师顾此失彼，只重学业，忽略学生道德素养的提升，不利于研究生良好学风的培养①。二是大多数学校没有开设专门的学术道德教育方面的相关课程，有的学校尚未把学术诚信课程纳入学校课程体系，缺乏对学术诚信教育内容的统一要求，不能通过课堂教学的方式来加强学术道德教育和普及学术规范。三是研究生理论课教学存在缺陷，有的学校研究生课程和教材内容更新缓慢、部分任课教师教学方法落后、教学效果不理想等，影响了研究生的学习兴趣，使学生上课时心不在焉，对学习采取应付的态度，考试时过关甚至铤而走险。同时，目前医学院校学位论文的撰写、评阅及答辩等过程的监控机制不完善，对研究生的科学研究、论文进展情况缺乏检查监督

---

① 吴雪玲. 高校研究生学风建设探析 [J]. 中山大学学报论丛，2007，27 (7): 150-153.

和严格考核,对研究生学术不端行为未及时进行查处或查处流于形式,学校的学术委员会、学位评定委员会未能履行对研究生学术问题的监管职责,以及科研实验资源不足也是研究生学术造假的重要因素①。

(二) 学术训练和道德教育的缺失

医学院校长久以来都特别重视研究生的临床实践能力和专业素质的培养,特别是针对临床医学专业学位的研究生,更容易忽视对其科学研究能力的培养,忽视对学生进行严格的学术训练和道德教育。现行的研究生课程教学内容中对科学道德问题缺乏系统讲授,很多学校尚未开设科学道德和科学规范的相关课程,导致学生不能全面深入地理解科学道德规范。研究生缺乏系统科学的科研方法训练和学术规范教育,医学研究生长期以来认为自己将来主要从事临床医疗工作,对专业课比较重视,忽视了思想政治课的学习,致使研究生的学术道德观念淡漠,自我约束力比较差,不能以正确的学术道德来规范自己的学术行为。部分研究生甚至认为做课题的目的仅限于完成论文和答辩,达到毕业的目的,没有真正理解到科学道德的内涵。

(三) 伦理道德和法律规范意识缺乏

医学科学发展造福于人类的同时,也会带来一些伦理和法律法规问题,如克隆技术、基因治疗技术、生殖技术和器官移植技术等。解决和研究这些问题需要道德法规的指导。医学院校往往在本科教育阶段开设了伦理学通识课程,但进入研究生阶段后,缺乏比较深入的伦理学研究及法律法规课程学习,学生伦理道德意识和法律法规意识不够,在进行临床科研中容易导致不自觉违背伦理道德和法律规范行为的出现。

(四) 科学合理的评价和考核体系缺乏

医学院校对研究生学术评价和考核尚停留在刚性评价层面,且都离不开对学术论文、研究成果的硬性要求。研究生的学术水平评价主要以发表学术论文来衡量。多数大学都有这样的规定:不论什么学科,博士研究生须在"核心期刊"甚至"三大检索"等杂志发表论文,且还有数量上的

---

① 樊国康,游金辉,申丽娟,等. 加强医学研究生学术道德培养与学风建设的思考 [J]. 西北医学教育,2013,21 (1):49-50.

规定。硕士必须在省级以上正式学术期刊发表论文才能顺利毕业。这种过分推崇量化忽视质量考核的单一学术评价标准,致使过分重视研究生论文数量而忽视论文质量,对滋生研究生学术浮躁风气起到了推波助澜的作用。

(五) 研究生导师学术不端行为的不良影响

研究生导师是研究生培养过程的具体负责人,是研究生学术生涯和人格修养的引导者,其自身学术道德素质会对研究生的学术行为产生潜移默化的影响,并起着导向和示范作用。俄国教育家乌申斯基曾说:"在教育中一切都应以教育者的人格为基础,因为只有人格才能影响人格,只有人格才能形成性格。"因此,导师的人格魅力直接影响研究生的人格倾向,导师的学术诚信行为会被研究生效仿。目前研究生培养的方式多是"导师负责制下的个别培养(一对一师傅带徒弟)"。作为导师教书育人主要靠自己平日里的行为作风在影响学生,导师一言一词的语言交流,一举一动的工作作风,对研究生都有很大的影响。导师惰怠,学生懒散。导师弄虚,学生作假。导师敬业,学生勤奋。导师的风范教育,会对研究生起到极大的作用。由于研究生的扩招,高校导师队伍也进行了扩充,并且出现一个导师批量带多个研究生的局面。有的导师忙于自己的医院业务工作,一年之中很难与研究生见面一次,对他们的指导更是无法保证。有的导师对研究生学术行为缺乏监督,对研究生抄袭、剽窃行为漠视不管。更有导师为了自己的职称、岗位晋升,侵占学生研究成果,找他人代笔等。近年来,在学术领域,研究生导师违反学术诚信原则的不在少数,可见,研究生导师学术诚信的不良示范作用也是造成研究生学术不端的原因之一[①]。

(六) 社会环境和社会风气的负面影响

社会对研究生而言是一个大课堂,社会环境的影响是潜移默化和深刻的。自1999年高等教育大规模扩招以来,研究生"天之骄子"的地位不复存在。面对人才竞争和就业的压力,医学研究生的就业也不容乐观,用人单位也纷纷提高了人才招聘的门槛。要求毕业生学历高、实践能力强、科学研究能力也要突出。能够代表学生水平和能力的学历、证书以及相应的学术成果便成为用人单位的选择人才的重要参考。使研究生的考研和学

---

① 朱小平,宋杰,朱琳,等. 思想政治教育视域下研究生学术不端行为的防治[J]. 西北医学教育,2014,22(2):254-256.

习目的更加趋于功利化。一是相当一部分学生考研动机不纯,读研究生的目的是为了取得高学历后找份好工作,忽略学术道德和诚信的重要性。二是受功利主义和社会不良风气的影响,为了抢占就业资源和积累竞争资本,部分研究生不惜丧失道德底线和学术人格,在学术活动中采取抄袭剽窃、作假等走"捷径"的方式,搞论文"发表批发",挖空心思发表文章。三是互联网带来了技术的便捷、资源的共享,大多数的学术论文、科研成果造假均只要在网上查阅、复制和组合资料、数据就可以形成。特别是近年来,由于期刊单位的改革,学术传媒所提供的学术刊物的刊登机会日益稀缺和困难,少数学术期刊助推了学术腐败。因此,在学术水平不高的情况下,研究生只好以托关系、走后门、甚至抬高价格等方式发表论文。在论文发表过程中,研究生通过不当途径发表了论文,而学术期刊则获得了利润或人情,双方各取所需,以此实现利益交换。这一过程的多次重复助长学术腐败的气焰。

四、医学研究生学术不端行为日益凸显

培养具有卓越创新能力的高级专门人才是研究生教育的使命,而具有良好的学术道德修养、学术诚信精神并遵从学术界公认的学术规范是创新型人才必备的素质之一。近年来,伴随着社会转型及多元价值冲突,科技竞争的日趋加剧以及网络搜索引擎、文献资料库、翻译软件等信息技术的快速发展和普及,我国学术界的科学精神被进一步削弱,研究生在科学研究中捏造篡改、剽窃、买卖论文等学术不端行为频频发生,学术诚信危机日益凸显。

学术不端行为主要用来概括学术界出现的诚信方面的问题,是指违反学术规范、学术道德的行为,国际上一般用来指捏造数据(fabrication)、窜改数据(falsification)和剽窃(plagiarism)三种行为,简称FFP。中国科学技术协会在2007年1月发布的《科技工作者科学道德规范(试行)》中定义"学术不端"为"在科学研究和学术活动中的各种造假、抄袭、剽窃和其他违背科学共同体惯例的行为"[①]。此外,还有其他一些,例如一稿多投、侵占学术成果、伪造学术履历等行为也可包括在内。2009年教育部发布《关于严肃处理高等学校学术不端行为的通知》中规定:抄袭、剽

---

① 张华伟. 浅析研究生学术不端行为的原因及对策——基于思想政治教育的视角[J]. 西安电子科技大学学报(社会科学版), 2011, 26(6): 105.

窃、侵吞他人学术成果；篡改他人学术成果；伪造或者篡改数据、文献，捏造事实；伪造注释；未参加创作，在他人学术成果上署名；未经他人许可，不当使用他人署名；其他学术不端行为等七种行为，均属学术不端行为。[①] 对医学研究生而言，学术不端行为表现主要有以下几个方面。

（一）课程学习中的不端学风

医学研究生经过了 5 年的本科学习，进入研究生学习阶段后出现了一系列课程学习不端现象，主要表现为：学习松懈，学习态度不端正，不重视基础理论课和非专业课的学习；课堂纪律涣散，上课时不认真听讲，下课后不认真钻研，考试中违反考试纪律；随意违反教学基本规则，如迟到、早退、旷课和考试作弊等现象较为严重；有的学生缺乏明确的学习目标，沉迷于上网、聊天、谈恋爱、玩电子游戏，从事与学业无关的社会活动等。[②]

（二）学术研究中的不端行为

1. 伪造、篡改实验数据或引用资料

此类不端行为在医学院校中比较普遍，表现为部分研究生缺乏吃苦耐劳的精神，不愿花较多的时间深入细致地进行研究，不认真完成实验或调研，为了取得学位而不惜弄虚作假，以采取修改、篡改他人的实验数据和资料、伪造实验结果等方式完成课题研究，进行学术造假，从而轻松获得学位。

2. 抄袭、剽窃、侵占他人研究成果

一些研究生忙于临床工作，学校又规定要取得学位，必须发表一篇正式的学术论文，为了完成任务，便采用抄袭、剽窃等方式侵占他人研究成果。如：利用强大的搜索功能"揉面团"，把一些类似的成果搜集加工，拼凑改装变成自己的成果；在学位论文、学术论文发表过程中有意隐匿学术论点来源，故意标引不清或抄袭他们学术观点不署名等行为。在一些国际知名的科技期刊数据库中，期刊编辑部发布的"撤稿声明"中，相当一部分涉及研究生论文抄袭与剽窃。[③]

---

① 贾宝余，刘红. 研究生学术道德和学术规范教育的趋势与途径 [J]. 学位与研究教育，2010（5）：46.

② 樊国康，游金辉，申丽娟，等. 加强医学研究生学术道德培养与学风建设的思考 [J]. 西北医学教育，2013，21（1）：49-50.

③ 贾宝余，刘红. 研究生学术道德和学术规范教育的趋势与途径 [J]. 学位与研究教育 2010（5）：46.

3. 一稿多投、论文"搭车"或代写论文

医学院校中,有较多的研究生还未认识到一稿多投是违背学术道德的严重行为。论文署名中的"搭车"现象也比较普遍,主要表现为学生搭导师的"车",导师搭学生的"车"或学生之间相互"搭车"。更有甚者,请人帮自己完成研究课题,代写代发学术论文等,严重地违背了科学研究规范和道德。

4. 违背医学伦理的学术研究

医学科学研究以及医学科学新技术的发展,为人类的发展与进步做出了巨大的贡献,医学科研过程中会遇到或产生诸多的伦理学问题。一是选题过程中,医学科研针对的是人与人相关的生命质量、疾病以及寿命等复杂问题,选题应该慎重,尽可能客观、严谨地揭示医学科研的潜在风险,否则会违背伦理价值规范及伦理精神。二是临床医学科研实践中违背受试者利益。随着社会的不断进步,人体受试者保护的问题日益受到世界各国的关注,但因为医学科学研究的发展,及医学研究中受试者保护伦理体系和规范标准的滞后和不完善,会出现一系列违背医学伦理、单纯追求医学技术发展的不当医学科研行为。文献①指出,国外公开发表的临床研究报告中有12%不符合伦理要求。目前还有许多人在伦理认识上不能把符合伦理的人体研究和"拿人做实验"区别开来。因此应加强医学研究中受试者权益保护的伦理审查。三是医学科研中的知情同意权问题。临床医学研究的研究者们有义务告知受试者对参与此研究可能要承受的风险,包括身体上、心理上和社会适应性等方面的风险,让患者有充分知情权,否则就违背了科学研究中的知情同意权。②

(三) 论文撰写和答辩中的失范行为

1. 论文撰写过程中的失范行为

一是论文开题报告思路不清晰、选题不合适、方法不得当、态度不端正,甚至不遵守开题的规定,直接进入论文撰写,事后补开题报告等行为;二是中期考核不认真按要求完成、拖延考核时间;三是学位论文格式不严格按照撰写规范要求完成。四是论文评阅流于形式,聘请的评阅人多

---

① 李莹. 临床试验和生物医学实验中人体受试者的保护问题和对策 [J]. 中国医学伦理学, 2005, 18 (2): 46-48.

② 毕媛, 黄海, 王捷, 等. 医学科研与医学伦理关系的思考 [J]. 中国医药指南, 2012, 10 (6): 298.

为导师的熟人和朋友，评阅人碍于人情关系，对论文评价过高，对存在的问题轻描淡写，既助长了一些研究生对论文的学位研究和写作敷衍了事的行为，又淡化了研究生导师的责任感和质量意识，影响了答辩和评阅的权威性和公平性。

2. 论文答辩过程中的失范现象

一是部分研究生没有按要求进行预答辩；二是目前答辩委员基本上由导师邀请，这些答辩委员都是导师熟人，有的答辩委员甚至是导师指导小组成员，这就造成答辩委员碍于情面在答辩过程中手下留情，在所提出的问题的深度及广度方面缺乏力度，很多研究生学位论文答辩的答辩结果都是事先拟定，只是在答辩结束后，由答辩委员会主席宣读一下，没有能够真正体现答辩委员会专家的意见及整体评价。①

第二节 四川大学研究生学术诚信保障体系构建措施

高校作为研究生学术诚信保障体系内部保障体系的主体，是学术诚信规范和制度的具体执行者，也是学术诚信建设的主要负责人。为保障学术诚信，长期以来，四川大学以学术诚信教育为切入点，做好顶层设计，注重体系建设，密切结合研究生成长环节，探索构建了"123"研究生学术道德教育基本思路，在研究生学术诚信保障体系建设中进行了积极的探索。下面以四川大学为例，对研究生学术诚信保障体系建设经验进行总结。

一、做好顶层设计，出台制度规范，构建学术诚信教育管理的长效机制

四川大学研究生学术诚信保障工作由书记、校长亲自部署，把建立和完善诚信教育和学术诚信建设制度体系作为建设现代大学制度的六个重要方面之一。2013年6月，四川大学出台了《四川大学关于加强学术诚信体系建设的实施办法》，从教育、管理、防范、惩治四个方面，对全校师

---

① 郭胜伟. 研究生论文答辩中存在的问题及整改措施 [J]. 江西中医学院学报，2006，18 (6): 58-59.

生的诚信行为做出了具体规定,构建了确保为人诚信和学术诚信的长效机制。在四川大学研究生院设立"四川大学学术道德与诚信管理办公室",配备专职人员,从制度到落实,专门负责学校的诚信教育和学术诚信体系建设及日常管理工作,为学术诚信教育指明方向,提供执行保障。

探索总结出"123"研究生学术道德教育总体构架。所谓"123"研究生学术道德教育总体构架,即在指导思想上,坚持以育人为中心,强调将学术道德教育与研究生专业培养契合为"1"的理念;在教育内容上,侧重"思想品德教育"(在意识层面)和"学术规范教育"(在技术层面)"2"个重点,使研究生成为既有学术道德自觉又有道德行为能力的学术新生力量;在总体规划上,实现了覆盖研究生培养"全过程"的教育机制、渗透于研究生管理工作"全方位"的防范机制和学校"零容忍"的惩戒机制("3"个机制)有机协调,系统推进。

二、 突出不同培养阶段的特点,建立覆盖培养"全过程"的学术诚信教育机制

在新生报到注册和入学教育阶段开展大密度、高强度的学术道德教育活动,使新生一跨入研究生阶段就形成强烈的意识冲击。从2013年起,该校把签署《研究生学术道德诚信承诺书》作为报到注册第一步,以庄严的承诺仪式让每位新生都对自己的学术诚信做出保证,使新生充分感受学校"视学术道德为治校之本"的理念。以强化课程规范化建设为抓手,把学术道德系列课程作为必修课纳入培养方案,以课堂教学的形式确保学术道德教育对新生实现全覆盖。举办"学术道德宣传活动月"活动,通过第一课宣讲的形式集中强化研究生学术诚信教育,在学生心灵深处牢牢打下学术诚信的思想道德基础。各培养单位通过讲座形式进行4个学时的"人文素养与科学精神"教育,内容包括现代科学价值与伦理、科学家的社会责任、科学精神等。

推进诚信教育教材建设,四川大学专门组织专家学者编写《学术道德与学术规范》《学术论文写作》等诚信教育系列教材,并引进了麦克里那编写的《科研诚信——负责任的科研行为教程与案例》作为学生学习的参考资料。此外,重视专业化师资队伍,逐步建设了一支专兼职相结合的学术道德教育的师资队伍,约计80人,负责全校青年教师、本科生、研究生的学术道德教育工作,提升该课程教学的专业化水平。

四川大学将每年11—12月定为"学术道德宣传教育活动月",集中开

展形式多样的学术道德和学术诚信宣传教育活动。活动包括：研究生"学术之星"评选活动、学术诚信主题展板巡展、学术诚信教育主题艺术作品征集、学术诚信教育主题演讲比赛等。

随着学生逐渐进入导师科研团队参加科研活动，学术道德教育的重点则为深入细致的学术规范训练。明确导师是研究生教育培养的第一责任人，细化导师责任，即"导思想""导人生""导学习""导科研""导心理""导生活"。2013年4月，出台了《四川大学研究生导师招生资格动态管理实施办法》，不管署名与否，研究生出现学术不端行为导师都负有责任，导师本人或其学生出现学术不端行为的在下一年将禁止导师招收研究生。在毕业阶段坚持学位论文严格的质量监控措施，强化对学生的论文质量意识教育。2013年学校出台了《四川大学研究生学位论文质量监督保障体系建设方案》，完善学位论文答辩前抽检、送审、盲评等质量保障体系。

三、学术道德教育全面渗透于培养的各个领域，建立"全方位"的防范机制

在加强教师导师岗位培训的基础上，改革考试评价体系，坚持严格的学位论文检测制度，建立严格的奖惩制度。大力推进学生课程教学、考试和学业评价改革，推广全程式多样化考试，注重考察真才实学和创新能力，通过创新构筑严格的防范机制，引导学生诚信应试，杜绝学术不端行为。四川大学从2010年起使用学术不端检测系统（TMLC），实现研究生学位论文检测的全覆盖。在研究生日常管理工作中，特别是评奖评优、面推直博等工作中，建立严格的材料、证书、资质审查制度，对存在弄虚作假行为的学生取消其评选资格。同时，学校相关文件规定，因学术不端受到校规校纪处理的，取消当年一切评奖评优资格。

四、"零容忍"的惩戒机制，严厉查处学术不端行为

四川大学先后出台了《四川大学学术道德规范》《四川大学关于违反学术道德规范的处理规定》《四川大学学生考试违纪作弊处分规定（修订）》《四川大学关于学位（毕业）论文抄袭、剽窃等学术不端行为的处理办法》《四川大学关于加强学术诚信体系建设的实施办法》《四川大学

研究生导师招生资格动态管理实施办法（试行）》《四川大学研究生学位论文质量监督保障体系建设方案》。自 2010 年以来，共有 18 名学生因为申报材料弄虚作假，被取消奖学金评选资格。其中有 2 名博士研究生、2 名硕士研究生因论文抄袭而被撤销学位。2014 年，经学校各部门多方共同讨论研究，四川大学拟定了《四川大学关于建立学生个人诚信档案的实施办法》，建立全校学生诚信电子档案，并将于 2014 年学术道德宣传活动月举行上线仪式，正式投入使用。该诚信档案内容包括：学生个人入学时签署的诚信承诺书、学生学术诚信记录、学生评奖评优的诚信记录、学生经济活动诚信记录、学生升学和就业诚信记录、其他重要记录等。

五、积极探索学术诚信教育的途径创新

该校建立"四川大学学术诚信与科学探索网"，打造科学道德和学风建设的专业阵地。2013 年 11 月，四川大学学术诚信和科学探索网正式上线，网站共设置了 14 个板块，包括新闻栏、学生学术规范指南、学术规章、学术榜样、学术不端案例、视频课程、在线测试、科学前沿、学术讲坛、顶尖杂志、校内学术社团、项目与资源、举报受理等。学校要求所有新入学的学生在该网站上学习"学术道德与学术规范"必修课，只有完成从视频课程学习到在线测试的全过程，才能获得相应学分。

通过以上行之有效的措施和创新的工作途径，四川大学有效地改善了过去科学道德和学风建设推进力度"软"、着力点"散"、内容上"空"的问题，把科学道德和学风建设的有关要求转化为人才培养各个环节的管理措施。通过构建网络平台，将学术道德与学术规范教育普及化、固态化、常态化，为高校研究生学术诚信保障体系建设提供了经验和示范。

第三节 四川医科大学研究生诚信保障体系构建措施

医学研究生学术诚信保障体系建设有共通性，不同学校有不同的特点，本节主要从研究生学术诚信教育模式、运行机制、制度建设、论文质量保障等方面探讨四川医科大学（原名为"泸州医学院"）研究生学术诚信保障体系构建。作为有 20 年研究生教育历史的省属地方高校，四川医科大学历来重视对学生的思想政治教育和科学道德教育，重视加强研究生

教育的各个方面。近年来，高校研究生学术不端行为日益突显和严重，研究生的创新能力和创新意识渐趋衰弱。我们意识到这一现象，认识到研究生学术诚信教育在研究生教育中的重要地位和作用，统一思想和行动，在实践中采取了很多措施构建研究生学术诚信教育保障体系，确保研究生培养质量。

一、构建研究生学术诚信教育广域课堂模式

（一）研究生学术诚信广域课堂解析

研究生学术诚信教育广域课堂，从狭义的角度讲就是通过扩展研究生学术诚信教育的主体、对象、内容、形式、途径和空间，使研究生学术诚信教育从有限的课堂时间延伸到无限的课外学习与自我教育中，从狭小的研究生教室扩展到广阔的大学校园、甚至是中学校园，从单一的学术道德规范教育拓展到重点培养学生的科研素养、创新能力，从对单一的研究生教育扩展到对本科生教育和对导师的教育相结合。从广义的角度讲，更是要构建学术诚信教育的广域社会场域，扩展研究生学术诚信教育的实施主体，通过社会监督和环境治理，多途径、多角度、全方位地构建研究生学术诚信教育体系，以提升研究生学术诚信教育的效果。

研究生学术诚信广域课堂具有五个基本特征：第一，以学生为主体，教师为主导，制度为规约。学生是学术诚信教育的主体，教师的作用在于引导主体发挥内在作用，制度则是起规避主体出现错误的作用，三者协同实现学术诚信教育目的；第二，零容忍。即对学术不端采取"零容忍"制度，发现一个查处一个，给予学生重写论文、推迟毕业的处罚，取消导师资格。第三，发展性。即注重道德的生成和发展规律，全程、全员广泛参与教育，历时长、范围广，以取得最优化成果。第四，激励性。即遵循以人为本的原则，注重激励与引导，以促进人的可持续发展为核心，以教师和学生的积极支持和参与为主体，而不是简单行政管理式的命令。第五，广域性。即多领域、多途径、多手段的综合，涉及研究生培养、思想教育、科学研究、道德建设等多个层面，坚持显性教育与隐性教育、课堂内与课堂外、理论与实践、教学与科研多途径结合方式，注重教育多元化特征与学生个性化发展特点，构建主体多元、内容丰富、手段综合的广域教育体系。

(二) 研究生学术诚信广域课堂的基本构架

1. 广域培养体系

广域培养体系主要是就学术诚信教育实施的主体、对象、内容、方式和方法、时间和空间、教育环境等方面拓展研究生学术诚信教育，以取得最优化的教育实施效果的培养体系。具体来说，从教育实施主体上，主张任课教师、研究生导师、培养管管理工作者、研究生辅导员及研究生自身共同努力，齐抓共管，共同防治，建构研究生学术诚信教育的一体化教育体系。从教育实施对象和时空方面，拓展教育的对象和层次，将学术诚信教育拓展至对研究生导师的教育，充分发挥导师的引领和示范作用，延伸至对大学生的诚信教育和对中学生和小学生道德素质培养，使研究生学术诚信教育和大学生学术诚信教育与中、小学生的道德素质培养有机结合，建构研究生学术诚信和道德教育一体化对象体系。从教育内容上，将研究生学术规范、学术道德教育与提升研究生科学研究素养、创新能力、科学道德和学风建设相结合，建构研究生学术诚信教育一体化内容体系。从教育方式方法上，将研究生学术诚信教育纳入研究生培养的各个环节，将学术诚信课堂教育与课外教育、与研究生的自我教育相结合，坚持自律与他律的结合，探索运用互联网教育等方式，建构研究生学术诚信教育的多载体、立体化和互动式教育方式、方法。从教育环境上，将学术诚信教育的家庭教育、学校教育和社会大环境的教育有效结合，构建学术诚信教育一体化环境体系。

2. 广域内容体系

医学研究生学术诚信广域内容体系包括学术诚信思想教育、科学精神培养、学术道德规范认知教育、学术责任培育、医学伦理和科技伦理教育等方面。

思想教育是学术诚信教育的先导。任何一种道德品质的形成和完善都要经历提高道德认识、树立道德情感、锻炼道德意志、形成道德规范、养成道德习惯的过程，① 只有思想上重视了，才能从认识上加以提高。现阶段，研究生学术诚信思想教育要以马克思主义为指导，以社会主义核心价值观为引领，加强社会主义荣辱观教育，弘扬和培育"实事求是"的科学精神，培养至真的学术态度和至诚的学术品格。学术诚信思想教育着重于

---

① 贺宗凯. 研究生学术诚信教育内容探析 [J]. 四川职业技术学院学报，2011（2）：68-70.

科学精神的培养。

（1）科学精神的培养。科学精神是指人们在科学活动中形成的，体现于科学知识、科学思想、科学方法中的一种观念、意识和态度。科学精神是一种思想体系，科学精神的内容随时代不同而变革，当今世界，科学精神的主要内容包括探索求知的理性精神、批判创新的进取精神、实验验证的求实精神、互助合作的协作精神、自由竞争的宽容精神、敬业牺牲的献身精神。①

（2）学术道德规范认知教育。学术道德规范是学术行为主体进行学术活动必须遵守的准则。它以一定的价值认识、价值判断和价值取舍为前提，以一定的伦理精神为底蕴。学术道德规范教育是一种认知教育，它是学术主体实施学术道德行为的先导。无规矩不成方圆，学术道德规范在本质上就是学术领域的"规矩"。学术规范教育是一项系统工程，具有综合性、实践性的特点，进行学术规范教育需要多学科教师共同努力，并渗透到各学科专业的教育之中，需要结合素质教育、学风培养、校园文化建设等创造良好氛围环境，需要在论文写作等科研实践中进行培养训练，才能收到切实效果。严格的学术道德规范教育可从三方面着手：从教育过程而言，应从入学教育、课程教学等环节延伸到研究生教育的全程；从教育深度而言，应从教育研究生严格遵守学术引文规范、学术研究程序规范和学术研究方法规范，避免学术不端行为，深化到对研究生科学精神、追求真理、创新能力等综合素质的培养；从教育广度而言，应在适应社会、大学与科研机构、学术社团、出版机构等对研究生的要求，形成各具学科发展特色的教育内容。

（3）学术责任的培育。学术责任是学术行为主体在进行学术研究中对他人、集体、社会所负有的道德、法律责任。但不论是道德责任还是法律责任，其责任意识的生成都会经历一个从他律到自律的过程。学术责任的培养不可能一蹴而就，而是一个渐进的习得的过程，需要结合使用熏陶、感化的手段。

（4）医学伦理和科技伦理教育。医学伦理教育是对医学道德的教育。近年来，随着医患关系逐年紧张、恶化，医疗纠纷频繁发生，迫切要求强化医学伦理规范和道德意识教育。② 科技伦理教育是科学精神与人文精神

---

① 肖健. 科技伦理教育：医学研究生科学精神与人文精神融汇的契机 [J]. 医学与哲学（人文社会医学版），2008，29（6）：54.

② 韩莹，王曙照，单晶. 从医患关系看医学生医学伦理教育的缺失 [J]. 中国病案，2011，12（10）：54-55.

的融汇教育，是对科技活动的道德引导，主要包括科技探索过程中的伦理和科技应用中的伦理，对医学研究生的伦理教育要从医学技术、科学技术与道德的关系、医疗和科研工作者的学术道德与社会责任、医学道德及科技道德在具体领域的应用等方面进行，通过开设选修课，在专业课中渗透科技理论教育等方式进行。①

3. 广域课堂体系

广域课堂体系坚持课堂内教育和课堂外教育相结合，延伸了教育的空间和场地，拓展了教育的主体，形成了更为全面的教育质量保障体系。

课堂教育是学术诚信教育的主渠道和主阵地。培养单位应开设学术诚信教育课程，涉及有关学术诚信、学术规范、科学精神、知识产权法、著作权法以及不同学科一些特殊的科研伦理要求等内容。同时，更要注意到，道德教育不同于知识积累、技术传授，需要被教育者接受并内化为自己的思想然后付诸行动的"知易行难"的缓慢过程。这就要求教育者必须根据受教育者的特点，采取适宜的教育方法。根据研究生思想比较成熟、善于思考、不易被教化的特点，在教育方法上，倡导以案例讨论法为主。通过正反两方面的典型案例，一方面发挥学术楷模的示范表率作用；另一方面发挥学术不端典型案例的教育警示作用。

学术诚信教育与政治理论课、专业课教学相互融合。以知识为载体，融学术诚信教育和思想道德素质培养为一体的政治理论课和学科课程教学，具有文以载道、启发学生智慧的功能，是实施学术诚信教育的有效途径，也是对研究生学术道德教育内容的创新与拓展。② 要充分发挥思想政治教育理论课、专业课的渗透作用和启发功能实施研究生学术诚信教育。

充分发挥研究生导师的引领和示范教育作用，形成健康向上的师生互动氛围。"德高为师，身正为范。"导师是研究生学术成果的审核人、学术生涯的引路人和人格修养的榜样人，其自身学术道德素质会对研究生的学术行为产生深刻影响。要建立和完善导师负责制，充分发挥导师的引领和示范教育作用，使学术诚信教育在"师生互动、知行合一、学以致用"的学术研究过程中达到"润物细无声"的积极效果。

校园学术文化的熏陶教育。在研究生学习阶段，营造浓厚的校园学术

---

① 肖健. 科技伦理教育：医学研究生科学精神与人文精神融汇的契机 [J]. 医学与哲学（人文社会医学版），2008，29 (6)：54-58.

② 马革兰. 研究生学术道德失范、根源及对策 [J]. 黑龙江高教研究，2009 (11)：80-82.

文化氛围，特别是以人文精神和科学精神为核心的人本文化、创新文化和质量文化，可让深入其中的学子在潜移默化之中受到学术教育的熏陶，无形中接受和认同学者的职责，传承和践行学术的使命。

研究生诚信自律教育。"学术界的自律被看作是清除学术腐败最根本的希望。"① 研究生学术诚信与学术道德的养成以研究生自律养成为核心，以制度他律和为基础，环境孕育为支持。在学术诚信教育中，要充分重视研究生的主体地位，将其纳入学术共同体，发挥德行自律的作用。德行自律包括道德自律和学术规范两个方面。道德自律是通过个人的自我约束，在道德信念的指导和规范下明确"有所为，有所不为"的正确理念。研究生学术失范，究其根本是自律观念太差②。因此，加强研究生诚信自律教育，遵守学术规范，才能推动学术研究健康持续发展。

4. 广域制度体系

"规矩成方圆，依法治学风。""惟有风正，才有学正。"在人的道德行为过程中，难免会受到私欲的纠缠。私欲无限扩张的本性构成研究生学术诚信自律的最大敌人。在这种情况下，研究生需要借助于学术诚信道德的外在约束力量——学术规章制度来抗拒不诚信的诱惑。因此，规章制度建设是开展研究生学术诚信教育的一条途径。从制度上构建学术诚信教育体系，应当坚持"标本兼治、综合治理、惩防并举、注重预防"的十六字方针③，建立和完善学术诚信管理制度、监督制度和惩戒制度，加强学术诚信制度的育人功能。

从社会而言，应该构建对学术不端的监督和惩戒制度。现今，高校的学术诚信教育之所以效果不佳，很大程度上是由于受到社会上学术造假、期刊收取高额费用和降低发表论文的质量等影响。因此，需要以官方名义建立监控网络和学术诚信监督机构，加大对学术造假行为的监控和督查。国外一些独立于高校外的专门治理和查处学术诚信问题的机构，如美国的"学术诚信办公室""学术失范治理办公室"、英国的"研究道德委员会总部"、丹麦的"研究反科学欺诈委员会"等，能够跨越多个部门且相对独立，在治理学术诚信问题方面发挥了非常重要的作用，值得我们借鉴。

---

① 肖娟群，唐春珍. 关于研究生学术诚信危机的思考［J］. 大学·研究与评价，2007（7）：122-125.

② 王正杰. 论新时期研究生学术道德的现状及其教育对策［J］. 毛泽东思想研究，2009，26（4）：137-140.

③ 教育部关于严肃处理高等学校学术不端行为的通知［Z］. 教社科［2009］3号文.

从高校角度，研究生培养机构要从三个方面加以完善制度体系。一是要根据学科发展特点和要求，完善、修订基本的学术道德和学术规范制度，同时要依据教育层次、培养流程和学科结构，分别制定针对硕士生、本科生的制度，编发不同学科的学术规范细则和典型案例供学生学习；二是改革现行的学业评价制度，建立科学合理的评价标准。要鼓励研究生发表原创性、高水平的科研成果，取消学位申请与论文发表相挂钩的制度，让研究生对论文数量的追求转变成对真理的追求；三是加强学术道德与学术规范的宣传教育，让研究生自觉地尊重、维护和实践学术道德和学术规范，将学术道德与学术规范自觉地内化为自身科学活动的行为准则及价值取向。此外，要建立健全组织机构，发挥学术委员会、学术道德委员会等机构的作用，加强对学术不端行为的监控和惩处力度，提高学术不端行为的"成本"。

5. 广域环境体系

良好、和谐的学术环境孕育学术诚信。从学校而言，学术环境主要指校风、教学和学风层面的东西，从社会而言，学术环境主要是监督学术研究的制度、机构等。学术环境对研究生学术诚信教育具有重要作用，主要表现在：一是润育作用。学术环境从广泛性、自发性和渗透性三个方面影响研究生身心，在现实的生活环境中为研究生主体自我的内化提供养分。二是助推作用。求真、求是，崇尚科学的良好学术环境对激发研究生奋发向上、勇于探索的学习精神起到推进作用。三是陶冶功能。唤起研究生心中崇高的、唯美的情感，塑造诚实守信、勇于创新的学术情感和品行。四是约束功能。良好的学术社会环境对学术不端行为具有约束作用，使研究生按照学术规范开展研究，自觉形成抗拒学术不端的诚信意志。

学术文化氛围和文化体系是学术环境的一个重要组成部分，奋进、和谐的校园文化是研究生学术诚信保障体系构建的正向隐性规约，包括了质量文化、创新文化、诚信文化、学术文化等，归属理念层次范畴。① 人是文化的载体，文化可以激发研究生刻苦学习、努力创新的主动性，而且以某种特有的潜在作用影响着研究生的思想情感、道德水平，改造着研究生的内心世界。学校非常重视文化体系建设，注重文化氛围的营造。学校每年举行一届研究生学术文化节，开展研究生学术规范教育、科学道德宣讲、学术沙龙、科研兴趣小组活动、学术诚信签名、研究生论坛等丰富多

---

① 王站军. 建立健全新时期研究生教育质量保障体系［J］. 中国高等教育，2012（6）：30-33.

彩的学术文化活动。还积极组织参与学校科技处、各研究中心举办的各种学术文化品牌活动，活跃了该校研究生的学术文化氛围，弘扬了质量文化、创新文化、诚信文化、导师与学生之间的师生文化等，对提高研究生的科学研究能力、学术规范和学术素养起到了积极的作用。

（三）研究生学术诚信广域课堂模式的实践探索

四川医科大学研究生学术诚信教育实践活动以构建广域课堂模式理论为指导，以研究生科研能力、创新能力培养为着力点，以研究生学术道德规范教育和制度体系建设为抓手，以政治理论课、专业课课堂教学为主渠道，以强化导师责任制为突破口，以研究生学术文化节活动为载体，以科学道德宣讲活动为有益补充，秉承学校"团结奋斗、艰苦创业"的优良传统，全面系统地开展研究生学术诚信教育实践活动。

1. 立足科研能力培养，抵制学术不端行为

研究生的教育是个性化的教育，应立足于培养学生独立的研究能力和创新思维。近年来，随着该校研究生人才培养模式的变革，针对学校学术型和应用型人才培养模式的不同要求，该校确立了不同的培养目标，着力构建与学术型和应用型人才目标相适应的研究型、应用型和复合型人才培养体系和培养模式。对学术研究型研究生侧重于科研能力培养，通过医学科研方法、医学实验技术、实验动物学、循证医学等课程进行系统的教学，培养学生的创新思维和辩证思维。通过系统的科研实践、撰写和发表核心期刊等要求提高对学术研究型研究生的科研要求，通过改革课程体系，增加科研实践训练时间，派出学生到知名大学进行论文实践等方式，提升学生的科学研究能力。进行学位论文学术不端检测，给予重写论文、延迟毕业等处罚严厉抵制学术不端行为。加大学位论文双盲评审的力度，并尝试实行第三方评价等方式，来提升对研究生学位论文的要求，以此培养学生的科学精神和研究能力。通过2014年上半年的论文检测结果来看，与往年相比而言，该校论文检测重复率在15%以上的论文篇数大幅减少，一次性检测通过率较高。

2. 结合学术规章制度学习强化学术诚信教育

学习学术规章制度的作用在于，从制度系统中吸取学术诚信的道德观念和学术伦理意识，使研究生逐步实现自我软约束，进而实现他律与自律、外在约束与内在约束的有机统一。近年来，学校加强了对学术诚信和学术规范的规章制度建设，建立了《泸州医学研究生基本学术规范管理规

定(试行)》《泸州医学院学位论文作假行为处理实施细则(试行)》《泸州医学院关于研究生学位(毕业)论文抄袭、剽窃等学术不端行为处理办法(试行)》《泸州医学院考试工作纪律(修订)》《泸州医学院关于科技工作者行为准则的若干意见》《泸州医学院研究生在校期间发表论文的相关规定》及《泸州医学院论文撰写和制作要求》等制度。该校将学术规章制度编印在《研究生培养指南》和全校《学生手册》中,在研究生和本科学生新生入学时进行系统的讲解和指导学习。学校还在已开设的医学科研方法课程中增加讲解学术规范、科学研究伦理等相关内容,培养学生的学术规范和伦理道德意识。每年3—5月份举办校园学术文化节活动,通过开办学术道德专题讲座、学术论坛、学术规范月等活动,就学术规章制度、学术规范话题开展研究生之间、研究生导师之间,研究生与管理者、研究生与本科生之间的对话与交流,逐渐使学术制度和学术规章教育制度化、体系化和广域化。

3. 结合政治理论课改革实施学术诚信教育

结合政治理论课改革的研究生学术诚信教育,首要任务是提高研究生的马克思主义理论和思想道德水准,形成抗拒不诚信诱惑的思想道德基因,提高对学术诚信要求的内在认同感,培养研究生践行学术诚信的定力和恒心。我们在改革政治理论课教学的过程中,坚持以社会主义核心价值体系引领研究生思想政治教育,将研究生诚信教育纳入教学范畴,将科学精神引入教学活动中,将医学伦理和科技伦理的内容添加进课程体系,本着求真、求实的科学精神和教学贴近学生实际、贴近社会生活实际的原则,增加科学道德建设、诚信培育、道德规范认知教育的专题和实践交流活动,以教学活动本身的科学精神来培养学生的科学精神,引导学生把个人追求与国家发展、学术自由与社会责任、自律和他律相统一起来,以科学精神和道德素质的提升来提高对学术诚信的认知,从而提高科学道德素养。

4. 结合导师责任制细化学术诚信教育

研究生教育普遍实行导师负责制度,在研究生个体道德发展过程中,导师的高尚师德有着较大的感召力,对研究生的诚信观念和行为起着潜移默化的影响。学校通过强化导师责任制细化研究生学术诚信教育,明确规定导师在研究生思想政治教育工作中的职责,建立健全导师教书育人的管理和监督制度,强化导师在研究生培养中的主体地位和作用。在导师遴选环节严格学术诚信标准,新遴选的导师必须学术造诣深厚且思想道德素质优良。口碑不好、存在诚信问题的人，不能担任研究生导师。在三年一次的导师资格认定和年度绩效考核中加强对学术道德的考核，建立导师问责制度，实行学术问题一票否决制，研究生出现了学术不端，导师负连带责任。注重加强对新导师的培训，培训的主要内容包括科学道德和科学精神、导师工作职责、研究生培养和学位管理办法、优秀导师交流工作经验、老带新一帮一方法等，使他们尽快熟悉及了解业务，担起研究生教育的重任。这些措施进一步规范了我校研究生导师和研究生的学术道德行为，扎实打牢了研究生学术诚信教育的基础，使他们能自觉遵守学术道德、维护学术诚信，积极开拓创新，有效地促进了该校优良教风和学风建设。

5. 结合校园文化活动优化学术诚信教育

人是文化的载体，校园文化不仅可以激发研究生刻苦学习科学知识的主动性，使其努力加强自身文化修养，而且能以某种特有的潜在作用影响着研究生的思想情感、道德水平，改造着研究生的内心世界。自2009年起，在学校的校园文化活动中，每年都有组织地举行一届研究生学术文化节，通过多个专题的学术规范教育、科学道德专题讲座，导师与学生之间的学术交流和研讨会，不同专业、不同年级研究生之间的学术沙龙，学习兴趣小组活动、学术诚信签名、学术规范月论坛等丰富多彩的学术文化活动，教育和引导全校研究生恪守科学道德，形成风清气正、求真务实的优良学风。此外，学校还将"专家讲坛""良师益友""博士报告会"等品牌活动也作为学术诚信教育活动的重要载体，邀请在科学研究上有建树、在学风建设方面有经验的专家学者分享科学研究和人生体会，将科学道德与学风建设宣讲活动贯穿到各项学术活动中去，成为学校研究生教育一项常抓不懈的工作。通过学术文化节品牌专题活动，活跃了学校研究生的学术文化氛围，对提高研究生的科学研究能力、学术规范和学术素养起到了积极的作用。

6. 结合学校优良传统深化科学道德教育

四川医科大学坐落在历史圣地泸州忠山，在这里有朱德、恽代英、刘伯承、胡耀邦、黄炎培等众多伟人留下的丰功伟绩和文化精髓。亘古的忠山铸就了"团结奋斗、艰苦创业""自强不息、守正出新"的泸医精神和忠山文化，这是学校办学60余年来历史和文化的积淀，是对民族精神、革命传统和时代精神的继承和发扬，是事业发展和人才培养的精神支撑和思想引领，指引着一代又一代的泸医人积极进取、求实创新，不断地追求进步，不断地创造出一个又一个的奇迹，铸就学校的发展与辉煌。在人才培养中，我们以这种精神鼓舞、激励和感染学生，让一批批莘莘学子不断地发扬和壮大泸医精神，通过邀请见证泸医成长、在学术上有造诣的一批批老专家、学者为学生讲授泸医精神，传播科学道德和优良学风、校风，宣讲英雄人物在忠山的感人故事和革命事迹，引导着众多的学子们时时刻刻以作为一名泸医人为骄傲，以泸医自强不息，艰苦奋斗的传统来砥砺和严格要求自己，在优良的传统和校风、学风中深化了科学道德教育。

二、构建研究生学术诚信保障运行机制

协调、顺畅的研究生学术诚信教育运行机制是保障研究生学术诚信教育正常开展的基本条件。由于研究生教育的规模扩张，研究生的年龄、经历、阅历、性格、生源等方面的个体差异也进一步拉大，不同学科、不同类别、不同培养类型的研究生伴随着学习科研任务的不同、生活重心的阶段转换等变化其思想特点和行为模式呈现出阶段性特征，不同阶段的研究生的思想状况也不同，使研究生学术诚信工作在内容、方式、方法、管理机制方面变得更为复杂。因此，准确把握研究生的复杂性和阶段性特征，建立适合高校研究生学术诚信工作的运行机制，进一步优化研究生学术诚信教育工作的运行环境和管理体系，有助于提高研究生学术诚信教育工作绩效。

所谓学术诚信教育工作的运行机制，就是通过各种活动方式使参与学术诚信教育的各实体性要素相互作用以发挥出研究生学术道德教育的功能，提高研究生的学术道德素质和诚信意识。实体性要素是指构成这个系统的活动主体，它们包括：学校党委和研究生教育主管部门、研究生导师、辅导员和研究生。在研究生道德教育过程中，他们有着不同的地位和作用。其地位和相互作用关系如图 8.1 所示。

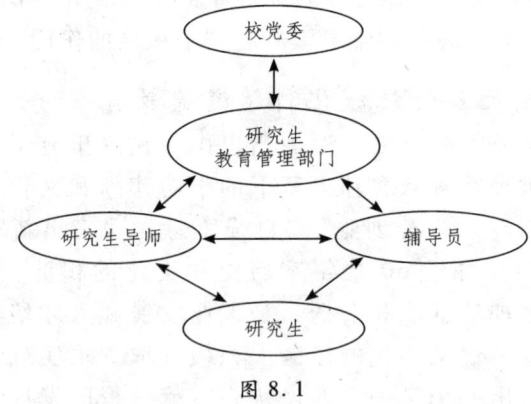

图 8.1

这个图比较清晰地说明了研究生学术诚信教育运行机制中各实体性要素之间的关系：学校党委是研究生学术诚信教育和诚信保障的领导核心，研究生教育管理部门负责学术诚信教育工作的具体落实，研究生导师是主导力量，研究生辅导员为辅助力量，研究生则是学术诚信教育发挥作用的实施主体。其具体的作用方式则构成了研究生学术诚信教育工作的运行机制。

（一）党委领导的德育管理机制

坚持"立德树人""德育为先"的思想观念指导研究生学术诚信教育工作，确立以学校党委为领导核心，以导师为主要力量，以行政管理干部和任课教师为骨干队伍的层层重视、多方协助、齐抓共管的运行机制。现行高校实行的是党委领导下的校长负责制管理模式，党委要对学校的学生管理工作负责，因此也必然要对学生的思想政治工作和学术诚信教育工作负责。坚持党委领导，就是要发挥学校党委在研究生教育和培养工作中的顶层设计、指导咨询、政策决策等方面的作用，党委领导要经常深入到研究生教育管理部门、各级院系和教研室检查、了解研究生思想政治教育和学术诚信教育工作进展情况，倾听教师和学生的心声，要主动参与学生学术和诚信教育活动，通过调研、实地考察等方式更好地指导学术诚信教育工作，科学制定学校的学术诚信教育工作方针、政策。

在党委领导下，研究生教育主管部门（研究生院或研究生处）负责对研究生学术诚信教育工作的具体落实：制定和完善学术诚信管理制度，强化管理运行机制，建立研究生院与学校党委、学术监督机构及各二级院系之间的联系和协调机制，并制定工作方案，形成逐级汇报、逐层解决问题、层层落实的工作局面；加强对管理人员的培养和教育，提高组织协调、人际沟通及学生管理的能力。

（二）教育主体的互补配合机制

研究生学术诚信教育主体包括了研究生教育管理部门、研究生导师、辅导员和研究生，互补机制主要就是研究生教育管理部门、导师、辅导员与研究生之间相互配合和作用互补。学术诚信教育工作要取得好的成效，需要几者共同努力，才能形成"合力"，发挥出最大效能。

研究生教育管理部门是研究生学术诚信教育制度的设计者和执行者。其首要任务是以国家政策和学校相关规定为依据，细化高校学术规范的内容，制订适合学校自身实际的学术道德规范，并使其具有可操作性，为学术不端行为的防治提供依据，切实做到学术领域的"有法可依"①。研究生教育管理部门的另一职责是贯彻学术诚信制度，惩处学校的学术不端行为，往往通过组建学术道德监督管理的常设机构来专门研究和负责处理学术不端行为，提出处理方案。这样既可以为研究生导师和教育管理部门分担压力，又能有力地执行学校的学术管理制度。

研究生导师应是恪守学术道德的楷模。学术自律，是导师的第一要务，监督指导研究生是导师不可推卸的责任。导师一方面以其高尚的人格魅力、刻苦的治学精神、严谨的学术作风等潜移默化地影响学生，充分发挥好研究生导师的引导、示范和表率作用。另一方面导师在保证学术自律的前提下，还必须对研究生的学术行为进行监督和指导，对学术成果严格把关。导师除了对研究生进行专业知识教育外，更多的是要在科研和论文工作中不失时机地渗透学术诚信教育，培养研究生的学术道德、科技伦理、创新能力、科学精神、敬业精神等，要对学生进行思想引导、专业指导和心理开导，这些都是新时期研究生学术诚信教育的重要内容。要抓住学位论文研究与写作、学术论文撰写与发表、实验数据处理与验证等关键环节，通过对关键因素的把关来达到监督指导研究生学术行为的目的。

辅导员负责一般性的学术诚信教育工作。辅导员根据上级主管部门及学校研究生教育管理部门的要求，对学生进行学术诚信宣传和教育，及时宣讲国家的有关规章制度、学术规范要求等。同时，辅导员要在导师关心不到的"真空"地带，以朋友的方式关心和帮助好研究生。比如研究生一年级课程学习时期，学生常常不与导师见面，辅导员应多关心学生课程学习及考试情况，经常召集学生见面、谈话，走访学生寝室，询问和了解学生生活、心理、学习等情况，及时掌握学生动态，在研究生二、三年级则应配合好研究生导师和学生管理部门，帮助完成科研实践、论文撰写等任务，关心学生的动向和就业工作等，为研究生导师当好助手。

作为实施和接受研究生学术诚信教育双重身份的研究生，他们应是学术道德规范的主动践行者。② 他们不是被动地接受学术诚信教育，而是通过"内化"来自主生成、自主建构诚信认识，通过独立自主、主动积极的

---

① 高进军，李彦武，邵福球. 高校学术不端行为的防治——管理层、导师、研究生三方职责探析 [J]. 学位与研究生教育，2007（增刊）,：65-67.
② 高进军，李彦武，邵福球. 高校学术不端行为的防治——管理层、导师、研究生三方职责探析 [J]. 学位与研究生教育，2007（增刊）,：65-67.

理性思考后选择道德原则，自主、自觉与自愿地做出道德选择和道德行为[①]。一方面，研究生应充分发挥主体性和能动性，主动加强对学术道德规范的自我学习，牢固树立学术道德意识，明确学术不端行为的危害及其可能带来的严重后果，使其内化在思想深处，从而始终伴随着自己的学术生涯，时时刻刻指导和规范自己的学术行为。另一方面，研究生应主动加强科研基础能力的自我训练，进行艰苦的学习和实践，提升科学研究水平和学术水平，养成规范的科研习惯和学术作风，明确学术规范，熟悉医学伦理、科学伦理和科研技术，避免因为实验数据处理、参考文献标注、学术论文署名等技术性问题引发的误解与争端，进一步提高防治学术不端行为的水平，才能使自己对学术不端行为"不误为"。

（三）不同模式的分类培养机制

现行医学研究生培养模式包括科学学位研究生培养模式、专业学位研究生培养模式、医学专业学位与住院医师规范化培训衔接培养模式三种。不同培养模式研究生培养的特点和要求不同，对科学研究、学位论文的要求也不同。科学学位研究生侧重于科研能力和实验能力的培养，论文要求进行动物实验，要求开设医学科研方法、医学实验技术、医学实验动物学、分子生物学技术等课程进行系统研究方法的训练，增加科研实践训练时间。学校还通过派出学生到知名大学进行论文实践和研究学习等方式，拓展学生视野和研究思维，扎实培养学生的科研能力，并要求在校研究生必须在学校认定的刊物上发表一篇中文核心论文才能申请论文答辩，以提升科学学位研究生的科学研究水平。

专业学位研究生、医学专业学位与住院医师规范化培训衔接培养的研究生则侧重于临床实践能力的培养，课程体系和论文要求紧密结合临床实践进行，其科研训练应以培养临床科研能力为重点，强化独立的临床科研思维及方法的培养。因此，四川医科大学倡导学生结合临床实践选题，在临床病例总结、治疗方案设计、疑难病案分析、临床数据处理等方面进行研究，着力培养研究生运用基础理论、专业知识以及现代科学研究方法解决临床实际问题的能力，培养研究生对临床问题的探索性和分析性思维能力。在临床科研训练中建立学术沙龙和读书报告制度。以学科点为单位，将各年级的学生与导师组织在一起，定期开展学术沙龙和读书报告，围绕

---

① 吉丹如，张信华. 基于建构主义学习观的研究生德育模式 [J]. 扬州大学学报（高教研究版），2005（4）：63-65.

在临床中遇到的疑难病症、科学研究中的难点问题开展学术交流，训练学生发现问题、解决问题的能力，促进学生团队精神和创新精神的培养。

（四）教育手段的相互协调机制

选择和运用恰当的学术诚信教育方法和工作手段是学术诚信教育成败与否的关键。研究生一般比较成熟，自我意识较强，在学术诚信教育工作方法上要突出灵活性，因势利导。要根据研究生身心发展的特点，牢牢定位于"引导和帮助""交流与对话"。首先，可以采取专题讲座、课堂讨论或小课堂教学方式，把传统课堂教学变为师生一起运用马克思主义的立场、观点、方法，研究、讨论和分析各种社会思潮和社会现象。在理论课教学中增加学术、科研、人格、理想、生命道德教育等方面的内容，使学术诚信教育工作成为思想交流、情感交流的过程。其次，要有效地利用教育契机。研究生十分关注国内外的重大突发事件，要以此为有利契机，组织开诚布公的讨论乃至参与等方式，培养学生分析、解决问题的能力，以事实材料代替凭空的宣传，以民主、开放和平等的态度取代教师的权威。再次，充分利用现代化的传播手段，使学术诚信教育由简单的言传身教向全方位的信息传递转变，努力实现学术诚信教育工作的信息化和现代化。通过建立信息交流网站、心理沟通网站等进行同学之间、师生之间的信息交流和情感互通。最后，要发挥导师教书育人的作用。导师要在业务和道德方面对研究生进行双重引导。

（五）教育效果的考核奖惩机制

对研究生导师、辅导员及各二级院系的学术诚信教育工作效果进行考核、评定和激励是优化学术诚信教育工作运行机制、提高研究生学术诚信教育实效性的保障。因此，要建立健全学术诚信教育考核和奖惩机制。

一是对导师的考核和奖惩，要把"德"放在首位。对导师的考核不能只重视论文发表的级别和数量，要把导师的德行和学术诚信教育工作的能力作为考察聘任的重要依据，重视聘后管理和履职考核，要给予在研究生学术诚信教育工作中表现突出的导师以物质和精神激励。要大力宣传导师教书育人的典型事迹，及时推广他们的育人经验，对教书和育人方面做出突出贡献的导师应与在学术研究中做出贡献的教师一样，在晋级、住房待遇等方面有所奖励，使教书育人的成绩作为导师工作业绩的主要指标之一。对在检查、考核中达不到要求的导师，或者是对自身要求不严、不能为人师表的导师，要暂停或取消导师资格。

二是对辅导员的考核和奖惩。考核中注重对研究生思想政治工作和学术诚信教育工作的考评，完善考核制度和激励机制，考核的内容应包括：辅导员定期与研究生导师、研究生见面交流的情况，学术诚信教育活动的开展情况，指导研究生党支部工作的情况，对学生进行心理疏导的能力及情况，等等。要建立考核指标，将研究生职能部门考核、导师评价、学生评价及自我评价四者结合，将考核结果与职务聘任、奖惩、津贴、晋级挂钩，完善激励机制：首先要在岗位津贴、工作条件、生活待遇等方面向辅导员适当倾斜，给以物质激励。其次通过任职资格、晋升奖励等方面对辅导员进行精神激励。最后通过考评职责，培训进修等方面进行信息激励。

三是对二级院系的考核和奖惩。学校加强对二级院系学术诚信教育工作的考核，把是否发生学术不端行为列入对二级院系的考核指标。二级院系的教师和学生发生学术不端行为，一旦查实后将实行一票否决制，年度考核记为不合格，学校领导将约谈二级院系主要负责人。若研究生导师和研究生发生了学术不端行为，则给予导师暂停招生或取消导师资格的惩罚，给予研究生重写学位论文、推迟一年答辩的处罚。而对于重视学术诚信教育，坚守学术诚信较好的院系，在年度考核中给予加分的倾斜。

三、深入开展科学道德与学风建设宣讲活动

科学道德和学风建设是创新型国家建设的重要基础，是科技事业健康发展的内在要求，也是社会文明进步的重要标志。为贯彻落实中央和省级主管部门关于加强科学道德和学风建设的精神，根据中国科协、教育部《关于开展科学道德和学风建设宣讲教育活动的通知》（科协发组字〔2011〕38号）和四川省科协、省教育厅《关于开展科学道德和学风建设宣讲教育活动的通知》（川科协〔2011〕35号）等的文件要求，按照"全覆盖、制度化、重实效"的总体要求，结合研究生教育的实际情况和规划计划，四川医科大学在研究生中认真开展了年度"科学道德和学风建设宣讲教育活动"。活动的主要情况如下。

（一）领导高度重视，建立健全组织机构

学校高度重视科学道德和学风建设宣讲工作，分管校领导亲自负责督促，亲自落实，并做好研究生新生入学教育第一讲。学校成立了由分管研究生教育的副校长任组长，研究生院负责人任副组长，科技处、思想政治

教育研究部等相关部门、研究生培养院系负责人、高年资研究生导师为主要成员的宣讲教育领导小组，并明确了相应的职责和工作任务，经常性开展科学道德宣讲活动，从组织和体制上确保了宣讲活动顺利进行。

（二）认真组织学习研讨，领会活动精神实质

学校组织宣讲活动领导小组和成员认真学习相关的文件和制度规定，组织学习和研究《科学道德和学风建设宣讲提纲》，并借鉴相关院校先进的工作经验和形式，使每一位成员都深刻领会活动精神实质和内涵、准确把握活动的意义和重点，并丰富了宣讲教育的形式、手段，以此提高宣讲教育活动的实际效果。

（三）重视宣讲队伍建设，成立高水平宣讲团

学校组建的科学道德和学风建设宣讲团成员主要是由各研究生培养院系中为人师表、德高望重、学术造诣深厚的研究生导师、学科学术带头人等名师名家组成，同时还聘请有校外的知名教授和专家，充分发挥了名师名家在学术道德、学术伦理、科学研究中的示范和引领作用。

（四）认真分析薄弱环节，针对性开展宣传教育

为使宣讲活动更有针对性和目的性，学校多次组织领导小组和宣讲团成员认真分析和研究我校研究生科学道德和学风建设的实际情况，重点分析了研究生在各类考试、科学研究和学位论文撰写等方面存在的薄弱环节和问题，有针对性地制定学校的宣讲提纲开展宣讲教育。

（五）丰富宣讲教育形式，提高活动实际效果

按照"全覆盖、制度化、重实效"的原则和要求，结合学校多年来形成的研究生党建、研究生学术文化和学术交流特色活动，学校积极创新和拓展宣讲教育活动模式和载体，务求取得宣讲活动的实际效果。

1. 构建了宣讲教育活动的两条"主线"

一是以研究生学术文化节为主线，通过学术规范和学术交流讲座、研究生论坛、学术研讨会等形式，将"专家讲坛""良师益友""博士报告会"等品牌活动作为重要载体，将科学道德与学风建设宣讲活动贯穿到各项学术活动中去，成为学校研究生教育一项常抓不懈的工作。

二是以学校的研究生党员和入党积极分子培训为主线，培养科学道德

与学风建设的模范带头人和宣讲教育的宣讲员，充分发挥党员的先锋模范带头作用。学校积极探索宣讲教育的长效机制，将科学道德和学风建设工作纳入到基层党组织建设中，引领全体研究生恪守科学道德，遵守学术规范，弘扬求真务实、实事求是的科学精神。把科学道德和学风建设增列为培训的重要内容，积极培养宣讲教育活动的模范带头人和宣讲员。

2. 以各项重大学术活动为契机，积极组织研究生聆听学术讲座

每年，学校科技处、研究生院、各研究中心、各院系都将举办的大型学术活动，邀请来自全国各地的学术专家、学者多次来校做讲座，讲座内容丰富新颖，涉及医学发展技术与进展、学术前沿、教育教学改革、人文素质教育等方方面面。研究生院要求每一位研究生必须亲临现场聆听讲座，并将参加讲座的情况记录在研究生培养记录手册，计入讲座学分，每名研究生必须获得相应的讲座分，方能毕业。

3. 开办科学道德与学术规范专题讲座

暨全省的科学道德和学风建设宣讲教育活动启动后，学校也举行了科学道德和学风建设宣讲教育活动启动活动，并邀请了校内学术造诣高、德才兼备的知名专家举办了全校性的以研究生学术道德和研究生学术规范为主题的专题讲座，讲座内容以引导研究生遵守学术规范、坚守学术诚信、完善学术人格、维护学术尊严、摒弃学术不端行为、培育科学道德和科学精神为目的，涉及"科研与创新""自觉抵制学术不端""如何做一名优秀的医务工作者""如何撰写医学硕士学位论文"等多个方面，每年都将举办2~3次专题宣讲，宣讲教育覆盖所有的在校研究生。

同时，在每年的导师培训工作中，学校还安排学校领导或研究生导师为新导师们进行科学道德宣讲教育，学校党委副书记刘广益、内科学专业导师徐勇等同志都已经为新导师们进行过专题培训。这次培训工作效果良好，使导师们从招生入学开始就能自觉恪守科学道德，切实履行教书育人的导师职责。

4. 发起《坚守科学道德倡议书》，举办学术道德承诺签名活动

在新生入学时，我们组织校研究生会和各院系学生会发起了《坚守科学道德倡议书》，组织研究生代表进行学术道德承诺签名活动，以此带动和促使全体研究生自我反思、自我监督、自我约束，成为科学道德与学风建设的模范带头人，深入推动学校科学道德与学风建设教育工作的发展。

5. 院系、学科自主活动相互补充

在充分体现不同院系、不同学科自身特点的前提下，为使宣讲活动达到全覆盖要求，学校要求各院系、特别是与我校联合培养硕士研究生的基地医院结合自身实际开展内容丰富、形式多样的宣讲活动和主题活动，使学校统一宣讲和院系、基地医院分散教育相互结合、相互补充，使宣讲教育活动不留死角，增强了宣讲教育活动的效果。

（六）加强制度建设，建立长效机制

近年来，学校除了建立了科学道德的宣讲机制外，还加强了对研究生学术诚信和学术规范的制度建设，建立了相关管理制度，并严厉惩治学术不端行为。加大学位论文双盲评审的力度，建立与之有关的制度。通过制度建设，进一步规范我校的研究生学术道德行为，扎实打牢研究生学术道德基础，促进了我校的学风建设。今后要使我校的科学道德教育活动常态化、制度化，建立起长效保障机制，使每个研究生都能自觉遵守学术道德、维护学术诚信，善于开拓创新。

四、建立健全研究生学位论文质量保障体系

硕士学位论文质量保障体系是一个复杂的系统。因此，在质量保障体系构建中引入系统论、控制论思想，力图使论文质量保障体系系统化、常态化，达到系统整体的最大化效能。基于"整体大于部分之和"的系统论思想，将论文质量保障放在研究生教育质量保障系统下进行全盘考虑。对达成论文质量目标的关键因素进行严格控制，通过系列的政策和过程的实施，如建立明确的论文质量标准、构建实施保障的组织、监控体系和程序、确立质量评估的方法和程序、借助外部力量等，使之持续改进，保证培养目标的顺利实现。将质量保障体系建设融入培养质量管理与监控过程中，在开题、中期检查、论文评审、论文答辩、学位授予等环节进行常态化的质量监控。对学位论文撰写过程中的学术不端采取"零容忍"制度，发现一个查处一个。

（一）标准体系

科学的质量标准是构建系统常态化学位论文质量保障体系的起点。首

先要考虑生源标准，具有较强研究能力、理论基础和创新意识的优质生源，是形成优质研究生学位论文的基础。其次是制定好论文质量标准。我校针对科学学位、专业学位、专业学位与住院医师规范化培训三种不同培养模式，制定了不同的学位论文质量标准和要求，实现分类培养和分类指导。科学学位研究生要求必须从事基础研究和实验研究，专业学位研究生可以结合临床实际作临床研究课题，可以是病历分析报告、文献综述、临床应用研究等。

（二）组织体系

由学校学术委员会、学位评定委员会、各院系学位评定分委员会、质量督导专家组构成的组织保障体系是论文质量保障体系建设的有力保证。学校学术委员会、学位评定委员会负责质量标准的把控和质量保障体系的顶层设计。各院系学位评定分委员会在导师评定意见的基础上，综合研究生的实验记录、病案记录、参考文献等负责对本院系的学位论文进行形式审查，质量初审，提出修改意见和建议，并结合论文答辩委员的意见监督论文修改，对学位论文的质量进行把关。质量督导专家组负责学校论文抽检、评估，并提出论文质量保障的建议和措施。

（三）制度体系

规范化的管理制度是实施研究生学位论文质量保障的显性规则。学校重视加强对研究生学术诚信和学位论文质量保障的制度建设。通过实施《泸州医学院硕士研究生学位论文开题的规定》《泸州医学院优秀硕士学位论文评选办法》《关于泸州医学院硕士学位论文撰写要求》《泸州医学院研究生科学研究培养经费管理办法》《泸州医学院硕士学位论文答辩管理条例》《泸州医学院学位论文作假行为处理实施细则（试行）》《泸州医学院关于研究生学位（毕业）论文抄袭、剽窃等学术不端行为的处理办法（试行）》等系列管理制度，从学位论文开题、写作规范、形成过程、论文质量监督、学术不端行为查处等多个方面入手，提出相关质量标准、规范学术行为和学位管理程序、培育学术诚信品质等制度，这些制度在促进论文整体质量提升的基础上奖优惩劣，具有较强的操作性和针对性，确保了论文质量和硕士学位授予质量，取得了良好的效果。此外，通过建章立制，建立导师管理制度，进一步明确导师负责制，明晰导师的权利义务，引入考核奖励淘汰机制，采用多手段激发导师的工作热情，促使导师重视论文指导工作。

(四) 评价体系

质量评价是学位论文质量控制的关键环节和动力系统，改变以往论文评价"重结果、轻过程；重完成、轻评价"现状，建立多元评价考核体系。首先，开展形成性评价。通过评价促进学生提升科研能力是研究生培养的核心[①]。为了实现高质量，必须从学位论文质量形成的源头开始，对整个形成过程进行评价，重视发挥导师和质量督导专家组的作用。导师对论文进行全程指导，督导专家组对开题、中期检查进行质量检查和跟踪，对论文存在的问题提出指导性意见，将论文研究进展的书面报告递交研究生院，与论文评审和答辩结果一起作为学位授予的依据，解决了原有的评价只重评审答辩而忽视过程的问题。其次，建立学位论文双盲评审制度并逐年扩大校外盲评比例。采取电脑随机抽签的方式抽取一定比例的论文送专家双盲评审，校外评审比例达20%，且逐年提升。然后，严格执行学位论文抽检制度。按照学科点评估周期，及时对已经授予学位的研究生的学位论文进行随机抽检，并公布抽检结果。最后，论文送审第三方质量监督机构进行评审。将借力中国学位与研究生教育发展中心论文送审平台，开展第三方论文评审工作。

(五) 监控体系

在学位论文开题、中期检查、论文评审、答辩等培养关键环节实施的质量监控是确保学位论文质量的有效手段。在第三学期的开题报告会，研究生培养工作中期检查会、每年4月份论文评审季和5月份论文答辩季，研究生院率队，由科技处、医学统计教研室、相关专家组成的督导专家组和检查小组通过深入开题报告会、答辩会现场、走访各院系和相关教研室检查开题执行情况、研究生论文进展情况、研究生培养手册和实验记录本的填报情况、论文答辩组织情况、论文评审情况。邀请医学统计学专家对研究生开题、中期进展进行专业的方法指导。各院系、教研室、导师对研究生的学位论文进行定期检查。在学位论文在送审前，学校对全部论文进行学术不端检测，单篇论文总重复率不能超过15%，检测不通过者给予一次修改机会，二次检测不通过者，延期整改。学校还对初次检测及二次检测结果进行比对分析，防范学生自行检测简单修改的情况出现。对学术不

---

① 赵娟娟. 对完善我国硕士学位论文质量评价体系的思考 [J]. 中国电力教育，2010 (24): 60-62.

端采取"零容忍",对研究生给予重写论文,推迟一年答辩的处罚,对研究生导师则给予停止招生的处理。学校、院系、教研室、导师四维一体的系统的监控体系,有效地保证了研究生学位论文的质量。

五、 研究生学术诚信保障体系建设效果

(一) 初步搭建了研究生学术诚信保障体系

经过近五年的建设实践,学校从学术诚信保障体系的构成、运行机制、制度建设等方面初步搭建起了研究生学术诚信保障体系基本框架,在课程体系、学位论文、学术诚信制度等关键环节采取了保障措施,一定程度上强化了学校研究生学术诚信教育和学术诚信自我保障的意识,在研究生导师和学生着引起了强烈的反响,学术诚信意识和创新意识有所加强,形成了自觉抵制学术不端行为的良好局面。

(二) 学校研究生教育质量观念、研究生的创新意识、创新能力和学位论文产品质量得到了进一步提升

近年来,学校共培育校级优秀硕士学位论文 100 余篇、省级优秀硕士学位论文 14 篇。学校连续几年来随机抽取参加校外盲评的论文,只有 3 篇被评为不合格。近五年,学校研究生在全国中文核心期刊以上学术杂志发表与学科、专业相关的论文共 300 余篇,其中 SCI 论文近 50 篇,平均每年有 1/3 以上学生在核心期刊以上的学术杂志发表了论文,论文摘要影响因子达 5.774,其中 2011 级一名研究生在 2014 年国际临床核医学的著名期刊 Clinical Nuclear Medicine 39 卷第 6 期上发表了 SCI 论文,其论文的 PET/CT 影像图还被选作该期杂志封面。

(三) 确保了研究生培养质量,提升了学校知名度

2010 年,该校研究生处处长获得了中国学位与研究生学会医学专委会突出贡献奖,2014 年再次获得此项殊荣;2012 年,四川医科大学率先在四川省开展"临床医学硕士专业学位研究生培养和住院医师规范化培训衔接"项目试点工作;2013 年,经批准成为全国首批 64 所高校之一的临床医学硕士专业学位研究生培养模式改革试点高校。研究生入学生源节节攀升,质量优化,同等学力录取人数明显减少。2014 年,第一志愿考生达 2 146 人,遍布 29 个省(市),较之前一年增长了 40.4%。该校培养的研

究生能力强、后劲足,研究生就业率持续保持在100%,90%的研究毕业生在三级以上医院就业。据2014年对四川省、重庆市31家用人单位的抽样调查显示,10余年来该校毕业的630名研究生中晋升主治医师及以上职称的415名,占65.9%,大部分毕业研究生已成为各单位的业务骨干。

第四节 完善医学研究生学术诚信保障体系建设的措施

学术诚信保障体系建设是一项系统工程,必须综合治理,多管齐下。我国医学院校要提高医学研究生的学术诚信、学术道德水平,必须引进国内外的先进经验,结合自身办学特点和学术研究环境,系统、全面地建设一整套涵盖学术诚信教育、研究生培养、论文检测评价和监督管理的系统。从思想和意识形态上使研究生正确认知学术诚信,并把学术诚信作为未来学术活动的准则,作为高层次医疗卫生人才的职业精神。坚持以社会主义核心价值体系、诚信观和社会主义荣辱观为引领,全社会、全体教学和科研工作者都要共同努力,加强医学院校研究生学术诚信建设和学风建设,净化科学研究环境,创建文明健康的学术研究氛围。

一、借鉴国内外先进经验,提升医学研究生的诚信自律意识

如前所述,国外的学术诚信工作开展得比较彻底,重视激发学生的独立思想和学术自觉,学生自己也比较重视诚信自律,这为我国医学院校开展研究生学术诚信保障工作提供了参考和借鉴的价值。如哈佛大学在发给每一位新生的《哈佛学习生活指南》上,用加大加粗的字体印有:"独立思想是美国学界的最高价值。美国高等教育体系以最严肃的态度反对把他人的著作或观点化为己有——即所谓剽窃。"[①] 而在我国,很多研究生对学术诚信懵懂无知,缺乏正确认知,不知何为学术不端。医学研究生们专注于医学专业知识的学习,更是一知半解。如此一来,医学院校的学术诚信教育工作更是任重道远。医学研究生的学术活动具有专业性强、科研进展迅速、科研周期较长的特点,因此,医学人才的培养需要立足于科技素质

---

① 刘洪烈. 哈福的告诫 [J]. 课外阅读,2008(1):66.

与专业素质的结合、人文素质与文化素质的养成、心理个性与社会责任的融合。① 医学研究生学术诚信培养要从提升自律意识上下功夫,更加重视研究生对医学伦理和学术规范的认知,明确学术诚信的善恶标准与尺度,明确学术研究活动中的可为与不可为;要锻炼医学研究生的学术道德意志,使其正确看待功名利禄,以坚定的意志克服科学研究过程中的各种诱惑、困难和障碍,坚守医学科学活动中的伦理精神;要培养医学研究生养成良好的学术诚信行为习惯,从基本日常行为习惯抓起,在生活、学习、考试、科研和就业的过程中要求学生诚实守信,使其形成自我道德上的习惯和自律,只有道德上的自律才是学术诚信真正现实的必然途径。② 作为医学院校,应通过潜移默化的课堂外交流途径和隐形教育,通过正式会议和党的各种活动传递信息,将学术诚信教育贯穿研究生生活、学习和工作之中。只有这样,才能达成事半功倍的效果,才能使医学研究生树立正确的学术诚信标尺。

二、高举社会主义道德旗帜,正确引导医学研究生学术诚信培养

党的十六届六中全会明确提出建设社会主义核心价值体系,它包括马克思主义指导思想、中国特色社会主义共同理想、以爱国主义为核心的民族精神和以改革创新为核心的时代精神、社会主义荣辱观四个方面的基本内容。党的十七届六中全会指出,道德失范、诚信缺失是我国文化领域的突出矛盾和问题之一。高校是先进文化创造、研究和传播的前沿,对社会文化起着责无旁贷的引领作用。党的十八大报告提出积极培育和践行社会主义核心价值观,倡导富强、民主、文明、和谐、自由、平等、公正、法治、爱国、敬业、诚信、友善的社会主义核心价值观体系。"诚信"即诚实守信,是人类社会千百年传承下来的道德传统,是公民必须恪守的基本道德准则和道德规范,是从个人行为层面对社会主义核心价值观基本理念的凝练。它覆盖社会道德生活的各个领域,也是评价公民道德行为选择的基本价值标准,是社会主义道德建设的重点内容。诚信贯穿于社会主义核

---

① 易学明. 医学人才成长特点、影响因素分析及对策 [N]. 医学研究生学报,2009,22(1):1-2.
② 惠让松,杨雪琴. 研究生的学术道德——他律与自律 [N]. 医学研究生学报,2010(3):331-333.

心价值观体系并已经成为构建社会主义和谐社会的基本伦理价值,成为社会主义和谐社会的最核心的价值。

杨玉良同志谈到:"在不良的社会大环境以及共同体内部不良现象的影响下,我们的学生也会被世风流俗异化,学者也会被市场经济异化为经济的机器,甚至堕落为经济动物或者科学的骗子。"① 医学研究生作为我国高等医学教育中最重要的科研后备力量,必须坚持以马克思主义作为学术诚信建设的指导思想,坚持马克思主义的指导地位,这是社会主义核心价值体系的灵魂,也是高校学术诚信建设的坐标和指导思想。② 因此,诚信价值观的构建成了研究生核心价值观的重要组成部分和内容,医学院校研究生学术诚信教育在精神上要时刻与党中央保持一致,加强社会主义核心价值体系建设,调动党员的先锋模范作用,在研究生中广为普及、宣传学术诚信知识;充分利用党组织的各种活动,不断教育党员、党员积极分子和群众,使他们无论是在校科研工作还是在医疗单位实习工作中,都能够自动自觉地遵守学术诚信的规范。

三、 形成多方合力, 完善医学研究生学术诚信保障体系

研究生学术诚信保障是一项复杂的系统工程,需要社会和学校各个方面的通力合作,形成多方合力才能确保发挥最大效能。首先,加强政府宏观调控,包括研究生学信保障的立法、规划、评估、拨款;发挥市场监控的作用,形成让符合市场经济发展的学术期刊、媒体的监控作用发挥的监控模式;实施中介评估,进行研究生教育质量、学位论文质量保障的中介评估,医学行业协会对研究生学术行为的监督和评价,如成立研究生学术诚信保障协作组织或联合体,互派监督员实施教育监控等。其次,构建省级研究生学术诚信保障机制。改变学术诚信机构虚置状态,扩大省级学位委员会的统筹权;加大省级学位委员会的立法权限和对其实施监督的机制建设;促进省级学位委员会自身组织、能力及自律机制建设;开展基于省级学位委员会层面的"元评估"工作。③ 最后,从学校角度,一是要完善学术监督机构和学术组织,切实发挥好学术道德委员会、学位评定委员会

---

① 杨玉良. 一流大学要坚守学术精神[EB/OL]. http://www.iqilu.com,2010-05-26.
② 赵飞,张艳. 用社会主义核心价值体系引领学术道德建设 [J]. 经济研究导刊,2011(8):206-207.
③ 夏清泉,陈伟. 加强省级研究生教育质量保障机制建设的探讨 [J]. 学位与研究生教育,2011 (11):5-8.

的监督和惩处功能，实行严格意义上的"教授治校"和"学术自治"；二是完善学校职能部门、培养院系、学科、教研室、导师之间的分级管理和协调配合制度，加强研究生院与科技处、思想政治教育研究部、各研究中心、二级院系之间的协调配合，明确分工，落实责任，不留死角，构建完整的医学研究生学术诚信保障体系。

四、成立专门学术诚信管理机构，加大学术端惩处力度

成立专门的学术诚信管理机构。近十年来，我国研究生教育迅速发展，医学研究生数量成倍增长，导致学校管理压力及师资压力十分巨大，研究生培养过程质量监控和学风建设摆在了更加突出的位置，急需建立加强学术诚信建设的组织机构。因此，学校需要设立专门负责管理诚信教育的常设机构，不仅可以缓解导师和管理部门的压力，也可以负责执行并监督学校诚信守则的实施，使学校的整体学风在有效的监督下得到提升。成立专门的学术诚信管理机构已是一种行之有效的选择。

完善学术不端处理程序和处罚机制，提升制度执行力。目前，虽然很多高校都已经建立起了学术诚信监督、学术不端行为处理办法和处罚机制，但处罚力度和执行能力还有待提升。教育部曾公开表示对学术不诚信行为的举报，要发现一起，调查一起，处理一起，曝光一起。[①] 然而，只有极少数学术不端行为者得到了严肃处理。显然，我国对学术不诚信行为的审查带有更多的主观因素，甚至对出现的不诚信行为视而不见、包庇纵容。这就使得很多学术不诚信行为得不到有效的处理，学术不诚信现象不能得到有效改善，从而使教师和学生们模糊了学术研究的是非观，放宽了自己的道德底线。因此，学校应该严厉处罚学术不诚信人员，完善审查程序，建立系统的惩罚机制。这样不仅能让犯错的教师和学生认识到自己的错误，也能警示其他人员，促使他们自觉遵守学术诚信准则。

五、强化分类培养机制，提升学术诚信建设的针对性和时效性

研究生教育发展到今天，规模已基本稳定，建立健全教育质量保障体

---

① 教育部. 关于树立社会主义荣辱观进一步加强学术道德建设的意见[EB/oL]. http://www.edu.cn/20060501/3189319.shtml.

系，加强培养过程的质量保证和监督成为今后研究生培养单位的重要任务。2014年，国家相继出台了《教育部等六部门关于医教协同深化临床医学人才培养改革的意见》（教研〔2014〕2号）、《教育部关于改进和加强研究生课程建设的意见》（教研〔2014〕5号）、《国务院学位委员会教育部关于加强学位与研究生教育质量保证和监督体系建设的意见》（学位〔2014〕3号）及关于开展学位授权点专项评估和合格评估的系列政策文件。这些文件均从不同角度对研究生的培养和学术研究提出了不同要求和标准，更加强调研究生的分类管理和分类培养，更加重视研究生培养过程的质量保障。医学研究生学术诚信保障工作要以新的时代精神和国家政策为指导，强化分类培养机制，根据不同主体和对象，采取相应的质量监管方式，实现科学的分类指导和管理。医学科学学位研究生培养要立足于研究生能力培养和长远发展。坚持服务需求、深化改革、立德树人，以研究生成长成才为中心，以打好知识基础、加强能力培养、有利长远发展为目标，尊重和激发研究生兴趣，注重培育学生独立思考能力和批判性思维，全面提升创新能力和发展能力。医学专业学位研究生要尽快完成培养模式的调整，制定科学的培养方案，实现与住院医师规范化培训相结合的双轨培养，学术诚信保障要根据临床科学研究的特点，加强对医学研究生职业素养、医学伦理和医学技术伦理培训等关键环节，提升学术诚信保障的针对性和时效性。

六、发挥质量文化的引领作用，促进诚信保障意识的逐步提升

质量文化被引入高等教育，目的是希望借助文化的功能，寻找高等教育质量发展内蕴的观念体系、思维方式和行为模式，以期实现教育质量的提升。① 质量文化具有高度的自觉性，能最大限度地发挥质量保障的主动性，通过观念体系、思维方式和行为习惯的转变，实现医学研究生教育质量的永久性提升与发展。这就要强化医学院校自主质量保障的特色文化。当然，这一领域的研究我们才刚起步，实施研究生教育的质量文化工程，建设研究生教育质量保障体系仍需学者们的积极探索与孜孜不倦的深入研究。

---

① 郭艳利. 近十年来我国研究生教育质量保障体系研究综述［J］. 学位与研究生教育, 2014 (6): 49-54.

参考文献

[1] 刘辉. 科研诚信问题研究 [D]. 长春：吉林大学，2011.

[2] 宁佳. 研究生学术诚信教育体系研究 [D]. 成都：西南石油大学，2012.

[3] 刘培蕾. 大学生学术诚信缺失的原因及其教育对策研究 [D]. 重庆：西南大学，2007.

[4] 刘辉. 科研诚信问题研究 [D]. 长春：吉林大学，2011.

[5] 宁佳. 研究生学术诚信教育体系研究 [D]. 成都：西南石油大，2012.

[6] 刘培蕾. 大学生学术诚信缺失的原因及其教育对策研究 [D]. 重庆：西南大学，2007.

[7] 孔艳，张铁明. 学术不端研究综述及建立遏制学术不端的"第三类法庭" [N]. 编辑学报，2013，25 (5)：422-426.

[8] 霍建菲. 高校学术不端行为治理研究 [D]. 济南：山东大学，2013.

[9] 仵文全. 当代研究生学术道德观研究 [D]. 南京：南京林业大学，2013.

[10] 周金花. 研究生学术诚信教育研究 [D]. 长沙：中南大学，2008.

[11] 田建国. 创新型人才培养的思考 [N]. 光明日报，2007-10-24.

[12] 朱小平，彭博文，唐雁. 博弈论视角下研究生学术诚信问题探究 [J]. 南方医学教育，2013 (1)：3-5.

[13] 李杭春. 基于现代契约理论的学术诚信与道德风险问题初探 [D]. 浙江交通职业技术学院报，2012，13 (2)：67-71.

[14] 王文寅. 基于广义人力资本理论的学术诚信问题研究 [J]. 人力资源管理，2011 (6)：212-214.

[15] 李亚非，成华威. 社会交换理论下的研究生学术失范成因及对策 [J]. 理论探索，2012，10 (344)：109-111.

[16] 李亚非，成华威. 社会学视域下研究生学术失范的成因及控制策略 [J].

教育与职业,2014(8):167-169.

[17] 张培运.社会转型期学术诚信体系构建研究——基于社会学理论视角[D].辽宁学院学校,2014,35(4):125-129.

[18] 李亚非,成华威.社会学视域下研究生学术失范的成因及控制策略[J].教育与职业,2014(8):167-169.

[19] 张培运.社会转型期学术诚信体系构建研究——基于社会学理论视角[N].辽宁学院学校,2014,35(4):125-129.

[20] 杜娟.高校研究生学术诚信研究[D].太原:中北大学,2012.

[21] 刘辉.科研诚信问题研究[D].长春:吉林大学,2011.

[22] 樊泽恒,司秀民.环境润育制度他律主体自律——研究生学术诚信与学术道德养成机制及对策分析[J].学位与研究生教育,2006(12).

[23] 刘云,范艳芹.高校学报推动学术道德建设的机制研究[J].四川理工学院学报:社会科学版,2013(6).

[24] 王晓晔.基于新媒体环境下的大学生诚信教育模式创新研究[J].中国市场,2012(4).

[25] 张涵.新媒体视阈下研究生学术诚信建设机制研究——以浙江省高校为例[D].杭州:浙江理工大学,2014.

[26] 武晓峰,王磊等.我国研究生学风和学术道德现状的调查与分析[J].学位与研究生教育,2012(3):18-23.

[27] 滕建华,郭雪娜,丁璐.研究生学术诚信现状的调查与分析[J].黑龙江高教研究,2014(3):109-112.

[28] 王霁霞,张颖,王磊.我国研究生学术诚信现状及对策研[J].研究生教育研究,2012,12(6):19-23.

[29] 王碧云,陈国平.硕士研究生教育质量调查分析[J].教育与现代化,2010(1):78-82.

[30] 陈冲,郭琛晖.研究生学术诚信状况调查及对策分析[J].浙江青年专修学院学报,2010(2):1-11.

[31] 沈阳:论文买卖产业规模2年膨胀5.5倍,销售额近10亿[EB/OL].http://news.xinhuanet.com/society/2010-02/04/content_12926815.htm.

[32] 李文凯.美国高校学术诚信教育及启示[N].中国教育报,2003-12-20.

[33] 刘志波,孔垂谦.研究生学术诚信危机影响因素的灰色关联分析[J].

中国高教研究, 2008 (2): 33-35.

[34] 赵亮. 年均读书4.77本, 你落后了吗[N]. 解放军日报, 2014-04-22 (7).

[35] 王碧云, 陈国平, 等. 硕士研究生教育质量调查分析[J]. 教育与现代化, 2010 (1): 78-82.

[36] 全国率先川大将建学生学术诚信道德体系[EB/OL]. http://politics.scdaily.cn/shms/content/2013-06/19/content_5453219.htm?node=4725, 2013-06-19.

[37] 谢和平. 大学文化 大学精神与川大精神[N]. 光明日报, 2004-01-27.

[38] 宋江洪, 赵小丽. 学习张澜人文思想 重振川大人文精神[EB/OL]. http://www.scu.edu.cn/xcb/llxx/lljy/webinfo/2012/05/1336438321426992.htm, 2012-5-23.

[39] 张颖. 研究生诚信保障体系研究[J]. 研究生教育研究, 2011 (1): 58-61.

[40] 成立, 王振宇, 张荣标. 导师如何对研究生进行学术诚信管理[J]. 高校教育管理, 2010, 4 (3): 39-41.

[41] 谢安邦. 高等教育学[M]. 北京: 高等教育出版社, 1999.

[42] 王光玲. 研究生学术诚信建设探索[J]. 法制与社会, 2009 (9): 265.

[43] 刘志波, 孔垂谦. 研究生学术诚信危机影响因素的灰色关联分析[J]. 中国高教研究, 2008, (9): 33-35.

[44] 江苏高校对学术不端"零容忍"[N]. 中国教育报, 2012-02-04 (1).

[45] 首份《中国研究生科研诚信公约》发布[N]. 工人日报, 2014-07-18 (6).

[46] 杨强. 论高校学术问责制的理论构建[J]. 江苏高教, 2009 (4): 21-23.

[47] 王秀卿, 张景安. 国外研究生教育研究[M]. 北京: 科学技术文献出版社, 1987.

[48] 房欲飞, 谢仁业. 美、日、英研究生教育发展的规模和速度比较研究[J]. 学位与研究生教育, 2004 (5): 50-54.

[49] 刘冰. 英国大学研究生教育的研究[D]. 大连: 辽宁师范大

学，2010.

[50] 延建林，等. 二战以来研究生教育规模变化的国际比较与我国的战略选择［J］. 学位与研究生教育，2008（11）：69-72.

[51] 史万兵，侯雪莲. 英国研究生教育多样化及其启示［J］. 外国教育研究，2005（8）：34-37.

[52] 张玉琴，李奇术. 日本研究生教育发展研究［J］. 外国教育研究［J］.2005（1）：50-53.

[53] 秦惠民，鞠光宇. 美国营利性高等教育机构研究生教育的特点分析［J］.学位与研究生教育，2008（6）：68-72.

[54] 黄福涛. 外国高等教育史［M］. 上海：上海教育出版社，2003.

[55] 宋钰劼. 俄罗斯高校教师发展特点及启示［J］. 集美大学学报，2011（1）：22-26.

[56] 张小敏. 英国高等教育学术规范体系评析［J］. 高教发展与评估，2008（11）：72-79.

[57] BRICAULT, DENNIS. Legal aspects of academic dishonesty: policies, perceptions, and realities[EB/OL]. http://campus.northpark.edu/esl/dishrist.html#intro.

[58] 董建龙. 世界上一些国家加强学术诚信管理的经验［J］. 红旗文稿，2007（6）：32-34.

[59] 黄育馥. 美国专业人才的学术道德教育［J］. 国外社会科学，2005（1）：65-70.

[60] 刘召，羊许益. 美国高校学术诚信教育的主要途径及其启示［J］. 淮南师范学院学报，2007，3.

[61] 江新华. 美国大学防剽窃教育的主要特点及其启示［J］. 比较教育研究，2004，7：68-72.

[62] 李嘉莉. 美国研究生学术诚信制度及其启示研究［D］. 太原：山西大学，2012：18-19.

[63] 罗发龙. 加拿大维多利亚大学学术诚信教育研究及启示［J］. 世界教育信息，2009（6）：67-70.

[64] 关长空. 日本研究生教育质量保障研究［D］. 吉林：东北师范大学，2009.

[65] 单珏慧，王苑，等. 国外研究生学术规范建设研究［J］. 思想教育研究，2012（10）：93-96.

[66] 肖孟虎. 借鉴国外诚信建设经验推动我国诚信建设 [J]. 广西金融研究, 2005, (4): 27-30.

[67] 胡慧. 美国大学生学术诚信教育及启示 [D]. 石家庄: 河北师范大学, 2013.

[68] 王大珩, 于光远. 论科学精神 [M]. 北京: 中央编译出版社, 2001: 326-327.

[69] 杨力, 臧永. 高校研究生学术诚信的缺失及治理 [J]. 湘潭大学学报: 哲学社会科学版, 2011 (6): 156-158.

[70] 王全福, 杨英法. 培养开拓创新精神是提高大学生整体素质的关键因素 [J]. 国家教育行政学院学报, 2006 (4): 32-33.

[71] 朱贻庭. 伦理学大辞典 [M]. 上海: 上海辞书出版社, 2002: 614.

[72] 常建勇. 美国大学生诚信管理体系运行机制及对我国的启示 [J]. 中国青年研究, 2008 (3): 108-111.

[73] 崔延强. 中外大学生诚信教育比较研究 [M]. 北京: 中央文献出版社, 2009.

[74] 郭洁, 郭宁. 美国传统名校是怎样捍卫学术诚信的——普林斯顿大学本科生学术规范管理制度评述 [J]. 比较教育研究, 2008 (2): 76-79.

[75] 张颖. 研究生学术诚信保障体系研究 [J]. 研究生教育, 2011 (1): 58-61.

[76] 研究生教育的学风与学术诚信保障体系建设研究课题组. 中国研究生教育的学风与学术诚信保障体系建设研究 [M]. 北京: 高等教育出版社, 2013.

[77] 驻纽约总领事馆教育组. 美国高校的学术自由与学术诚信 [J]. 中国高等教育, 2003 (8): 44-45.

[78] 科学技术部科研诚信建设办公室. 科研诚信知识读本 [M]. 北京: 科学技术文献出版社, 2009: 7.

[79] 王润洁. 国外学术不端问题的应对与预防 [J]. 河南教育: 高校版, 2009 (5): 36-37.

[80] 张旻, 高国龙, 钱俊龙. 国内外学术不断文献检测系统平台的比较研究 [J]. 中国科技期刊研究, 2011 (4): 514-521.

[81] 教育部. 关于树立社会主义荣辱观进一步加强学术道德建设的意见 [EB/OL]. (2006-5-10) [2013-1-17]. http://www.edu.cn/

20050511/3189319.shtml.

[82] 王霁霞,张颖,王磊. 我国研究生学术诚信现状及对策研究 [J]. 研究生教育研究,2012 (6):20-23.

[83] 韩延明. 尊重知识产权树立学术诚信——重温教育部关于加强学术道德建设的若干意见 [J]. 临沂师范学院学报,2005,27 (1):1-5.

[84] 隋成竹. 道德文化视角下的社会风气探析 [J]. 青岛农业大学学报:社会科学版,2013,25 (2):54-57.

[85] 史瑞杰. 论邓小平的社会风气思想 [J]. 理论与战线,1998 (4):15-17.

[86] 陈立旭,王银庸. 论政治对社会风气的影响和作用 [J]. 中共沙漠省委党校学报,1996 (4):19-21.

[87] 乌兰巴干. 论社会风气与精神文明建设的内存关系 [J]. 内蒙古师范大学学报:哲学社会科学版,2001 (2):32-35.

[88] 赵琳. 关于社会风气概念科学内涵的学理性阐释 [J]. 西北人文科学评论,2011:237-248.

[89] 江新华. 大学学术道德失范的制度分析 [D]. 武汉:华中科技大学,2004:27,46.

[90] 孟蕾. 硕士研究生学术诚信问题研究 [D]. 长沙:湖南农业大学,2011:36.

[91] 周光礼. 学术诚信的培养:道德激励与法律保障 [J]. 中国高校科技与产业化,2010 (5):15.

[92] 刘晓光. 浅议社会诚信体系构建中政府的作用 [J]. 湖北省社会主义学院学报,2008 (3) 72.

[93] 王海容,程文玉. 论我国医疗纠纷防治中的政府责任 [J]. 医学与法学,2014,6 (1):61.

[94] 喻权良. 对妇女家庭暴力的伦理思考 [J]. 池州师专学报,2003,17 (4):30.

[95] 陈冲,郭琛晖. 研究生学术诚信状况调查及对策研究 [J]. 浙江青年专修学院学报,2010 (2):1-11.

[96] 丁丽鸽. 浅论高校图书馆与大学生学术诚信教育 [J]. 创新科技,2014 (4):48-49.

[97] 刘静. 研究生学术诚信教育中导师的使命与责任 [J]. 高等建筑教育,2010,19 (5):23-26.

[98] 宋卫东. 当代不良社会风气对校园文化建设的影响研究 [J]. 教育教学论坛,2014(4):2-4.

[99] 孙平. 第三届世界科研诚信大会在蒙特利尔举行 [EB/OL]. (2013-06-03)[2015-01-30]. http://www.cae.cn/cae/html/main/col164/2013-06/03/20130603104223929592486_1.html.

[100] 佚名. 韩国教授论文造假案续:黄禹锡二审被判刑1年半 [EB/OL]. (2014-02-27) http://world.huanqiu.com/exclusive/2014-02/4865799.html.

[101] 徐昂. 德国马普学会制定《科学不端行为的处罚规则》[J]. 科学新闻,2002(7):32.

[102] 徐和平,袁玉立. 学术不端行为的行政法律规制探讨 [J]. 学术界,2011(10):48-56.

[103] 王海容,邹雨轩,向令. 略论我国医疗救助立法的缺失 [J]. 泸州医学院学报,2013,36(6):39.

[104] 王平. 同行评议活动中的制度性越轨行为 [J]. 自然辩证法通讯,2000(4):9-10.

[105] 王慧. 法律责任意识培养对防治学术不端的作用研究 [D]. 内蒙古:内蒙古科技大学,2012:19.

[106] 王海容,程文玉. 论我国和谐医患关系的法律基础 [A] //卫生法学与生命伦理国际研讨会文集. 高春芳. 中国卫生法学会,2014.

[107] 窦靖伟. 论学术不端行为的法律规制 [J]. 河南财经政法大学学报,2012(3):182-186.

[108] 胡志斌,刘紫良,孙超. 学术不端行为的刑法规制研究 [J]. 学术界,2011(10):39-47.

[109] 刘水林. 法律经济分析方法论的一个研究提纲 [J]. 法律科学(西北政法学院学报),2003(2):68.

[110] 王笛. 编辑中国学术界的《芝加哥手册》[EB/OL]. (2002-02-11) http://shc2000.sjtu.edu.cn/yuanxing/no55.htm.

[111] 杨上上. 美国治理学术不端行为的经验与启示研究 [D]. 河南:河南师范大学,2011:30.

[112] 夏晓丽. 法治视野下的高校学生学术不端认定研究 [D]. 合肥:安徽大学,2014:27.

[113] 叶继元. 学术规范通论 [M]. 上海:华东师范大学出版社,

2005: 5.

[114] 魏琴,蒋德璋. 美国社会科学学术规范体系介绍和浅析 [J]. 陇东学院学报,2013,24(3):133.

[115] 佚名. 考生诚信档案将是考研录取重要参考依据之一 [EB/OL] (2006-12-29) http://www.233.com/kaoyan/Express/20061229/085926459.html.

[116] 顾泉佩. 基于访美交流考察论美国学术期刊的办刊理念及思考 [J]. 学报编辑论丛,2011:2.

[117] 李英芝. "核心期刊"被用于学术评价的两面性 [J]. 四川图书馆学报,2007(4):71.

[118] 张慧. 浅论正确认识和利用核心期刊 [J]. 陕西教育:高教版,2013(11):61.

[119] 武晓耕. 学术期刊的"市场化"分析 [J]. 中国科技期刊研究,2013,24(6):1183.

[120] 汪勤俭,郭建秀,栾嘉,等. 84篇因学术不端退稿稿件追踪分析与思考 [J]. 编辑学报,2012,24(2):131-133.

[121] 刘清海. 从来稿基本信息着手发现学术不端的线索 [J]. 编辑学报,2014,26(5):449-451.

[122] 晋雅芬. 严格资质 正本清源 提升质量——总局有关负责人就学术期刊认定工作答记者问 [N]. 中国新闻出版报,2014,12(10):1.

[123] 张曙光,鲍宗豪,刘瀚,等. "创新时代的哲学社会科学"笔谈 [J]. 中国社会科学,2003(1):96.

[124] 宋峰,郑茂,郜亮,等. 加强医学研究生科研诚信教育探析 [J]. 基础医学教育,2013,15(4):445.

[125] 刘立军. 生态位视角下的校园文化与医学道德教育研究 [J]. 卫生职业教育,2011(16):21-23.

[126] 吴雪玲. 高校研究生学风建设探析 [J]. 中山大学学报论丛,2007,27(7):150-153.

[127] 樊国康,游金辉,申丽娟,蒋成安,刘雪梅,彭赛. 加强医学研究生学术道德培养与学风建设的思考 [J]. 西北医学教育,2013,21(1):49-50.

[128] 朱小平,宋杰,朱琳,尹思源. 思想政治教育视域下研究生学术不端行为的防治 [J]. 西北医学教育2014,22(2):254-256.

[129] 张华伟. 浅析研究生学术不端行为的原因及对策——基于思想政治教育的视角 [J]. 西安电子科技大学学报: 社会科学版, 2011, 26 (6): 105.

[130] 贾宝余, 刘红. 研究生学术道德和学术规范教育的趋势与途径 [J]. 学位与研究教育, 2010 (5): 46.

[131] 李莹. 临床试验和生物医学实验中人体受试者的保护问题和对策 [J]. 中国医学伦理学, 2005, 18 (2): 46-48.

[132] 毕媛, 黄海, 王捷, 戴辉. 医学科研与医学伦理关系的思考 [J]. 中国医药指南, 2012, 10 (6): 298.

[133] 郭胜伟. 研究生论文答辩中存在的问题及整改措施 [J]. 江西中医学院学报, 2006, 18 (6): 58-59.

[134] 贺宗凯. 研究生学术诚信教育内容探析 [J]. 四川职业技术学院学报, 2011 (2): 68-70.

[135] 肖健. 科技伦理教育: 医学研究生科学精神与人文精神融汇的契机 [J]. 医学与哲学: 人文社会医学版, 2008, 29 (6): 54.

[136] 韩莹, 王曙照, 单晶. 从医患关系看医学生医学伦理教育的缺失 [J]. 中国病案, 2011, 12 (10): 54-55.

[137] 马革兰. 研究生学术道德失范、根源及对策 [J]. 黑龙江高教研究, 2009 (11): 80-82.

[138] 肖娟群, 唐春珍. 关于研究生学术诚信危机的思考 [J]. 大学·研究与评价, 2007 (7): 122-125.

[139] 王正杰. 论新时期研究生学术道德的现状及其教育对策 [J]. 毛泽东思想研究, 2009, 26 (4): 137-140.

[140] 王站军. 建立健全新时期研究生教育质量保障体系 [J]. 中国高等教育, 2012 (6): 30-33.

[141] 高进军, 李彦武, 邵福球. 高校学术不端行为的防治——管理层、导师、研究生三方职责探析 [J]. 学位与研究生教育, 2007年增刊, 65-67.

[142] 吉丹如, 张信华. 基于建构主义学习观的研究生德育模式 [J]. 扬州大学学报: 高教研究版, 2005 (4): 63-65.

[143] 赵娟娟. 对完善我国硕士学位论文质量评价体系的思考 [J]. 中国电力教育, 2010 (24): 60-62.

[144] 刘洪烈. 哈福的告诫 [J]. 课外阅读, 2008 (1): 66.

[145] 易学明. 医学人才成长特点、影响因素分析及对策 [J]. 医学研究生学报, 2009, 22 (1): 1-2.

[146] 惠让松, 杨雪琴. 研究生的学术道德——他律与自律 [J]. 医学研究生学报, 2010 (3): 331-333.

[147] 杨玉良. 一流大学要坚守学术精神 [EB/OL]. http://www.iqilu.com, 2010-05-26.

[148] 赵飞, 张艳. 用社会主义核心价值体系引领学术道德建设 [J]. 经济研究导刊, 2011 (8): 206-207.

[149] 夏清泉, 陈伟. 加强省级研究生教育质量保障机制建设的探讨 [J]. 学位与研究生教育, 2011 (11): 5-8.

[150] 教育部. 关于树立社会主义荣辱观进一步加强学术道德建设的意见[OL]. http://www.edu.cn/20060501/3189319.shtml.

[151] 郭艳利. 近十年来我国研究生教育质量保障体系研究综述 [J]. 学位与研究生教育, 2014 (6): 49-54.

后 记

众所周知，研究生教育位居国民教育体系的最高层次。近年来，研究生教育事业的蓬勃发展为我国科研事业人才培养提供了强有力的后盾，研究生在创新型国家建设中所发挥的作用也日益突显。然而，我们也必须注意到，抄袭剽窃他人研究成果、伪造篡改实验数据、一稿多投等学术失信问题在研究生群体中呈现出蔓延之势，任由此现象发展必将导致学术氛围淡漠、学术失范，也必将导致研究生培养质量的下降。因此，加紧研究生的学术诚信研究已迫在眉睫。为此，教育部公布的《关于改进和加强研究生课程建设的意见》也明确指出要着力培养研究生的学术鉴别能力、独立研究能力和解决实际问题能力，并结合课程教学加强学术规范和学术诚信教育。在此背景下，如何进一步引导研究生完善学术人格、恪守学术诚信、遵守学术规范便进入研究者的视野。

本书由朱小平负责拟定写作大纲，邬丽莎负责书稿的指导，朱小平、康慕云负责全书的统稿、修订工作，郑小莉负责全书的校对工作。各章节写作分工如下：第一章（四川医科大学，康慕云、冯淑丹）；第二章（安徽池州学院，徐迎利）；第三章（成都医学院，曾理）；第四章（四川医科大学，宋钰劼）；第五章（四川医科大学，康慕云、陈利莎）；第六章（四川医科大学，王海容）；第七章（四川医科大学，唐雁）；第八章（四川医科大学，朱小平、成都医学院，曾理）。

本书是中国学位与研究生教育学会课题"'系统常态化'医学硕士专业学位研究生教育质量保障体系的构建"（项目主持人：邬丽莎，合同编号：C-2015Y0410-061）、四川省教育厅课题"当代研究生学术诚信保障体系研究"（项目主持人：朱小平，项目编号：15SA0053）及四川省教育厅课题"地方医学院校'系统常态化'专业学位研究生教育质量保障体系研究"（项目主持人：邬丽莎，项目编号：SCS14005）的研究成果，其写作与出版获得了四川医科大学邬丽莎教授的大力支持与经费资助，在此

当代研究生学术诚信保障体系研究

特别致谢。西南交通大学出版社的编辑为本书的出版做了许多具体而细致的工作，对本书的修改和完善提出了宝贵的建议，在此表示感谢。另外，本书在撰写过程中还参阅和引用了大量的文献资料，在此一并对这些资料的作者表示深深的感谢。

　　需要指出的是，本书在写作过程中，虽几经修订、校稿，但由于经验不足，加之时间有限，难免有疏漏和不足之处，敬请各位专家、同仁和读者批评指正。

编　者
2015 年 6 月